글로벌 호텔 경영

글로벌 호텔 경영

Global **Hotel Management**

김택진 · 김기홍 지음

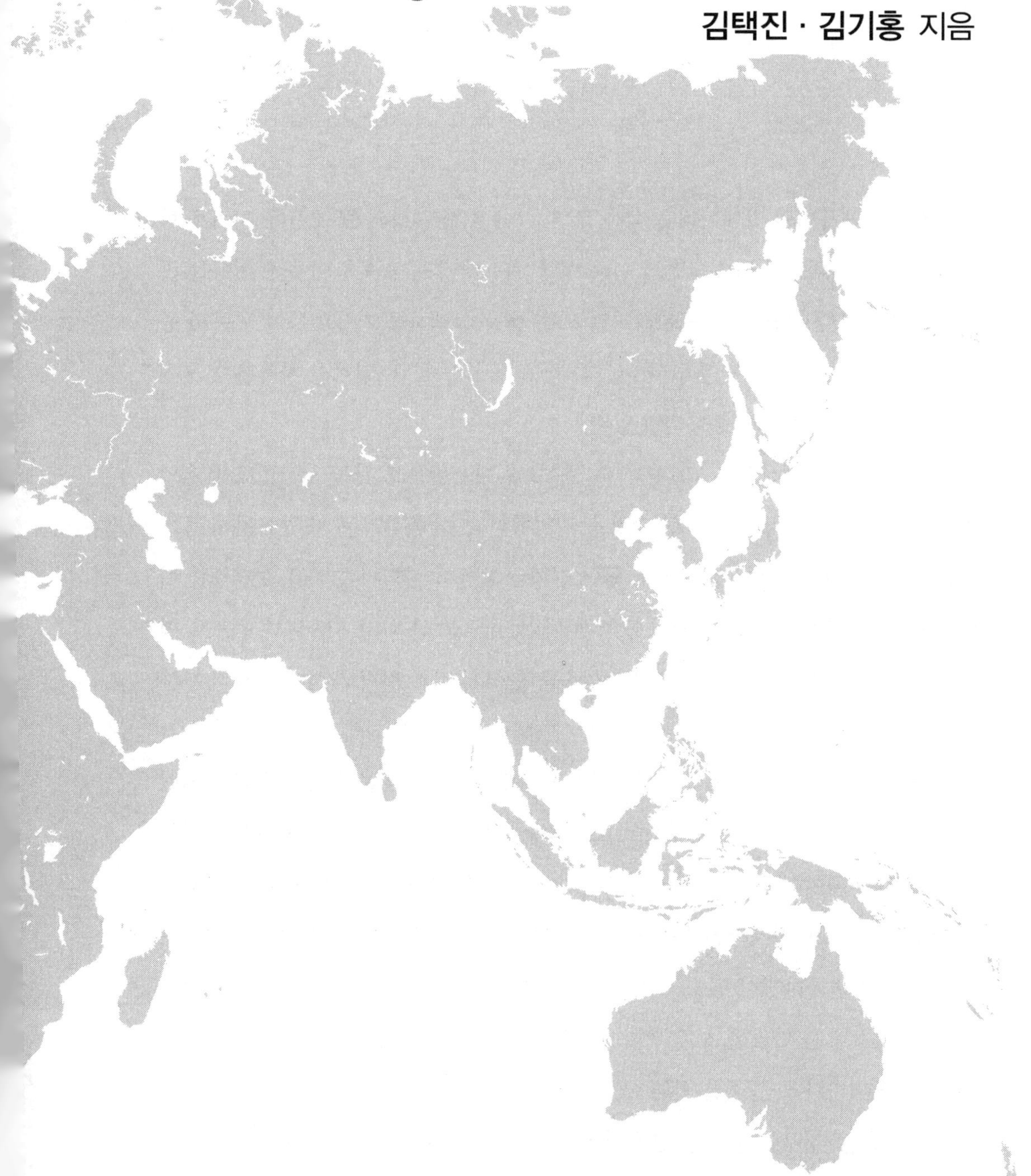

율곡출판사

들어가는 글

최근 트레블맵의 빅데이터 분석을 보면, 국제 여행 시장의 큰 흐름은 저비용 항공사의 국제선 취항이 확대되면서 기존 여행사의 패키지 상품을 이용해 여행을 준비하는 경우보다 개인이 자유롭게 직접 노선 등을 선택하는 자유여행이 꾸준히 증가하는 쪽으로 가고 있다. 특히 허니문의 경우 항공과 호텔, 일정을 자유롭게 구성하는 여행 패턴이 점차 대중화되고 있다.

한편, 국내 호텔산업은 2014년 인바운드 및 아웃바운드 관광 성장기조에 힘입어 면세점 부문이 호텔업의 외형 성장을 견인했다. 입·출국자 수가 견조하게 증가하는 가운데 외래 입국자 수의 경우 최근 연평균 10%를 상회하는 높은 성장세를 이어가고 있다. 특히 항공편 및 크루즈 노선 확대, 한·중 간 비자제도 완화 등으로 인한 중국인 입국자 수 급증과 더불어 소득수준 향상에 따른 질적 개선에 면세점 부분이 호텔업계 매출 성장을 견인하고 있다. 다만, 글로벌 경기 침체, 일본인 관광객 감소 등에 따른 호텔 영업효율성 저하, 중국인 단체관광객 면세점 유치를 위한 마케팅 비용 증가의 영향으로 영업수익성이 소폭 하락하는 양상이며, 2012년 이후 사업확장, 객실 리노베이션 등 신규투자 부담이 가중되면서 커버리지 지표가 저하되었다.

국제호텔 소비자시장을 분석해 보면, 여행사 중심이 아닌 개별 자유여행으로 여행 패턴이 변화하면서 단순히 잠을 자기 위해서가 아니라 복합리조트 시설이나 수영장, 헬스장 등 다양한 호텔 부대시설을 이용할 수 있는 곳, 혹은 지역별로 중저가 호텔 중 테마가 있는 곳을 찾는 수요층이 점차 증가하는 것을 알 수 있다.

문화체육관광부는 외국인 관광객 급증에 따른 관광호텔 객실 수 부족을 해소하기 위해 오는 2017년까지 3년 동안 금융지원을 확대하고 호텔 리츠를 활성화해

호텔 5,000실을 추가 공급하겠다고 2015년 1월 18일 밝혔다. 이와 관련해 업계는 비즈니스 호텔이 부족한 강남 지역에 3 · 4성급 호텔들이 더욱 늘어날 것으로 전망하고 있다. 또한 담보 중심의 대출 관행으로 자금조달이 어려운 점, 호텔 소유자와 운영자가 분리되지 않아 전문성이 떨어지는 점 등 그동안 호텔 확대에 걸림돌이 됐던 문제들이 개선될 전망이다. 과정은 다음과 같다. 우선 대형 호텔 대상으로 산업은행의 '기업투자 촉진 프로그램' 을 통해 투자방식 위주로 자금을 지원하고, 중소형 호텔 지원을 위해 신용보증기금의 보증한도를 100억원에서 200억원으로 확대한다는 계획이다. 이로써 호텔 건설 지원에만 총 1조원의 자금이 투입될 예정이다.

최근 우리나라 호텔업계는 인적 · 물적 글로벌화를 이루고 있다. 한국 호텔산업계로 외국인 총지배인들이 밀려들어 오고 있으며, 한국 근무가 승진의 관문으로 인식되고 있다. 롯데호텔은 뉴욕의 역사적 호텔인 펠리스 호텔을 인수하여 롯데 펠리스 뉴욕으로 새 단장하면서 그동안 미국과 유럽계 · 일본계 프렌차이즈 호텔에 비해 열위에 있던 경쟁력 부문에서 글로벌화를 가속화하고 있으며, 신라호텔은 면세점사업을 중심으로 해외시장 진출을 통하여 글로벌 경영을 실현하고 있다.

이 책은 호텔경영을 글로벌 기업경영 관점에서 접근하였다. 참고문헌의 많은 선 · 후배 학자들에게 감사드린다. 특히 PTU Class의 Field survey가 많은 도움이 되었으며 참여한 모든 학생들에게 감사드리며 이민규 조교, 김영주 조교에게도 깊은 감사의 말씀을 드린다.

2016년 1월 29일

김택진, 김기홍

차 례

들어가는 글/iv

제1장 글로벌 호텔산업의 실태

1. 호텔의 기능과 호텔산업의 역사 ______ 4
   1.1 호텔산업의 정의와 기능/4
   1.2 호텔산업의 역사/6
2. 세계 호텔산업의 실태 ______ 7
   2.1 주요 국가별 호텔산업 현황/9
3. 세계 호텔산업의 정책 동향 ______ 15
   3.1 인도의 호텔산업 정책/15
   3.2 일본의 호텔산업 정책/16
   3.3 중국의 호텔산업 정책/16
4. 세계 호텔산업의 트렌드 및 키워드 ______ 17
   4.1 중저가호텔Budget Hotel 브랜드의 성장/17
   4.2 고급호텔과 중저가 호텔 간의 양극화 심화/18
   4.3 무인 자동화 시스템의 도입/19
   4.4 지속 가능한 친환경호텔의 성장/19
   4.5 인구 고령화와 의료관광의 발전/20

제2장 우리나라 호텔산업의 역사

1. 호텔의 어원과 정의 ______ 24

2. 호텔의 등급 ______ 24

3. 호텔의 기능 ______ 26

3.1 퍼블릭 스페이스 기능 / 26
3.2 서비스 판매 기능 / 26
3.3 고객측면 기능 / 27
3.4 공공기능 / 27

4. 우리나라 호텔의 역사 ______ 28

제3장 호텔의 분류

1. 법규에 의한 분류 ______ 34

1.1 호텔업 / 34
1.2 휴양콘도미니엄업 / 35

2. 입지에 의한 분류 ______ 35

2.1 도시 호텔 / 36
2.2 휴양지 호텔 / 36
2.3 공항 호텔 / 36
2.4 고속도로 호텔 / 36

3. 규모에 의한 분류 ______ 37

4. 서비스 제공 범위에 의한 분류 ______ 38

4.1 Full service hotel / 38
4.2 Limited service hotel / 38

5. 숙박기간에 의한 분류 ______ 39

5.1 단기 체재형 호텔 Transient Hotel / 39
5.2 장기 체재형 호텔 Residential Hotel / 39
5.3 장기 체재형 영구호텔 Permanent Hotel / 39

6. 숙박 목적에 의한 분류 ______ 40

6.1 커머셜 호텔 Commercial Hotel / 40
6.2 컨벤션 호텔 Conventional Hotel / 40
6.3 카지노 호텔 Casino hotel / 41
6.4 리조트 호텔 Resort Hotel / 41

6.5 아파트먼트 호텔Apartment Hotel / 42

7. 숙박 고객에 의한 분류______42

7.1 Motel / 42
7.2 Boatel / 42
7.3 Yachtel / 43
7.4 Youth hostel / 43
7.5 Floatel / 43
7.6 All-suite hotel / 43
7.7 CondominiumCondo / 44
7.8 EurotelEurope Hotel / 44

8. 경영 형태에 의한 분류______45

8.1 경영계약호텔 / 45
8.2 개별경영호텔 / 46
8.3 프랜차이징 호텔 / 46
8.4 일반 체인호텔 / 46
8.5 리퍼럴조직 호텔 / 46
8.6 공동소유호텔 / 47
8.7 임대경영호텔 / 47

9. 요금 지불형식에 의한 분류______47

9.1 American plan Hotel / 47
9.2 European plan Hotel / 47
9.3 Dual-plan hotel / 48

제4장 호텔의 소유 · 경영 형태

1. 호텔산업의 특징______54

1.1 대규모 최초투자비용산업 / 54
1.2 인적 서비스에 대한 높은 의존성 / 54
1.3 비전매성 상품 / 54
1.4 상품공급의 비탄력성 / 55
1.5 낮은 자본 회전률 / 55
1.6 환경에 대한 민감성 / 55
1.7 공공장소적 기능 / 55

2. 호텔산업의 분류______56

2.1 규모에 따른 분류 / 56
2.2 장소에 따른 분류 / 56
2.3 서비스 범위에 따른 분류 / 57
2.4 경영 형태에 따른 분류 / 58

3. 호텔의 경영조직______60

3.1 호텔조직의 특징/60
3.2 호텔조직의 부문화/60
3.3 마케팅 부문의 강화/60
3.4 기획관리부의 강화/60
3.5 업무의 표준화/61
3.6 직무분담의 공식화/61

4. 호텔의 경영조직도______61

4.1 객실 부문의 조직/61
4.2 식음료 부문의 조직/63
4.3 관리 부문의 조직/65

5. 세계 호텔산업의 트렌드______66

5.1 중저가 호텔 브랜드의 성장/66
5.2 호텔산업의 구조 변화/68
5.3 지속 가능한 친환경호텔의 성장/68

6. 국내 호텔산업의 트렌드______70

6.1 외래 관광객의 급증으로 인한 호텔 공급 부족 현상/70
6.2 한류 관광객의 증가로 인한 호텔의 운영 방식 변화/71
6.3 중국 요우커 시장의 확대/72

제5장 호텔 경영자의 직무와 기능

1. 관광호텔업의 특성______76

1.1 인적 서비스의 의존성/76
1.2 고정자산 구성의 고율성/77
1.3 시설 조기 노령화의 특성/77
1.4 1일 24시간 연중무휴의 영업/78
1.5 비탄력성/78

2. 관광호텔 GM의 직능과 업무범위______79

2.1 자격요건/79
2.2 직능 및 업무범위/81

3. 관광호텔 총지배인______83

제6장 호텔리어의 자질과 구비요건

1. 호텔리어의 직무 역할 ______ 90

1.1 하우스키핑 부문 / 90
1.2 식음 & 연회 부문 / 92

2. 호텔리어의 직무 태도 ______ 95

2.1 원숙미 / 95
2.2 낙관주의optimism / 95
2.3 적극적 태도 / 96
2.4 쾌활성 / 96
2.5 관용 / 96
2.6 개방성open-mindedness / 96

3. 호텔리어의 직무 만족 ______ 97

4. 호텔리어의 직무 수행 미래상 ______ 99

제7장 호텔 인적자원관리

1. 호텔의 개념 및 중요성 ______ 104

1.1 다양한 편의성 제공 / 106
1.2 지역 소득증대의 원천 / 106
1.3 인적자원의 수용 / 106
1.4 지역산업 활성화에 기여 / 107

2. 호텔기업의 특성 ______ 107

2.1 호텔 운영의 특성 / 107
2.2 호텔산업의 특성 / 110
2.3 호텔 상품의 특성 / 111
2.4 호텔환경의 특성 / 114

3. 호텔의 경영조직 분류 ______ 115

3.1 직위에 의한 조직 / 117
3.2 기능에 의한 조직 / 118
3.3 고객과의 접촉 여부에 따른 조직 / 120
3.4 수익발생 부문과 비수익발생 부문에 따른 조직 / 121
3.5 조직관리적 측면에서의 구분 / 121

4. 호텔시장의 현황 및 트렌드 ______ 122

4.1 해외 호텔시장 / 122
4.2 국내 호텔시장 / 122

4.3 호텔업계의 Marketing Trend / 123

제8장 호텔 회계 및 재무관리

1. 호텔 회계의 정의 ______ 132
2. 회계의 분류 ______ 132
3. 호텔 회계의 구성요소 ______ 133
4. 현금흐름표의 의의와 작성 ______ 133
   4.1 현금흐름표의 의의 / 133
   4.2 현금의 범위 / 135
   4.3 현금흐름표의 작성 / 136
5. 현금흐름표의 분석 ______ 138
   5.1 구성비분석 / 138
   5.2 균형분석 / 138
   5.3 비율분석 / 138
   5.4 현금흐름분석의 유용성 및 한계 / 140

제9장 호텔 마케팅 관리

1. 호텔 서비스 마케팅의 이해 ______ 144
   1.1 호텔 마케팅의 정의 / 144
   1.2 호텔 서비스의 특성 / 145
   1.3 호텔 서비스 품질관리 / 147
2. 호텔시장 세분화 및 마케팅 믹스 ______ 150
   2.1 호텔시장 세분화 / 150
   2.2 목표시장의 설정 / 151
   2.3 포지셔닝 / 152
   2.4 호텔 마케팅 믹스의 구성요소 / 153
3. 호텔 마케팅의 실제 ______ 159
   3.1 내부 마케팅 / 159
   3.2 인터넷 마케팅의 특성 / 172
   3.3 호텔 마케팅 계획 / 175
   3.4 통제 및 평가 / 178

제10장 호텔 식음료 관리

1. 호텔 식음료 부서의 중요성______182

2. 호텔 식음료 상품의 특징______182

2.1 보관 및 저장의 어려움 / 183
2.2 생산과 소비의 비분리성 / 183
2.3 수요예측의 어려움 / 183
2.4 장소와 시간의 제약 / 184
2.5 높은 인적의존도 / 184

3. 호텔 식음료 부문의 조직______185

3.1 식음료 담당 임직원 F&B Director / 185
3.2 식음료 과장 Assistant F&B Manager / 186
3.3 영업장 지배인 Outlet Manager / 186
3.4 영업장 부지배인 Assistant Outlet Manager / 187
3.5 캡틴 Captain / 187
3.6 안내원 Receptionist / 187
3.7 수납원 Cashier / 187
3.8 웨이터, 웨이트리스 Waiter, Waitress / 188
3.9 서비스 보조원 버스 보이, Bus Boy / 189
3.10 연회 지배인 Banquet Manager / 189
3.11 연회 수납원 Banquet Cashier / 189
3.12 바 지배인 Bar Manager / 189
3.13 바텐더 Bartender / 190
3.14 소믈리에 Sommelier, Wine steward / 190
3.15 룸서비스 Room Service 직원 / 190

4. 호텔 주방의 조직______191

4.1 총주방장 Executive Chef / 191
4.2 부총주방장 Assistant Executive Chef / 192
4.3 단위주방장 Sous Chef / 192
4.4 헤드 셰프 Head Chef / 192
4.5 부 헤드 셰프 Assistant Head Chef / 193
4.6 요리사 Cook / 193
4.7 보조 요리사 Cook Helper / 193
4.8 조리 실습생 Trainee / 193
4.9 호텔기물담당 관리원 Chief Steward / 193
4.10 기물 관리원 Steward, Stewardess / 194

5. 식재료 관리______194

5.1 재고 관리 / 194
5.2 구매 관리 / 195
5.3 검수 관리 / 196
5.4 저장 관리 / 197
5.5 출고 관리 / 197

제11장 호텔 객실 관리

1. 객실 관리의 정의와 기능______200
2. 객실의 종류______201
3. 객실 관리의 중요성______203
3.1 호텔수익의 증대 / 203
3.2 호텔의 평가 / 203
3.3 호텔 객실 수입 / 203
4. 객실 관리의 조직도______205
5. 객실 판매영업 부문FRONT OFFICE______205
6. 객실 관리정비 부문HOUSE KEEPING______206
7. 객실 정보시스템______206
8. 객실 판매의 중요성______208
9. 객실 판매 표준화 전략______208
10. 객실 수입 증대의 요소______209

제12장 호텔 이벤트 관리

1. 이벤트의 개념과 특성______212
1.1 이벤트의 개념 / 212
1.2 호텔 이벤트의 개념 / 214
1.3 호텔 이벤트의 특징과 효과 / 216
1.4 호텔 이벤트 사례 / 218
2. 호텔 이벤트 운영 관리______223
2.1 호텔 이벤트 측면 / 223
2.2 호텔 이벤트 광고 측면 / 224

제13장 호텔 정보시스템

1. 호텔 정보시스템의 의의______228

2. 호텔 정보시스템의 구조______230

2.1 객실 관리 시스템/230
2.2 지원 관리시스템/239
2.3 인터페이스 시스템/240
2.4 식음료 분야에서의 컴퓨터 활용/242

제14장 글로벌 호텔 프랜차이즈

1. 프랜차이즈의 의의______246

1.1. 의의/246

2. 프랜차이즈의 형태______247

2.1 본부직영 체인점 형태/247
2.2 프랜차이즈 체인점 형태/247
2.3 임의 가맹형 자율 체인점 형태/248

3. 프랜차이즈 호텔의 개요______249

3.1. 의의/249
3.2 프랜차이즈 호텔의 성장요인/249
3.3 프랜차이즈 호텔의 발전과정/250
3.4 국내호텔에의 도입배경/251
3.5 국내 프랜차이즈 호텔[위탁경영, 체인경영] 현황[특급호텔 기준] /251

4. 프랜차이즈 호텔의 장점 및 단점______253

4.1 경영회사의 장점/253
4.2 경영회사의 단점/255
4.3 소유회사의 장점/257
4.4 소유회사의 단점/258

5. 프랜차이즈 호텔의 경영전략______261

5.1 글로벌 경영 호텔의 전략/261

6. 프랜차이즈 호텔의 사례______262

6.1 Intercontinental Group/262
6.2 StarWood Hotel & Resort/263

6.3 Marriott Hotel Group / 263
6.4 Hilton Hotel Group / 264
6.5 Hyatt Hotel / 264
6.6 Ambassadors Hotel / 264
6.7 Paradise Group / 265
6.8 롯데호텔 / 265
6.9 현대호텔 / 265

제15장 호텔 위탁경영

1. 위탁경영 계약의 의의 및 배경 ______ 270
1.1 위탁경영방식의 의의 / 270
1.2 위탁경영 계약의 채택배경 / 270
1.3 호텔 위탁경영의 장 · 단점 / 271
1.4 계약교섭 시의 관계규정 및 교섭력의 결정요인 / 272
1.5 경영계약교섭 시의 주요 사항 및 계약조건 / 274
1.6 계약을 성공적으로 체결하기 위한 조건 / 278

2. 인터컨티넨탈의 역사와 진출 실태 ______ 279
2.1 인터컨티넨탈의 역사 / 279
2.2 인터컨티넨탈의 진출 현황 / 280

3. 그랜드 인터컨티넨탈 호텔의 현재 ______ 288
3.1 기업의 사명 / 288
3.2 기업의 목표 / 288
3.3 상황 분석 / 288
3.4 SWOT 분석 / 290
3.5 인터컨티넨탈 체인의 공동 촉진활동 / 290

제16장 비즈니스호텔

1. 비즈니스호텔의 개념______294

1.1 한국의 비즈니스호텔/295

2. 비즈니스호텔의 실태______296

2.1 서울 시내 비즈니스호텔 신축 현황/297

2.2 세계 주요 비즈니스호텔 사업 진출 현황/299

2.3 비즈니스호텔의 부정적 실태/303

제17장 서비스 레지던스 호텔

1. 서비스 레지던스 호텔의 개념______312

2. 서비스 레지던스 호텔의 출현 배경______316

3. 서비스 레지던스 호텔의 특성______319

4. 서비스 레지던스 호텔의 실태______325

제18장 복합리조트 호텔

1. 복합리조트의 개념______336
   - 1.1 복합리조트의 탄생 배경/336
   - 1.2 복합리조트의 개념과 의의/340
   - 1.3 복합리조트 개발의 필요성/342
2. 외국의 복합리조트 개발 현황______344
   - 2.1 마카오/344
   - 2.2 싱가포르/344
   - 2.3 필리핀/345
   - 2.4 미국 라스베이거스/345
3. 복합리조트 개발 사례______346
   - 3.1 우리나라 리조트 기업 : 하이원리조트/346
   - 3.2 외국의 리조트 기업 : 싱가포르 마리나베이샌즈/353

참고문헌/361

찾아보기/372

1. 호텔의 기능과 호텔산업의 역사

2. 세계 호텔산업의 실태

3. 세계 호텔산업의 정책 동향

4. 세계 호텔산업의 트렌드 및 키워드

글로벌 호텔산업의 실태

Global **Hotel Management,**
ch. one

1. 호텔의 기능과 호텔산업의 역사

1.1 호텔산업의 정의와 기능

호텔의 정의에 대해서는 학자 및 국가별로 차이를 보이고 있다. 일반적으로 일정한 지불 능력이 있는 여행자에게 객실, 식음료 및 기타 서비스 상품을 제공하고 그에 대한 대가를 받는 상업시설 등으로 정의한다.

우리나라 관광진흥법에서는 '관광객의 숙박에 적합한 시설을 갖추어 이를 관광객에게 제공하거나 숙박에 딸리는 음식 · 운동 · 오락 · 휴양 · 공연 또는 연수에 적합한 시설 등을 함께 갖추어 이를 이용하게 하는 업' 으로 정의하고 있다.

최근에는 호텔을 상업시설로서의 소극적 의미에서 나아가 사회와 공익을 위한 공용 서비스시설로 정의한다. 호텔 공간을 이용한 세미나 및 연회가 증가함에 따라 호텔은 지역사회에 다양한 서비스를 제공하는 복합적인 공공시설 기능과 소비자를 위하여 숙박 및 외식 서비스 외에 소비자들의 경제, 사회 · 문화적 욕구를 충족시킬 수 있는 다양한 서비스 상품의 생산 및 판매를 주 목적으로 하는 기업[1] 의 기능 등을 갖추게 되었다.

호텔의 기능은 시대의 흐름에 따라 점차 확대되고 있는 추세이다. 전통적으로 호텔은 여행자에게 숙박과 식사 서비스만을 제공하는 시설이었으나, 여행자의 욕구가 다양해짐에 따라 호텔업계도 이에 대응하여 다양한 서비스를 제공하고 있다. 호텔은 인간생활에 필요한 모든 것을 해결할 수 있도록 도와주는 역할을 맡으면서 '하나의 작은 세계Small World' , '하나의 작은 나라Small Country' , '도시 속에 있는 도시City Within a City' 등으로 불리고 있다.

1. 차길수 · 윤세목(2006), 『호텔경영학원론』, 서울 : 현학사.

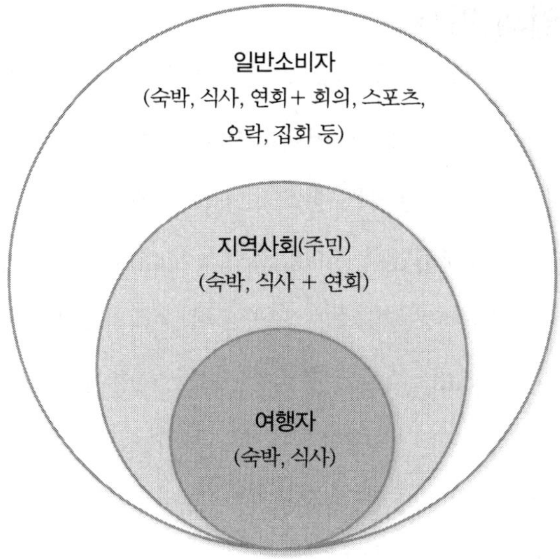

자료 : 정중희(2010).

〈그림 1-1〉 호텔의 정의 및 기능

오늘날의 호텔은 숙박, 식사 등의 기본적인 기능과 함께 지역 주민 및 이용객을 위한 엔터테인먼트, 쇼핑몰, 건강센터 등의 부수적 기능의 역할이 점차 확대되고 있는 추세이다.

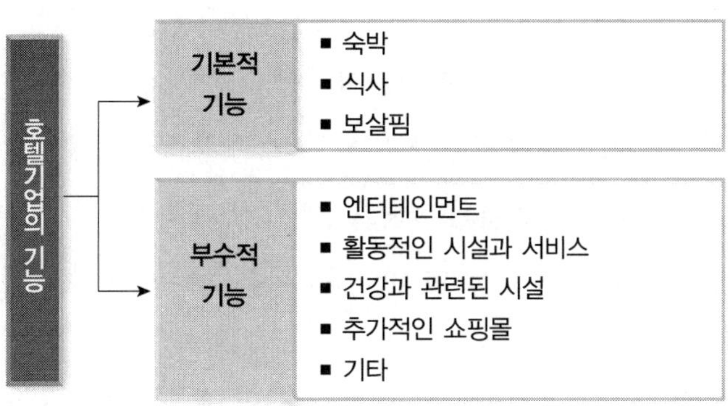

자료 : K. Barth, S. Benden, H.J.(1994), p.14.

〈그림 1-2〉 현대 호텔의 기능

1.2 호텔산업의 역사

시대와 사회에 따른 이동의 목적, 범위의 변화와 함께 호텔산업의 유형도 변화하고 있다. '호텔Hotel' 이라는 단어는 순례자 또는 참배자를 위한 숙소를 의미하는 라틴어 'Hopitale' 에서 유래하였다. 고대 그리스 시대의 여행은 신전참배 등과 같은 종교적 목적 및 상인들의 이동이 주가 되었으며 순례자 또는 대상의 이동경로를 중심으로 Inn, Caravan, Caravansary와 같은 숙박 시설이 발달하였다. 로마제국 멸망 이후에는 십자군 원정과 순례여행을 중심으로 여행이 발달하였다. 이때는 수도원, 승원 등이 숙박시설의 기능을 담당하게 되었다. 이들은 자선적인 성격이 강했으며 상업적인 목적을 지니지 않았다.

현대적 의미의 호텔이 등장하게 된 것은 신대륙의 발견, 시민혁명 등의 영향으로 상업여행의 증대 및 귀족들을 중심으로 현대적 의미의 관광이 발전하게 되면서부터이다. 숙박, 식사, 보살핌의 기본적인 기능만을 담당하는 Inn, Tavern 등의 숙박시설이 유럽과 미국 두 대륙을 중심으로 발전하였으나, 지역적 특성에 따라 각기 다른 방식으로 발전하게 되었다.

유럽은 산업혁명 및 귀족들의 온천여행 등을 중심으로 호텔산업의 터전을 마련하였다. 유럽의 호텔은 크게 휴양지 호텔과 도심지 호텔의 특성으로 양분되어 발전하는 모습을 띠게 되었다. 19세기 초 독일의 온천 휴양지인 바덴바덴에 건립된 바디쉬호프Badisch Hof는 근대 호텔의 시초가 되었다. 프랑스의 호텔산업은 19세기 중반 철도회사의 부대사업으로 설립된 그랜드 호텔Le Grand Hotel을 시초로 도심의 고급호텔을 중심으로 발전하였다. 그리고 1898년 프랑스의 Ritz에 의해 고급체인호텔의 개념이 시작되었다.

미국의 호텔산업은 대중적 취향의 저렴한 요금을 중심으로 세계 호텔시장을 선도하였다. 1974년 뉴욕에 건립된 시티호텔City Hotel을 시작으로 대도시를 중심으로 한 호텔산업이 발전하였으며 1829년 건립된 보스턴 트레몬트 하우스Tramont House는 최초의 싱글 베드와 더블 룸, 객실 열쇠 및 소모품 비치, 벨맨 등의 서비스를 제공함으로써 호텔 경영에 기술혁신을 이루었다. 1830년부터 1850년 사이에는 호텔 건축 붐이 일어나 미국 전역에 호텔 건립 및 고급화 경쟁이 과열되었다. 20세기 이후 미국의 국가경쟁력 확장 및 교통의 발달로 저예산 상용여행자들이 증가했고 그에 따라 생겨난 새로운 요금, 시설 및 서비스에 대한 요구에 맞춰 최초의 상업호텔인 버팔로의 스타틀러 호텔The Statler Hotel이 설립되었다. 1930～1940년대 대공황을 겪으며 미국 호텔의 85%가 파산하나 미국 경제 회복과 함께 호텔산업도 상승세를 보이며 대규모 체인호텔이 등장하게 되었다. 미국의 호텔산업은 '지불 능력과 의사가 있는' 사람 모두가 이용할 수 있다는 점과 미국의 세계 정치 · 경제적 지위에 따른 다수의 상용여행객 등을 요인으로 효율성과 편의를 중시하는 저가 상용호텔의 발전이 특징이라 할 수 있다.

2. 세계 호텔산업의 실태

Global **Hotel Management**, ch. one

2006년 이후 세계 호텔산업의 규모는 지속적으로 확대되는 추세를 보이며, 특히 2009년에 큰 폭으로 성장하였다. 세계관광기구UNWTO : World Tourism Organization의 자료에 따르면 2009년 기준으로 세계 호텔 수는 757,023개, 객실 수는 20,003,698개로 추산된다. 세계 호텔산업은 자연재해 및 정치적 불안에도 불구하고 전반적인 성장추세를 보이고 있다. 2011년에는 유럽의 화산폭발과 일본의 지진 등 자연재해와 더불어 전 세계적인 정치 불안 등의 부정적 요소에도 불구하고 성장세를 보였다.

호텔산업이 발달한 아메리카, 유럽에 비해 아시아태평양, 중동 및 아프리카 지역의 판매객실평균요금이 월등히 높은 것으로 나타났다. 이는 호텔산업의 후발주자로서 이들 지역에 특급호텔 위주의 호텔산업이 개발된 것이 원인이다. 아시아태평양, 중동 및 아프리카 지역의 높은 객실이용률은 경제 및 관광의 중심지가 변화되

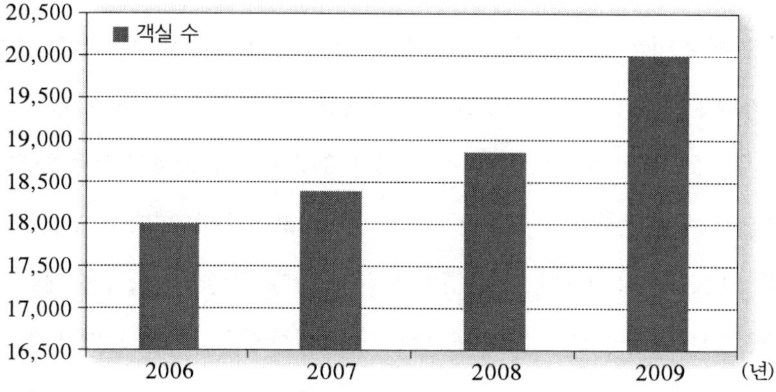

자료 : 세계관광기구(2006~2009년).

〈그림 1-3〉 세계 호텔산업 규모(객실 수)

고 있음을 시사하고 있다.

한편 중국, 남아메리카를 중심으로 새로운 관광 중심지가 형성되고 있다. 2011년 가장 큰 성장세를 보인 도시는 홍콩이며 베이징의 성장도 두드러지게 나타났다. 이러한 현상은 중국 관광산업의 성장뿐만 아니라 주변국 일본의 자연재해로 인한 관광객의 증가를 원인으로 꼽을 수 있다.

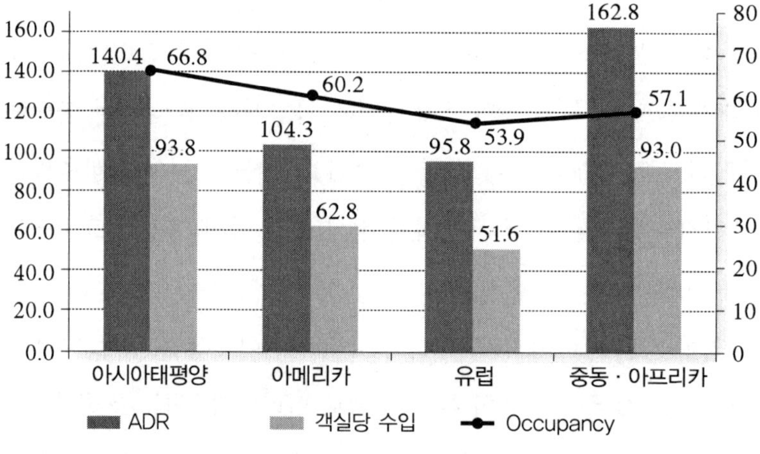

자료 : STR Global.

〈그림 1-4〉 2011년도 세계 호텔산업 주요 지표

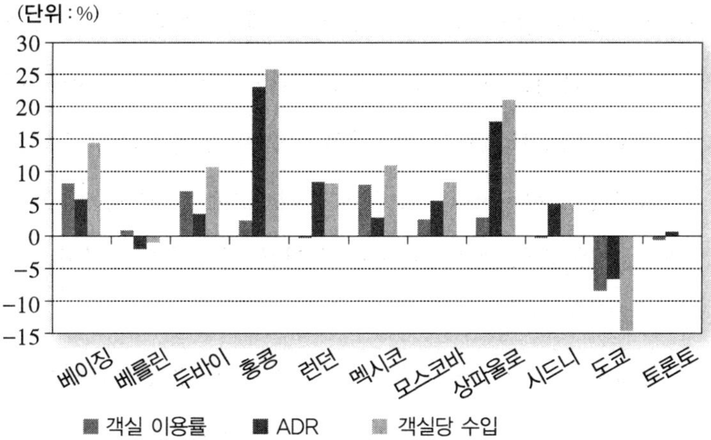

자료 : STR Global.

〈그림 1-5〉 2011년도 주요 도시 호텔산업 지표 변동률

2.1 주요 국가별 호텔산업 현황

가. 미국

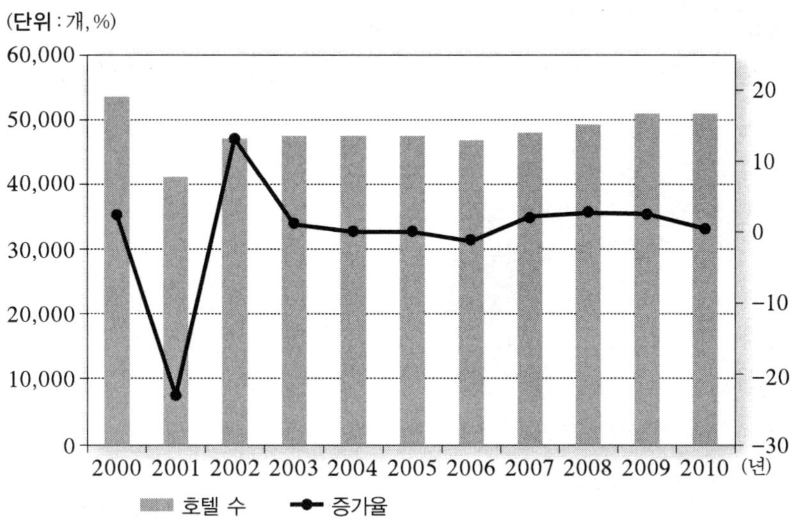

자료 : American Hotel&Lodging Association.

〈그림 1-6〉 2000~2010년 미국 호텔 수 변화추이

2000년대 이후 2001년 9 · 11테러, 2007년 세계경제위기 등의 위험요소에도 불구하고 미국의 호텔산업은 성장세를 보이고 있다. 미국의 호텔시장은 2010년 기준 약 128조원 규모이며 2010년 기준 미국의 호텔 수는 51,015개로 전년 대비 215개[0.4%] 증가, 객실 수는 4,801,890개로 전년 대비 1,295개[2.6%] 증가했다. 2001년에는 9 · 11테러의 영향으로 급감하였으나 이후 빠른 성장세를 보이며 현재 9 · 11테러 이전 수준까지 회복하였다.

2007년 미국에서부터 시작된 세계경제위기가 자국 내 호텔산업에도 영향을 미치고 있다. 외래 여행객 및 자국민의 여가활동 감소, 신축 호텔의 진입 등으로 객실

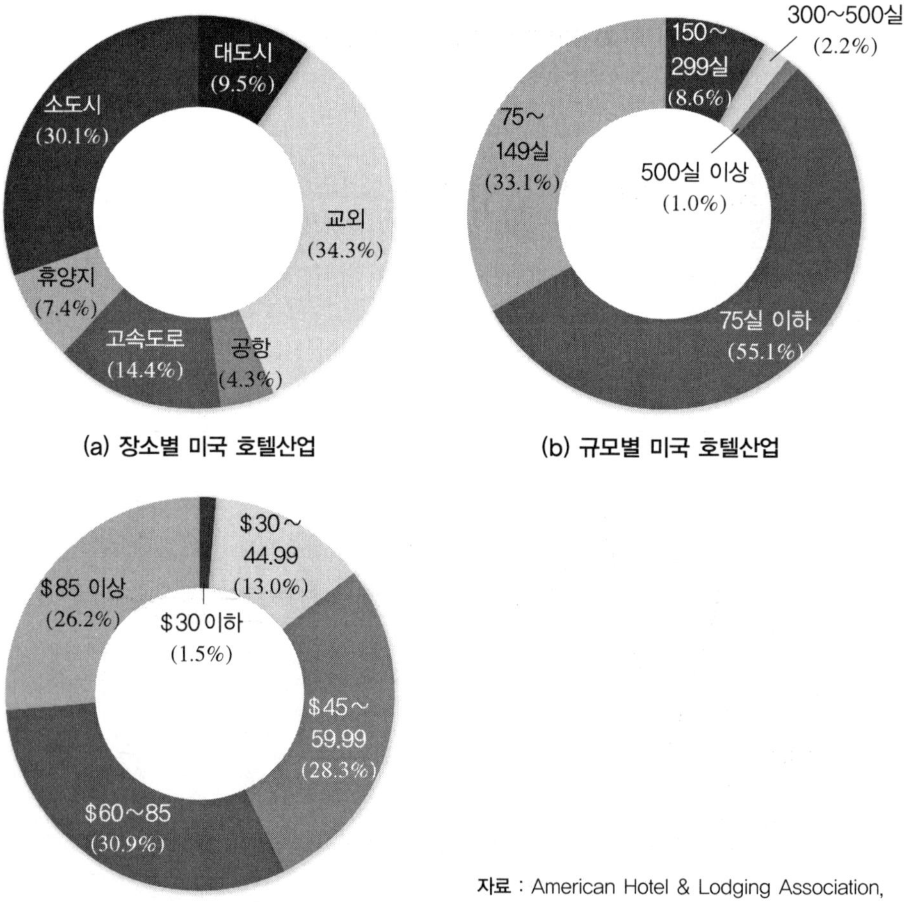

(a) 장소별 미국 호텔산업

(b) 규모별 미국 호텔산업

(c) 요금별 미국 호텔산업

자료 : American Hotel & Lodging Association, 2010년 호텔 수 기준.

〈그림 1-7〉 미국의 호텔산업

이용률Occ 및 객실당 수입RevPAR이 감소했다. 이러한 수요의 감소는 미국 호텔산업 내의 경쟁을 심화시키는 요인으로 작용하여 2008년 이후 판매객실평균요금이 큰 폭으로 하락하게 되었다. 그러나 2008년 무비자입국프로그램VWP : Visa Waiver Program의 도입과 2009년 미국 경제 안정화로 2010년 이후 다시 성장세를 보이고 있다.

미국의 호텔산업은 도시를 중심으로 한 실용성 위주의 소규모 저가 호텔을 중심으로 발전하는 모습을 보인다. 지역별로는 중소도시, 규모별로는 소규모 호텔의 발전이 두드러지게 나타난다. 미국의 호텔은 도시와 그 주변을 중심으로 한 도시호텔이 대다수를 차지하며, 다음으로 고속도로와 공항을 중심으로 한 터미널 호텔 , 휴양지 호텔 순으로 차지하고 있다. 또한 85달러 이하의 호텔 수가 70% 이상을 차지한다는 점에서 미국 호텔산업에서의 중저가 호텔의 비중이 높은 것으로 추론할 수 있다.

나. 영국

2010년 기준 영국의 호텔 수는 40,184개, 객실 수는 1,416,000실로 전년도에 비해 호텔 수는 231개-0.6% 감소하였고 객실 수는 5,000실0.4% 증가하였다. 2006년 이후 회복세를 보이던 영국의 호텔산업은 2008년 세계경제위기로 인해 다시 한 번 큰 폭으로 감소하였으나 이후 지속적으로 성장하고 있다. 최근 경기 회복 및 2011년 왕실 결혼식 등으로 인한 런던 호텔시장의 회복세와 '2012 런던 올림픽 및 장애인 올림픽' 에 힘입어 런던 정부는 현재의 약 12% 수준인 13,300개의 객실을 증축할 계획이다.

영국의 호텔산업에서 런던이 차지하는 비율은 절대적이다. 2011년 기준으로 런던 지역에 위치한 호텔 수는 1,079개로 호텔이 200개를 넘지 못하는 타 지역과 비교해 월등히 높은 수치를 보이고 있다. 향후 런던과 잉글랜드를 중심으로 한 호텔 신축으로 지역별 편차는 더욱 심화될 것으로 예상된다.

객실이용률 및 이용료의 지속적인 증가로 런던 호텔산업의 성장은 더욱 가속화되는 추세이다. 2010년 기준 런던의 가용객실당 수입은 £103.86로 영국 전체 £

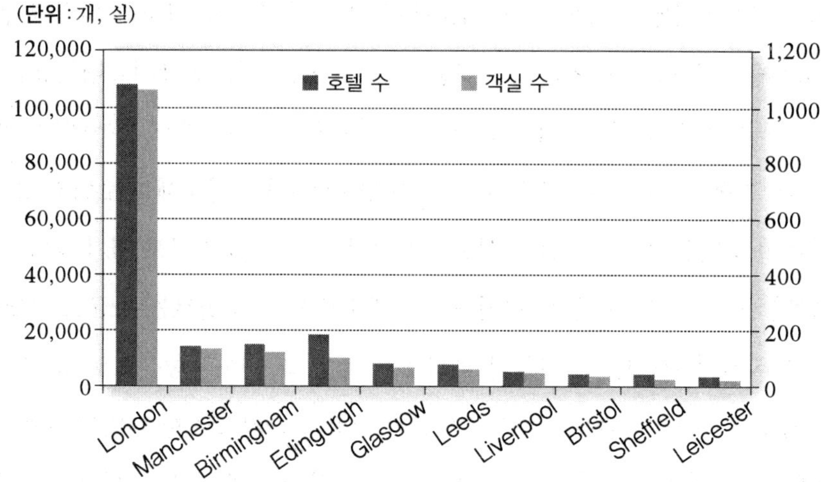

자료 : Melvin Gold Consulting research and analysis 참고 재구성.

〈그림 1-8〉 영국 주요 도시의 호텔산업 규모

57.55, 영국 외 지역 £41.23보다 훨씬 높은 것으로 나타난다. 최근 몇 년간 런던과 지방의 가용객실당 수입 변화율은 유사한 형태로 나타나나, 런던이 훨씬 큰 폭으로 변화하고 있음을 알 수 있다. 이를 통해 앞으로 런던과 지역 간의 불균형이 더욱 심화될 것으로 예상할 수 있다.

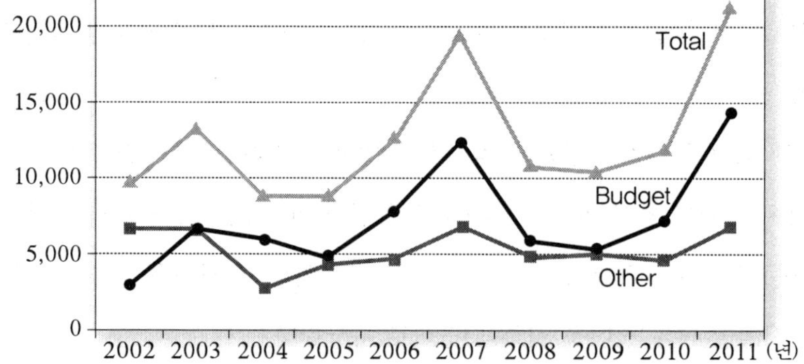

자료 : Wordsmith and Company.

〈그림 1-9〉 2002~2012년 등급별 신축 호텔 객실 수

몇몇의 경우를 제외하고 호텔산업의 규모가 작은 도시일수록 풀서비스 호텔보다 저가 호텔의 비율이 더 높다. 이를 통해 영국 및 대도시 지역의 호텔산업은 대규모 고급호텔이 강세를 보이나, 소도시로 갈수록 저가 호텔시장이 발전하고 있음을 알 수 있다. 이는 세계경제위기로 인한 중저가 호텔의 수요가 증가하였기 때문으로 2010년 기준 영국의 저가 호텔 브랜드는 약 115,196개의 객실이 있으며, 이는 전체 영국 숙박산업의 15.8% 수준일 것으로 추정된다. 2002년 이후 신축되는 호텔의 절반 이상이 저가 호텔이며, 2011년 말에는 전체 신축 호텔의 56%가 저가 호텔이다.

다. 일본

일본의 호텔산업은 1964년 도쿄 올림픽 대회의 영향으로 급증하였으나 당시의 호텔은 서양식의 호텔이 아닌 일본의 전통적인 숙박시설이 주를 이루고 있었다. 1990년대 초 '거품경제'의 영향과 베이비붐 세대의 은퇴로 인한 일본의 경기침체 및 신축 호텔의 공급과잉으로 일본은 호텔산업의 근본적인 구조 변화를 꾀하였다. 고급호텔은 해외자본을 본격적으로 인수하였으며, 상용호텔산업에도 적극적으로 참여하였다. 또한 일본의 전통 여관인 료칸은 중저가 브랜드 호텔로 전환하였다.

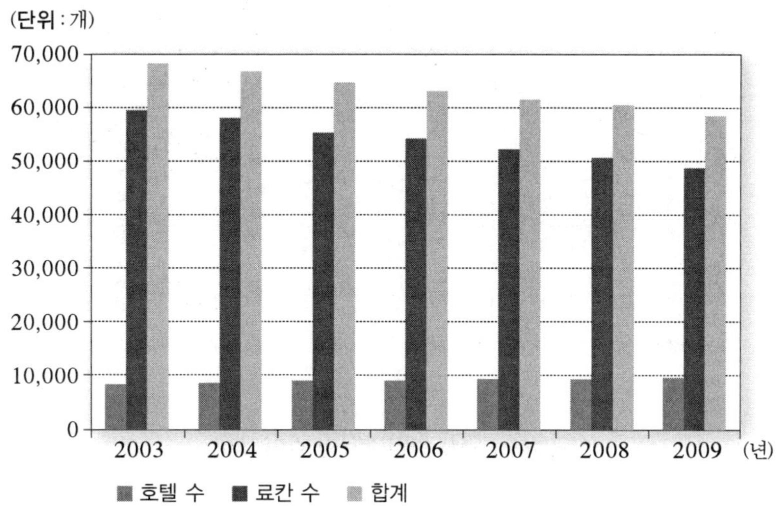

〈그림 1-10〉 연도별 호텔 및 료칸(전통여관) **수 변화 추이**

2009년 기준 일본의 호텔 및 여관의 수는 전년에 비해 3% 감소하여 호텔의 객실 수가 여관의 객실 수를 초과하였다. 일본의 호텔 수는 전년도에 비해 0.9%, 객실수는 2.3% 증가한 반면 전통숙박시설의 수는 전년도에 비해 3.7% 감소하였다. 이는 주로 소규모의 가족단위로 운영되는 여관의 재정적 어려움과 지속적인 운영난에서 기인한 것으로 보인다.

동일본 대지진으로 인해 2011년 7월에는 중국인 개인관광비자의 발급요건이 완화되고, 2011년 10월에는 나리타 공항의 국제선 터미널의 개항 등 호재가 있었음에도 불구하고 지진에 따른 원전 사고로 인해 관광객이 격감해 호텔 · 여관 업계는 큰 타격을 받았다. 수도권을 중심으로 하는 동일본의 호텔 · 여관 산업에는 숙박과 연회 예약의 취소가 이어져 영업정지를 고려하는 업체도 증가하고 도산도 빈번해졌다.

일본정책금융공고가 2011년 11월 조사한 자료[2]에 의하면 숙박, 음식 등의 생활위생관련산업 중 호텔여관업이 가장 큰 영향을 받았다. 대지진 및 원전 사고로 인해 해외 각국이 일본방문의 자숙을 권고하는 등 악재로 2011년 방일 외국인 수는

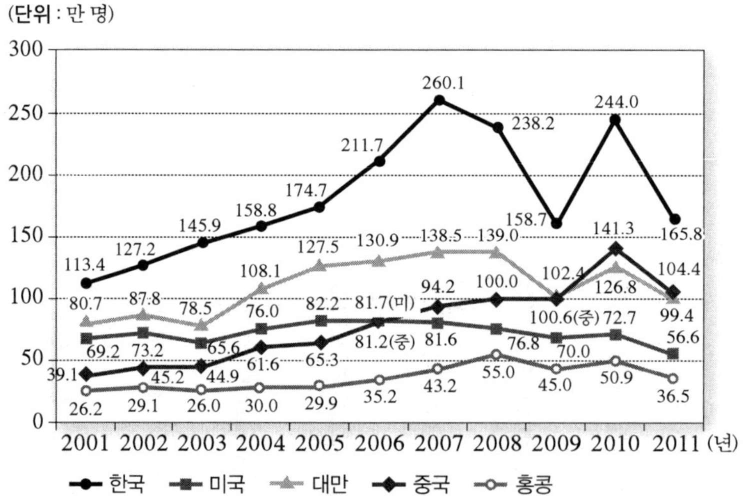

자료 : JNTO.

〈그림 1-11〉 방일 외국인 수의 추이

2. 일본정책금융공고(2011), 생활위생관계영업의 동일본대지진에 의한 영향 및 가격 동향.

전년비 27.8% 감소하였다. 하지만 점차 홍콩과 중국으로부터의 방일 인원이 전년 동월비 상승세로 반전하면서 회복기미를 보이고 있다.

3. 세계 호텔산업의 정책 동향

Global **Hotel Management**, ch. one

3.1 인도의 호텔산업 정책

인도의 관광산업은 2007년 매출규모가 전년대비 10.4% 성장하였고 향후 몇 년간 18% 이상의 성장을 지속할 것으로 예상된다. 급속한 경제성장으로 인한 객실 부족현상으로 인도의 호텔산업 발전 가능성은 매우 높은 것으로 평가되고 있다.

인도에서는 관광산업이 발전함에 따라 관광객을 수용할 수 있는 호텔산업에 정부가 직접 개입하고 있다. 호텔 프로젝트가 필요로 하는 절차를 용이하게 하고, 환대산업 개발을 위한 정책조언 제공을 위해 연방 정부는 '환대산업 개발 및 촉진 위원회Hospitality Developnment and Promotion Board ; HDPB'를 구성하였으며, 세금 혜택 및 보조금 지원을 통한 적극적인 유치 전략과 호텔산업에 대한 투자 활성화를 위한 노력을 기울이고 있다. 또한 시설유지를 위한 안전정책 및 호텔 시설의 체계적 평가를 제공하고 있다.

인도의 호텔산업은 The Hotel and Restaurant Approval and Classification Committe[HRACC]의 평가기준에 따라 5개의 등급으로 분류하고, 등급은 5년간 유효하다.

3.2 일본의 호텔산업 정책

일본은 모든 사람들이 여행을 할 수 있는 휴가의 실현과 관광서비스 질의 향상, 관광산업 진흥을 위한 정책을 제시하고 있다. 호텔산업은 여관업법에 해당되나 국제회의의 유치 촉진 및 개최 원활화를 위해 국제관광의 진흥에 관한 법률일명 컨벤션법을 제정하였다. 법적으로 관광사업의 범위와 업종을 전반적으로 제시하지 않지만 호텔 등 숙박의 경우에는 허가를 받아야 한다.

정부는 호텔 및 여관 등 숙박업에 융자지원 및 세금감면과 같은 지속적인 제도지원을 하고 있다. 정부에 의한 자금 융자 지원으로 2003년 말에는 8,686개, 664,460객실의 호텔이 설립되었다. 조례에 따라 호텔 및 여관에 대한 고정자산세 및 부동산 취득세 경감이 가능하다.

3.3 중국의 호텔산업 정책

중국 정부는 2001년부터 관광업을 전략적 핵심산업으로 지정하여 관광산업을 집중 성장시키고자 하였다. 이 과정에서 관광 수요가 증가함에 따라 호텔산업의 발전을 촉진하고 있다.

중국 정부는 관광산업의 성장을 위해 외래객 입국을 최우선 과제로 들고 있다. 이를 위해 외래관광객 비자발급 및 국경 통과 간소화, 해외 주요 시장에 국가여유국國歌旅遊局 지국 설치 등의 정책 등을 추진하고 있으며 중국은 너무 넓고 자원이 많아서 한 번 관광해서는 알 수 없다는 취지에서 외래 관광객의 재방문을 유도하고 있다.

베이징 올림픽2008, 상하이 세계박람회2010 등을 계기로 베이징에서는 향후 24개의 신규 호텔 증축과 1만여 개의 객실이 추가 공급될 예정이다. 룸 리모델링을 통한 중저가 호텔 신축이 주를 이루고 있으며, 단기적 이윤창출보다는 국제행사를 통한 호텔 브랜드를 홍보하고 있다.

4. 세계 호텔산업의 트렌드 및 키워드

Global Hotel Management, ch. one

- ▶ 중저가 호텔Budget Hotel 브랜드의 성장
- ▶ 고급호텔과 중저가 호텔 간의 양극화 심화
- ▶ 무인자동화 시스템의 도입

4.1 중저가호텔Budget Hotel 브랜드의 성장

세계경제위기의 영향으로 중저가 호텔시장이 성장하고 있다. 중저가 호텔은 전통적으로 저가의 금액으로 기본적인 숙박시설을 제공하는 시설을 의미하는 것으로 관광객들이 중저가 호텔에 머무는 주요 원인은 위치의 편리함과 가격 때문이다. 세계경제위기 이후 전 세계 여행객의 42%가 여행을 취소하거나 예산을 줄였다고 응답했다. 지역별로는 중동 · 아프리카 지역의 비율이 가장 높고 다음으로 북아메리카, 남아메리카 순으로 나타났다.

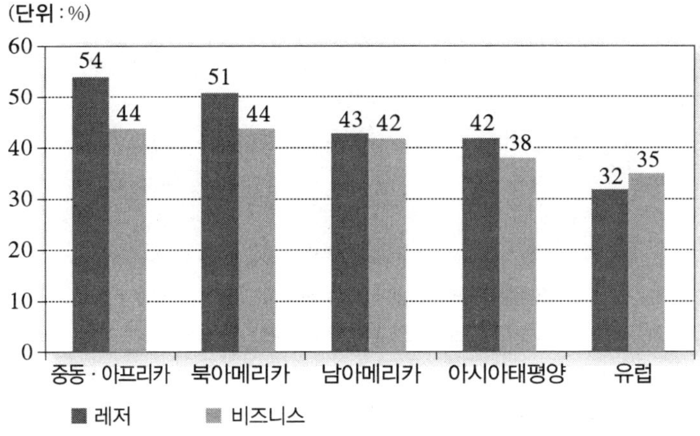

자료 : Market Metrix, The Leading Hotels of the World.

〈그림 1-12〉 2009년도 여행을 취소하거나 비용을 축소한 인원

이러한 이유로 최근 고급호텔 체인의 중저가 호텔시장 진입이 활발해지고 있다. 또한 호텔산업의 경쟁 과열로 저가 호텔 내에서도 서비스 및 품질 경쟁이 점차 과열되고 있는 양상을 보인다.

4.2 고급호텔과 중저가 호텔 간의 양극화 심화

수요와 공급의 변화에 따라 호텔산업 구조가 변화하고 있다. 과거 일부 상류층에게만 허용되었던 여행이 보편화되면서 여행객의 요구가 다양화되었기 때문이다. 관광을 위한 여행이 주를 이루었던 과거와는 달리 여행의 목적이 다양해지고 있다. 저가 호텔과 고급호텔은 각각의 특성화된 서비스를 제공하여 이용객을 유인하고, 이용객은 여행의 목적 및 예산에 맞추어 호텔을 선택함으로써 중급호텔시장이 축소되고 저가 호텔과 고급호텔 간의 양극화 현상이 심화되었다. 미국의 등급별 호텔 수요는 중급호텔 수요가 감소하고 저가 호텔과 고급호텔 수요가 점차 증가하면서 호텔 수요의 과반 이상을 차지하게 되었다. 고급호텔은 고급화와 차별화전략, 중저가 호텔은 비즈니스 고객을 타깃으로 저원가전략을 펼치며 경쟁력을 확보하였다.

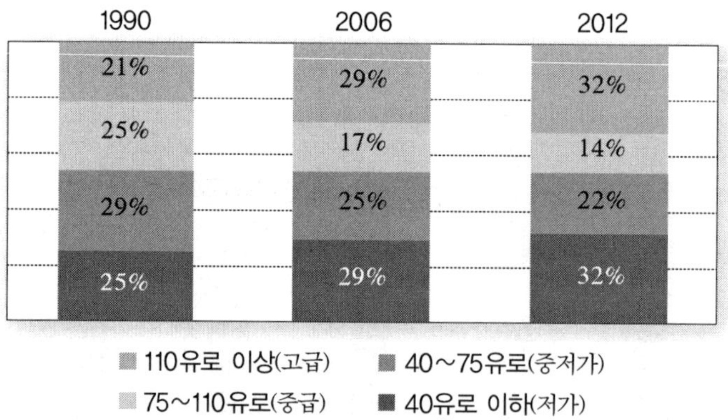

자료 : MKG.

* 주 : 2012년 수치는 예상치.

〈그림 1-13〉 미국 호텔산업에서 등급별 호텔 수요(1990～2012년)

4.3 무인 자동화 시스템의 도입

호텔업체들은 호텔산업의 침체를 극복하기 위한 수단으로서 무인 자동화 시스템을 도입하고 있다. 세계경제위기 이후 호텔산업의 타격을 극복하기 위해 호텔은 객실이용료를 인하하는 동시에 운영비절감을 위해 다방면으로 노력하는 모습을 보인다. 호텔 운영비를 줄이고 이를 통해 객실이용료를 낮춰 고객 확보 및 만족을 극대화하기 위한 노력의 일환으로 자동화시설이 증가하는 추세이다. 인터넷 및 스마트 기기 등의 정보통신 기술의 발달로 이러한 변화는 더욱 가속화되는 양상이다.

인터넷 및 스마트 기기를 통한 예약자 또한 증가하고 있다. 2011년을 기준으로 미국의 호텔 이용객의 약 114만 명이 온라인을 통해 예약을 하였으며, 이는 직접 예약을 한 약 90만 명에 비해 절대 다수를 차지하였다.

4.4 지속 가능한 친환경호텔의 성장

환경보호에 대한 호텔의 역할이 부각되면서 친환경호텔이 등장하게 되었다. 친환경호텔이란 물리적 시설 및 서비스의 표준이 변하지 않으면서 지속적인 수요의 증대가 유발되는 호텔[3]을 의미하는 것으로 호텔산업의 의사결정 시 '지속 가능성'의 중요성이 점차 증가하는 추세이다. 환경문제에 대한 소비자의 관심증가로 가격, 편의, 시설의 질과 같은 전통적 가치기준과 함께 지속 가능한 환경 친화적 경영방식이 중요해지고 있다. 환경에 대한 관심증가와 고객의 요구해소를 통한 호텔 운영비를 절감하고 있다. 시설이나 서비스의 기본은 변하지 않으면서 환경 지향적인 경영을 하는 호텔로 변화하고 있다. 주요 대형 호텔들의 지속 가능한 친환경 프로그램 개발 경쟁이 강화되고 있으며 그 일환으로 친환경 경영을 앞세운 새로운 브랜드를 출시하거나 기존의 친환경호텔을 인수하고 있다. 또한 환경보호를 위한 프로그램

3. Iwanowski and Rushmore, 1994.

개발을 통해 직원 및 이용객의 환경보호를 장려하는 등의 방식으로 친환경 경영을 지속하는 추세이다.

[표 1-1] 주요 호텔 체인별 친환경 경영 프로그램

회사명	세부내용
Starwood Hotel & Resort World Wide Inc.	환경친화적 호텔 브랜드 'Element' 출시
Marriot	회사 내에 '그린 위원회'를 설치하여 환경전문가의 컨설팅을 의뢰
Accor	직원들의 교통비 절약과 환경보호를 위해 대중교통 이용을 장려하는 웹사이트 개설
Hilton International	스칸디나비아 반도 최고의 친환경호텔인 스칸딕 호텔 인수

4.5 인구 고령화와 의료관광의 발전

관광 및 호텔 산업에서 베이비붐 세대의 중요성이 증가하고 있다. 2011년부터 베이비붐 세대는 처음으로 50세를 넘겨 노년층 인구가 급증할 것으로 전망된다. 유럽사회에서 65세 이상의 인구는 2000년도 전체의 15% 수준에서 2015년에는 약 25% 가까이 증가할 것으로 예상되고 있다.

이처럼 미국 및 유럽 지역 인구가 고령화되면서 해외 의료관광이 증가하고 있다. 의료관광이란 양질의 시설을 갖춘 전문적이고 경제적인 의료 서비스 또는 웰빙과 휴양을 목적으로 하는 해외여행을 의미한다. 의료관광객은 순수 치료 목적 입국자와 응급환자, 복합 목적으로 방문하는 대상자와 간호를 위해 입국하는 환자 가족 등으로 구분 가능하다. 이에 호텔과 병원 및 휴양시설이 결합된 새로운 형태의 호텔meditel이 등장하였다.

미국 및 유럽 등의 의료비 증가 또한 의료관광의 성장에 힘을 보탠다. 미국의 경우 의료비가 매년 8% 증가 추세를 보이며 은퇴 이후의 고령화 인구에게 높은 부담으로 작용한다. 이들은 안전성과 비용절감, 편의 등을 위해 해외로 의료관광을

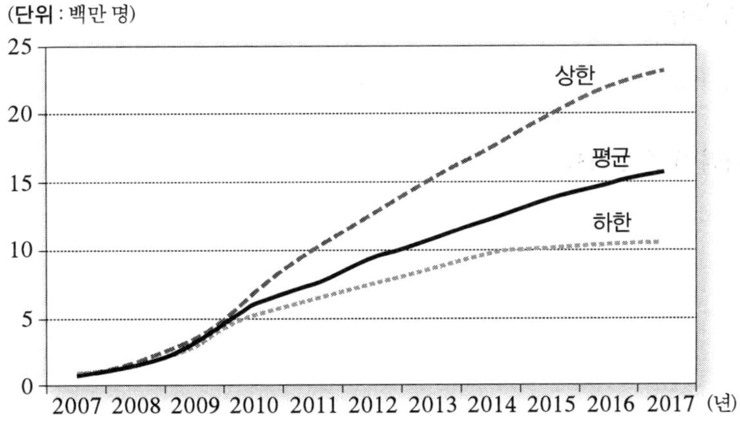

자료 : Deloitte Development LLC.

〈그림 1-14〉 미국의 의료관광객 추이

택하고 있다. 2007년 이후 미국의 의료관광객은 지속적으로 증가하고 있으며, 2017년에는 약 1천 5백만 명을 넘어설 것으로 예상된다.

이 때문에 상대적으로 의료비가 저렴한 동아시아가 의료관광국으로 부상하고 있다. 초기의 의료관광은 지리적으로 가까운 남미와 페르시아 만 연안 지역을 중심으로 발전하였으나, 최근에는 동아시아가 높은 의료 수준 및 온화한 기후 등을 발판으로 새로운 의료관광의 중심지로 급부상하고 있다. 동아시아의 의료비는 미국의 20～30% 수준인 반면, 수준 높은 의료기술을 갖추고 있다.

1. 호텔의 어원과 정의

2. 호텔의 등급

3. 호텔의 기능

4. 우리나라 호텔의 역사

우리나라 호텔산업의 역사

Global **Hotel Management,**
ch. two

1. 호텔의 어원과 정의

호텔의 기원은 라틴어의 호스피탈레Hospitale로, '순례자 또는 참배자를 위한 숙소'를 뜻한다. 이후 '여행자의 숙소 또는 휴식 장소, 병자를 치료하고 고아나 노인들을 쉬게 하는 병원'이라는 뜻의 호스피탈Hospital과 호스텔Hostel을 거쳐 18세기 중엽 이후에 지금의 뜻으로 바뀌었다. 유럽에서는 산업혁명을 계기로 교통수단이 발달하고 여행자의 수가 증가하면서 현대식 기업 형태의 호텔이 등장하였는데, 1850년에 세워진 프랑스의 그랜드 호텔이 유럽의 호화 호텔의 효시로 꼽힌다. 이후 유럽의 호화롭고 사치스러운 경향의 호텔이 대중성을 잃고, 미국을 중심으로 편리함과 쾌적함을 추구하는 새로운 개념의 호텔이 등장해 이것이 오늘날까지 호텔의 대중을 이루고 있다.

호텔의 개념에 대해서는 나라마다 약간씩 다르나, 보통 일정한 지불 능력이 있는 사람에게 숙소와 식음료를 제공할 수 있는 시설을 갖추고, 고객이 원하는 서비스를 제공하는 장소 또는 그러한 서비스 업체를 가리킨다. 한국에서는 관광진흥법에서 '관광객의 숙박에 적합한 구조 및 설비를 갖춘 시설에서 사람을 숙박시키고 음식을 제공하는 업'이라고 규정하고 있는데, 일반적인 정의와 크게 다르지 않다.

2. 호텔의 등급

관광호텔에 대한 등급은 1970년에 처음 이루어졌는데 당시 교통부는 1968년 8월에 마련한 '관광진흥을 위한 종합대책'의 일환으로 등급제 작업에 착수하여 4등급으로 운영하다 1986년 12월 31일자로 관광사업법이 관광진흥법으로 개정되면서 관광숙박업 등급을 5등급으로 세분화하였다.

즉, 특1급, 특2급, 1급, 2급, 3급이다. 관광호텔에 관한 등급조정은 3년마다 실시하는 정기조정과 장관이 필요하다고 인정할 때에는 업체가 신청할 경우에 실시하는 수시조정으로 구분되며, 신규 호텔의 경우에는 등록 후 3개월이 경과한 다음부터 6개월 이내에 실시하기로 되어 있다. '관광호텔 등급결정에 관한 요령' 에 의하면 관광호텔 등급결정 신청은 특2등급 이상은 문화체육부장관에게, 1등급 이하는 관할 도지사에게 제출하여야 하며, 신청을 받은 등급결정권자는 등급평정 기준에 의하여 등급평정을 위한 조사를 실시하여야 한다.

관광호텔의 등급결정은 문화체육부장관이 따로 정하여 고시한 관광호텔 등급평정기준에 따라 결정하되 평정기준의 만점을 기준으로 하여 특1등급은 90% 이상, 특2등급은 80% 이상, 1등급은 70% 이상, 2등급은 60% 이상, 3등급은 50% 이상이어야 한다.

호텔 등급 기준의 정의로는 1성급 호텔은 고객이 수면과 청결유지에 문제가 없도록 깨끗한 객실과 욕실을 갖추고 있는 조식이 가능한 안전한 호텔이다. 2성급 호텔은 고객이 수면과 청결유지에 문제가 없도록 깨끗한 객실과 욕실을 갖추며 식사를 해결할 수 있는 최소한의 F&B 부대시설을 갖추어 운영되는 안전한 호텔이다. 3성급 호텔은 청결한 시설과 서비스를 제공하는 호텔로서 고객이 수면과 청결유지에 문제가 없도록 깨끗한 객실과 욕실을 갖추고 다양하게 식사를 해결할 수 있는 1개 이상직영 · 임대 포함의 레스토랑을 운영하며, 로비, 라운지 및 고객이 안락한 휴식을 취할 수 있는 부대시설을 갖추어 고객이 편안하고 안전하게 이용할 수 있는 호텔이다.

4성급 호텔은 고급 수준의 시설과 서비스를 제공하는 호텔로서 고객에게 맞춤 서비스를 제공하며 호텔 로비는 품격 있고, 객실에는 품위 있는 가구와 우수한 품질의 침구와 편의용품이 완비되어야 한다. 또한 비즈니스 센터, 고급 메뉴와 서비스를 제공하는 2개 이상직영 · 임대 포함의 레스토랑과 연회장, 국제회의장을 갖추고, 12시간 이상 룸서비스가 가능하며, 피트니스 센터 등 부대시설과 편의시설을 갖추어야 한다. 5성급 호텔은 최상급 수준의 시설과 서비스를 제공하는 호텔로서 고객에게 최고의 맞춤 서비스를 제공한다. 호텔 로비는 품격 있고, 객실에는 품위 있는 가구와 뛰어난 품질의 침구와 편의용품이 완비되어 있으며 비즈니스 센터, 고급 메뉴와 최상의 서비스를 제공하는 3개 이상직영 · 임대 포함의 레스토랑, 대형 연회장, 국제회의장을 갖추고, 24시간 룸서비스가 가능하며, 피트니스 센터 등 부대시설과 편의시설을 갖추어야 한다.

3. 호텔의 기능

전통적 호텔의 기능은 주로 여행자에게 수면, 음식, 생명과 재산의 보호라는 기본적인 기능과 만남과 집회 등 장소적 기능을 의미하였다. 하지만 현대적 개념에서 호텔이란 '숙박과 식사를 비롯한 휴식과 오락을 즐길 수 있는 제반 시설을 갖추고, 고객 만족을 위한 부가적인 무형 서비스를 세련된 종사원을 통하여 제공해 그 대가를 받아 경영 이익을 추구하는 기업' 을 의미한다.

3.1 퍼블릭 스페이스 기능 사회 · 문화적 입장

① 시장 거래 · 교환기능으로서 공간

② 심신의 레크레이션 기능으로서 공간

③ 문화적 커뮤니케이션 기능으로서 공간

④ 지역주민의 community center로서 공간

3.2 서비스 판매 기능 공간 서비스 기능

① **숙박 기능** : 잠자는 것, 휴식

② **음식 기능** : 먹는 것, 마시는 것

③ **집회 기능** : 모임, 대화

④ **문화서비스 기능** : 교육, 예술, 공예학회

⑤ **스포츠, 레저 기능** : 즐거움, 단련, 놀이

⑥ **상업 서비스 기능** : 쇼핑, 패션, 생활정보 모집

⑦ **건강관리 서비스 기능** : 건강, 의료, 헬스, 미용

⑧ **비즈니스 서비스 기능** : 상담, 회의, 전시회, 비즈니스 정보교환

3.3 고객측면 기능

호텔은 숙박, 식사, 고객의 재산과 안전에 대한 보호의 책임뿐만 아니라 청결, 위생과 안락을 위한 시설을 제공함과 동시에, 비숙박자에게도 널리 개방되는 공공 장소의 성격에다 레저와 문화의 중심지란 별도의 기능이 추가된 기업이다.

3.4 공공기능

호텔은 관광객 중심의 숙박처 제공시설이라는 종래의 호텔 개념에서 지역사회의 주민 중심의 휴식처, 대화와 사교의 장소, 예술적 · 문화적 공간, 커뮤니케이션 공간의 기능을 수행하는 공공시설이다. 이러한 의미에서 호텔은 어디까지나 관광객에게 따뜻하고 친절하게 봉사하지 않으면 아니되는 기업a home away from home처럼 아늑한 분위기를 조성해 주는 환대산업으로 일컫고 있는 것이다. 또한 환대정신을 전하는 인적자원을 중시하여 호텔산업을 사람산업people industry이라고도 하며, 투철한 서비스 정신을 실천하는 사람을 호텔리어hotelier라 부르고 있다.

4. 우리나라 호텔의 역사

현존하는 한국 최고最古의 호텔은 조선호텔현재 웨스틴조선호텔이다. 조선호텔은 진정한 의미의 우리나라 최초의 근대식 호텔이다. 1914년 서울 소공동에 건립됐다. 조선호텔은 큰 규모의 정식 회의가 열린 최초의 호텔이 되기도 했다. 또한 최초의 엘리베이터와 댄스파티 등 숱한 국내 최초 기록을 쏟아내며 신新문화 수입의 산파역을 맡았다. 지하 1층과 지상 4층의 벽돌 건물을 짓는 데 들어간 건축 비용은 당시 우리 돈으로 84만 3,000원에 달했다.

〈그림 2-1〉 조선호텔

이후 철도 개통 등 교통이 편리해지면서 국내 최초의 본격적인 상용호텔인 반도호텔이 문을 열었다. 반도호텔은 1936년에 착공해 1938년에 준공됐다. 그러나 이 시기의 호텔은 주로 일본인과 외국인을 위한 시설로 이용되었을 뿐이다. 반도호텔은 광복 후 자유당 시절에는 국회나 다름없을 정도로 정치인들의 출입이 잦은 곳이었다.

국내 관광호텔산업은 1970년대에 정부가 관광산업 육성정책의 일환으로 관광진흥기금의 설치와 조세 지원 시책을 본격화하면서 성장기반이 조성되었다. 1980년대에 들어서 국민소득 향상에 따른 내국인 관광 수요의 증가와 함께 86아시안게임, 1988년 서울올림픽 특수로 관광산업의 기간이라 할 수 있는 호텔산업이 급성장함으로써 전체 시장규모는 3,900억원으로 급격히 확대되었다.

그러나 1990년대에 들어서면서 세계경기 침체로 외국인 관광객의 입국추세가 둔화된 가운데 국내에서도 정부의 과소비 억제를 위한 각종 규제조치가 시행되면서 1993년 시장성장 규모1조 4천 5백억원가 최저치를 기록하며 크게 둔화되었으나, 정부차원의 관광산업 육성 지원이 본격화되면서 1994년 이후 재증가 추세를 보여 관광호텔 시장규모가 1995년에는 1조 9,932억 원으로 크게 증가했다. 1996년 이후 외국인 입국자의 감소로 시장규모는 다시 한자리 수 성장을 보이며 1998년 총 시장규모는 2조 1백억 원, 1999년에는 10.9 %의 증가로 2조 3천억 원을 기록했다.

최근 지속적인 증가 추세를 보이고 있는 방한 외래 관광객 수는 2012년 1,114만 명으로 사상 최고치를 기록하였으며 2013년에는 약 1,300만 명 정도의 인바운드 관광 수요가 발생될 것으로 예측되고 있다. 정부는 2017년까지 관광수입 240억 달러, 방한 외래 관광객 1,600만 명을 목표로 두고 있으며 외래 관광객 유치에 대해 긍정적인 전망을 하고 있다. 인바운드 관광 수요 증가에 따른 지역경제 활성화 등과 같은 긍정적인 효과와 더불어 특정 권역에 외국인 관광 수요가 집중되는 현상은 관광숙박 공급 차원에서 문제점으로 제기되고 있는 실정이다.

외래 관광객 실태 조사2012에 따르면, 한국여행 중 방문율이 높은 지역은 서울 82.5%, 경기 21.3%, 부산 12.2%, 제주 12.0% 인천 7.7% 등의 순으로 타 지역에 비해 서울에서 외국인 관광객의 방문비율이 높게 나타나고 있다.

이러한 특정 지역 집중 현상은 해당 지역의 숙박부족 문제로 연결되고 있으며, 이러한 문제를 해결하기 위해 정부에서는 2012년 7월 관광숙박시설 확충에 관한 특별법을 제정하여 부족한 숙박시설을 공급하기 위한 정책적 지원방안을 마련하였다. 실제, 특별법 제정 이후 서울 및 제주 등 관광 중심 도시의 호텔사업계획 승인건수는 매우 크게 증가하였으며 실제 건립될 경우 해당지역의 부족한 숙박시설을 상당 부분 채울 수 있을 것으로 판단된다.

2012년 기준 내 · 외국인별 객실이용 행태 조사에 따르면, 내국인 이용객은 '개별 관광 여행객'의 비중44.4%이, 외국인 이용객은 '단체 관광 여행객'의 비중45.9%이 가장 높게 나타나, 2011년 조사 시 내 · 외국인 모두 '비즈니스 여행객' 비중이 가장 높았던 것과는 다른 양상을 보인다.

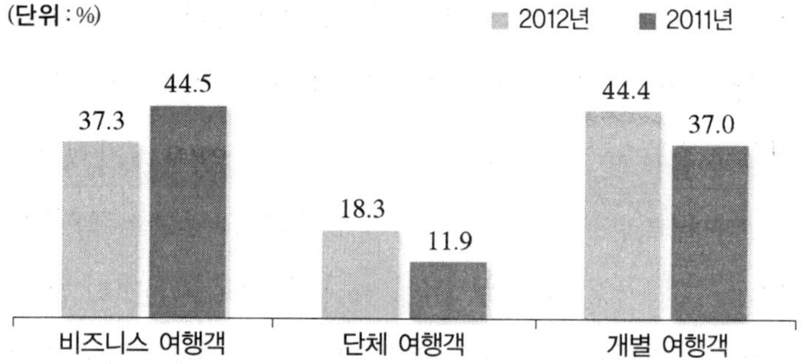

〈그림 2-2〉 호텔 이용객 이용 행태(내국인)

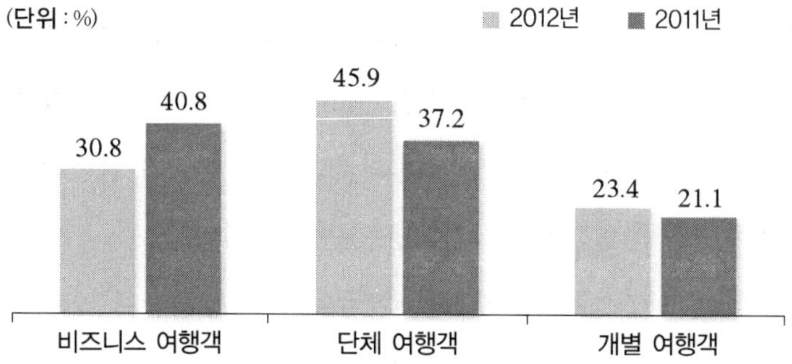

〈그림 2-3〉 호텔 이용객 이용 행태(외국인)

1. 법규에 의한 분류

2. 입지에 의한 분류

3. 규모에 의한 분류

4. 서비스 제공 범위에 의한 분류

5. 숙박기간에 의한 분류

6. 숙박 목적에 의한 분류

7. 숙박 고객에 의한 분류

8. 경영 형태에 의한 분류

9. 요금 지불형식에 의한 분류

호텔의 분류

Global **Hotel Management,**
ch. three

1. 법규에 의한 분류

관광진흥법 제3조 2항에서 관광숙박업이라 함은 호텔업과 휴양콘도미니엄업을 말하며, 호텔업은 관광호텔업, 수상관광호텔업, 한국전통호텔업, 가족호텔업으로 구분된다관광진흥법 시행령 제2조 2항.

1.1 호텔업

호텔업이란 관광객의 숙박에 적합한 시설을 갖추어 이를 관광객에게 제공하거나 숙박에 부수되는 음식 · 운동 · 휴양 · 공연 또는 연수에 적합한 시설 등을 함께 갖추어 이를 이용하게 하는 업종이다.

가. 관광호텔업

관광호텔업은 기본적으로 관광객의 숙박과 체재에 적합한 시설을 갖추어 이를 이용하게 하고 음식을 제공하는 업으로서 대부분의 관광숙박업은 관광호텔의 형태로 운영되고 있다.

나. 수상관광호텔업

수상관광호텔업은 수상에 구조물 또는 선박을 고정하거나 계류시켜 놓고 관광객의 숙박에 적합한 시설을 갖추거나 부대시설을 함께 갖추어 이를 관광객에게 이용하게 하는 업이다.

다. 한국전통호텔업

한국전통호텔업은 한국전통의 건축물을 활용해 관광객의 숙박에 적합한 시설을 갖추거나 부대시설을 함께 갖추어 이를 관광객에게 이용하게 하는 업이다.

라. 가족호텔업

가족호텔업은 가족 단위 관광객의 숙박에 적합하도록 숙박시설 및 취사도구를 갖추어 이를 관광객에게 이용하게 하거나 숙박에 부수되는 음식 · 운동 · 휴양 또는 연수에 적합한 시설을 함께 갖추어 이를 관광객에게 이용하게 하는 업이다.

1.2 휴양콘도미니엄업

휴양콘도미니엄업이란 관광객의 숙박과 취사에 적합한 시설을 갖추어 이를 당해 시설의 회원 · 공유자, 기타 관광객에게 제공하거나 숙박에 부수되는 음식 · 운동 · 오락 · 휴양 · 공연 또는 연수에 적합한 시설 등을 함께 갖추어 이를 이용하게 하는 업을 말한다.

2. 입지에 의한 분류

Global **Hotel Management,** ch. three

호텔의 입지장소에 따라 도시 호텔, 휴양지 호텔, 공항 호텔, 고속도로 호텔 등 4가지로 분류할 수 있다.

2.1 도시 호텔 Business Hotel

비즈니스와 쇼핑 등이 원활히 이루어지는 도심에 위치하며, 주 고객층은 사업가층으로 작은 연회장 및 회의를 할 수 있는 시설이 주로 있다.

2.2 휴양지 호텔

휴양지 호텔 Resort Hotel 의 목적은 주로 여가와 휴식을 즐기려는 관광객들을 위한 호텔이라고 할 수 있다. 휴양지 호텔의 경우 계절을 기준으로 다시 분류해 볼 수 있는데, 하계 여름 휴양지 호텔과 동계 겨울 휴양지 호텔로 분류할 수 있다.

2.3 공항 호텔

공항 근처에 위치하면서 비행기 사정으로 출발 및 도착이 지연되어 탑승을 기다리는 손님과 승무원들이 이용하기에 편리한 호텔을 말한다. 최근에는 이를 에어텔 airtel 이라는 약칭으로 부르기도 한다. 주로 도심 공항 5마일 이내에 위치해 있는 호텔을 말한다.

2.4 고속도로 호텔

고속도로 호텔은 고속도로를 이용하여 장시간 이동해야 하는 고객들을 위한 호텔이다. 주요 도로나 작은 도시에 위치해 있는 호텔들을 말한다.

(a) 도시 호텔 (b) 휴양지 호텔

(c) 교외 호텔 (d) 공항 호텔

〈그림 3-1〉 입지장소에 의한 호텔의 분류

3. 규모에 의한 분류

Global **Hotel Management**, ch. three

호텔규모에 의한 분류는 호텔이 서비스를 제공할 수 있는 객실의 수에 따라 4가지로 분류한다.

[표 3-1] **호텔 규모에 의한 분류**

종류	객실 수
소규모	150실 이하
중규모	150~299실
대규모	300~599실
초대규모	600실 이상

4. 서비스 제공 범위에 의한 분류

서비스의 제공 범위에 따라 Full service hotel과 Limited service hotel로 분류되며 제공 서비스에 많은 차이가 있다.

4.1 Full service hotel

고객에게 많은 범위의 서비스를 제공하는 호텔을 말하며, 제한된 서비스 호텔limited service hotel보다 식음료 서비스의 종류가 다양하고 호텔의 시설 및 서비스의 질도 높으며 다양한 부대시설을 갖추고 있다. 또한 벨 서비스bell service, 룸서비스room service, 세탁 서비스laundry service, 비즈니스 센터business center 등 고객에게 다양한 서비스를 제공한다.

4.2 Limited service hotel

호텔이 제공할 수 있는 다양한 서비스 중에서 가급적 최소한도 범위의 서비스만을 제공하는 호텔을 말한다. 고객들에게 아주 간단한 무료 아침식사 이외에는 식음료 서비스를 제공하지 않고 회의시설, 연회시설, 벨 서비스, 주차 서비스 등은 아예 없거나 아주 제한적으로 운영되고 있다.

5. 숙박기간에 의한 분류

숙박기간에 의하여 단기 체재형 호텔, 장기 체재형 호텔, 장기 체재형 영구호텔, 이 3가지로 분류된다.

5.1 단기 체재형 호텔Transient Hotel

교통이 편리한 장소에 위치하고 보통 1~2일간의 단기 투숙객이 많이 이용한다. 교통이 매우 편리한 곳에 위치해야 된다는 점이 강하게 요구되며 음식가격도 비교적 저렴하고 투숙객 이외의 외래객을 위한 커피숍이나 카페테리아 같은 부대시설도 갖추고 있다.

5.2 장기 체재형 호텔Residential Hotel

주택용 형식의 호텔로서 적어도 1주일 이상의 투숙객을 대상으로 한다. 아파트와 다른 점은 호텔식의 메이드 서비스maid service가 있다는 점이다. 또한 최소한의 식사와 음료 서비스가 제공되는 식당과 주장의 시설도 갖추고 있고 객실료 지불도 보통 1개월 단위로 지불되는 것이 일반적이며 식당업은 다른 회사에 위탁하는 경우도 있다.

5.3 장기 체재형 영구호텔Permanent Hotel

아파트식의 장기 투숙객을 전문으로 하는 호텔이다. 최소한의 식음료 서브시설이 있는 것이 일반적이다. 이 호텔이 단순한 아파트와 다른 부분은 메이드 서비스가 제공된다는 점이다.

6. 숙박 목적에 의한 분류

6.1 커머셜 호텔Commercial Hotel

전형적인 상용호텔을 말한다. 일명 비즈니스호텔이라 하여 도시 중심의 대부분의 호텔들이 이 부류에 속한다. 이 호텔은 세일즈맨, 엔지니어, 회사의 지점원, 연락사무원 및 일반 투숙객들이 흔히 이용하는 관계로 각종 부대시설이 다양하게 운영되어야 한다. 특히 객실에는 냉난방 장치는 물론 텔레비전과 전화, 그리고 침대도 다목적용이 갖춰져야 한다. 즉 소파베드sofa bed나 스튜디오 베드studio bed가 들어선 2인용 객실twin bed에 응접실을 겸할 수 있는 컨넥팅 룸connecting room 등이 많이 설비되어야 하고, 또한 비즈니스맨을 위한 텔렉스, 팩시밀리, 복사기, 타이프라이터 등을 갖춘 비즈니스 센터business center가 운영되어야 한다.

6.2 컨벤션 호텔Conventional Hotel

각종 국제회의를 개최할 수 있는 시설과 서비스를 갖추고 이를 목적으로 방문하는 고객들을 대상으로 숙식 서비스도 제공하는 호텔을 말한다. 객실의 대형화는 물론 대회의장 및 주차장의 설비가 완비되어야 하겠고 연회실과 전시장 등이 대규모로 확보되어야 한다. 다른 고객들보다도 회의 참석자들은 객실 이용, 식음료 판매, 임대회의실 및 기타 쇼핑 등 지출이 많으므로 이로 인한 수입이 이중 삼중으로 들어와 매상고가 월등히 높은 이점을 지니고 있다. 우리나라의 특급호텔들은 3개국 이상의 동시통역 시설을 갖춘 대연회장을 대부분 완비하고 있다.

6.3 카지노 호텔Casino hotel

각종 카지노 게임 즉, 블랙잭, 룰렛, 바카라와 같은 테이블 게임 및 머신 게임 시설을 갖추고 이를 이용하고자 하는 고객들을 대상으로 숙식 서비스도 제공하는 호텔을 말한다.

6.4 리조트 호텔Resort Hotel

휴양과 레크리에이션의 목적으로 이용되는 호텔이다. 리조트 호텔에는 겨울의 스키와 스케이팅, 또는 설경의 즐거움을 찾는 고객을 대상으로 하는 윈터 리조트winter resort와 피서객들과 해수욕객을 수용하는 썸머 리조트summer resort로 나눌 수 있다.

(a) 커머셜 호텔

(b) 컨벤션 호텔

(c) 카지노 호텔

(d) 아파트먼트 호텔

〈그림 3-2〉 숙박 목적에 의한 호텔의 분류

6.5 아파트먼트 호텔Apartment Hotel

장기 체제객용의 호텔로 레지덴셜 호텔 부류에 속한다. 이 호텔은 대개의 경우 퇴직자들이 지내며 사회복지제도의 일환으로 사용되고 있다. 다른 호텔과는 달리 각 객실마다 자취설비를 갖추어 아파트식의 인상을 상하게 준다. 또는 아파트식과는 달리 가구, 식기 등을 설비하여 놓지 않고 그대로 객실을 대여하는 경우도 있다.

7. 숙박 고객에 의한 분류

7.1 Motel

자동차 여행객들을 대상으로 고속도로나 국도 주변에 위치한 숙박시설로, 대부분 객실 수가 50실 미만이며 객실 이외에는 특별한 시설과 인적 서비스를 제공하지 않기 때문에 가격이 저렴하다. 충분한 주차시설 및 효율적인 건물 배치로 인하여 차를 바로 객실 앞에 주차시킬 수 있으며 전통적인 호텔과 달리 격식을 요구하지 않고 모텔 건물 밖에서도 객실 이용 가능여부를 쉽게 알 수 있는 등 자동차 여행객들에게 최대한의 편리함을 제공하고 있다.

7.2 Boatel

보트로 여행하는 여행객들이 이용하는 호텔로서 마이애미나 하와이 해변에 존재한다. motor boat를 조종하면서 해상을 주름잡는 데서 즐거움을 찾는 고객들이 이용한다.

7.3 Yachtel

요트를 타고 여행하는 관광객들을 대상으로 하는 숙박시설로서 비교적 규모가 작으며, 단기체류객을 대상으로 주로 잠자리만을 제공하는 일종의 간이호텔이다.

7.4 Youth hostel

유스호스텔은 청소년을 위한 숙박시설로서 젊은이의 집을 뜻한다. 이것은 영리를 추구하는 일반 기업과는 달라서 청소년들에게 여행을 장려하는 동시에, 이들에게 저렴한 가격으로 숙박시설을 제공하는 목적으로 설치된 일종의 사회복지 시설이다.

유스호스텔 운동은 청소년들의 여행 욕구를 충족시키고, 심신을 단련시킬 뿐만 아니라, 여행을 통하여 국내외의 지리, 역사, 문화, 풍물, 산업 등의 지식을 넓히게 하며, 단체 활동의 좋은 습관을 체득케 하고 봉사와 협동 정신을 길러 청소년들로 하여금 건전한 신체와 정신을 고양시키려는 데 그 목적이 있다.

7.5 Floatel

여객선이나 페리호, 유람선과 같은 해상을 운행하는 배에 있는 Floating Hotel을 일컫는다. 비교적 낡은 선박을 이용한 숙박 형태로서 객실기준은 50실 이상이며 비상발전 설비와 해양오염 방지를 위한 오수 저장 및 처리시설, 폐기물 처리시설을 갖추어야 한다.

7.6 All-suite hotel

호텔 내 모든 객실이 전부 suite room인 호텔을 일컫는다. 고급 비즈니스맨들을 겨냥해 지가가 싼 도심 주변에 위치하면서 공항과 접근이 용이한 곳에 위치한다.

7.7 Condominium^Condo

객실 단위로 분양하는 형식의 공동주택으로 숙박과 취사에 적합한 시설을 갖추어 시설의 회원이나 공유자, 그 밖의 관광객에게 제공하거나 식사 · 운동 · 오락 · 휴양 · 공연 또는 연수에 적합한 시설을 말하는 것으로 분양받은 사람은 자기가 이용하지 않을 때에는 관리회사에 관리와 운영을 맡긴다.

7.8 Eurotel^Europe Hotel

유럽 호텔^Europe Hotel의 약어로서 분양식 리조트 맨션의 수탁체인 경영이다. 현재 유럽 8개국에 걸쳐 이를 운영하고 있는 Eurotel International Hotel사에 의해 제창된 것이다.

(a) Motel(= Motorists' Hotel)

(b) Youth Hotel

(c) Boatel(= Boat Hotel)

(d) Yachtel(= Yacht Hotel)

(e) **Rotel**(= Roving Hotel)

(f) **Floatel**(= Float Hotel)

(g) **Condominium**(= Condo)

(h) **Eurotel**(= Europe Hotel)

〈그림 3-3〉 숙박 고객에 의한 호텔의 분류

8. 경영 형태에 의한 분류

Global **Hotel Management**, ch. three

8.1 경영계약호텔

호텔의 소유와 경영이 분리된 경영 형태로 호텔의 소유주가 희망하는 체인호텔 본사와 위탁경영 계약을 맺은 뒤 경영을 체인호텔 본사에 위탁해서 운영되는 호텔을 말한다.

8.2 개별경영호텔

호텔의 소유자가 직접 경영하는 호텔을 말한다. 호텔의 소유자는 호텔의 건축, 시설 설비, 인력 관리를 비롯한 총체적인 경영에 책임을 진다.

8.3 프랜차이징 호텔

프랜차이즈 본사에 가맹점으로서 일정액의 가맹비와 수수료를 내고 가입한 뒤 호텔 브랜드, 시설, 서비스 등 경영 노하우를 전수 받은 후 소유자가 직접 호텔을 운영하는 형태를 말한다.

8.4 일반 체인호텔

호텔 소유주나 주주로부터 호텔 경영의 위탁에 대한 계약을 하여 운영하거나 체인의 모 회사가 소유권에 대한 지분을 보유하여 체인의 본부는 경영만을 책임진다. 체인 본부는 가입된 호텔들로 하여금 경영의 획일성을 유지하기 위하여 체인이 소유하고 있는 고유의 상호 · 상표, 표준화된 건축양식, 장식 등을 동일하게 하고 있으며 경영에 반영시킨다.

8.5 리퍼럴조직 호텔

리퍼럴 호텔은 단독경영호텔들을 회원사로 받아들여 경영의 독립성은 유지하도록 하면서 대규모 체인경영호텔의 장점인 판매, 마케팅, 광고 및 예약 서비스 등을 제공하는 리퍼럴 그룹에 가입한 호텔을 말한다.

8.6 공동소유호텔

두 명 이상의 소유주가 공동으로 소유하여 경영하는 호텔을 말한다.

8.7 임대경영호텔

호텔의 소유주로부터 호텔을 임차하여 경영하는 형태를 말한다. 호텔의 소유주는 호텔 경영에 대한 노하우가 없을 경우 호텔을 임대함으로서 고정적인 임대료를 받을 수 있고 경영자는 최소한의 투자로 호텔을 경영할 수 있는 장점이 있다.

9. 요금 지불형식에 의한 분류

Global **Hotel Management,** ch. three

9.1 American plan Hotel

이 호텔은 호텔요금의 지불 시 투숙객의 객실요금에 식대를 포함하여 총 숙박요금으로 계산하는 방법을 사용하는데, 이는 일명 'full plan', 'full pension', 'full board' 라고도 불린다.

9.2 European plan Hotel

객실요금과 식사요금을 분리하여 별도로 계산하는 방식의 호텔이다.

9.3 Dual-plan hotel

고객의 요구에 따라 american plan이나 european plan 등을 적절히 혼합시킨 요금산정방식의 호텔이다.

[표 13-2] **호텔의 분류**

분류기준	종류	호텔
위치	도심지 호텔	- JW Marriott hotel - Silla hotel - Walkerhill hotel - Lotte hotel
	휴양지 호텔	- 구미금오산호텔 - 마레몬스호텔 - 설악켄싱턴스타호텔 - 한탄강 게르마늄온천호텔
	공항 호텔	- Hyatt regency incheon - Best western Primier - Hotel Airport - MayField hotel
	고속도로호텔	- B&B 호텔 - countury INN&SUITES - Econo Lodge - Microtel
서비스 범위	풀 서비스 호텔	- Park Hyatt Seoul - Grand Hyatt Seoul - W Seoul - Walkerhill - THE SHILLA SEOUL
	제한된 서비스 호텔	- 호텔캐피탈 - 호텔세종 - 굿스테이노블레스역삼호텔 - 렉싱턴호텔
숙박 목적	커머셜호텔	- 조선호텔 - 프라자호텔 - 베스트웨스턴 국도호텔 - 노보텔

숙박 목적	컨벤션 호텔	- 동해보양온천 컨벤션호텔 - 호텔인터불고 원주 - 그랜드 힐튼 - 호텔현대 경주
	카지노 호텔	- L-casino hotel - paradise hotel - 강원랜드호텔 - 워커힐 카지노
	리조트 호텔	- 인터컨티넨탈알펜시아 평창리조트 - 호텔설악파크 - 제주해비치리조트호텔
	아파트먼트 호텔	- 메리어트 이그제큐티브 - 그랜드 힐튼 레지던스 - 도미인서울 - 소피텔엠배서더호텔 레지던스
숙박기간	단기체재형 호텔	- 하얏트리젠시 - 베스트웨스턴 인천공항 - JW Marriott Hotel - Seoul Palace Hotel
	장기체재형 호텔	- 워커힐호텔 - 신촌 까사빌 레지던스 - 현대 레지던스 - 바비엥스위트
	장기체재형 영구호텔	- 서머셋 팰리스 - 프레이저 플레이스 - 도미인서울 - 아르누보씨티
시설 형태	모텔	- 뉴욕모텔 - 종로 몽 호텔 - 보텔001
	보텔	- 말라드로트닝겐 보트 호텔 - 잔트보트호텔(네덜란드) - 말라드로트닝겐 보트 호텔
	요텔	- 페이예 요트호텔 - Sunborn Yacht hotel - Malardrottningen Yacht - Fort Lauderdale Grande Hotel and Yacht Club

시설 형태	유스호스텔	- 부산유스호스텔아르피나 - 하이서울유스호스텔 - 서울유스호스텔 - 스위트유스호스텔
	플로텔	- 한일카훼리호 - 코지아일랜드호 - Hurtigruten - 오아시스호
	올 스위트 호텔	- 상해호텔 하이슈어 올 스위트 호텔 - Rumor Boutique Hotel in Lasvegas - Aarons All Suites Hotel in Australia - Burj Al Arab in Dubai
경영 형태	경영계약호텔	- 웨스틴조선 - W서울 워커힐 - 그랜드 하얏트 서울 - 노보텔 앰배서더
	개별경영호텔	- 호텔캐피탈 - 호텔 프레지던트 - 서울팔래스호텔 - 서울로얄호텔
	프랜차이징호텔	- 쉐라톤 그랜드 워커힐 - 메리어트 호텔 - 경주 힐튼 - 리츠 칼튼
	일반체인호텔	- 롯데호텔 - 현대호텔 - 신라호텔 - 파라다이스호텔
	리퍼럴조직호텔	- 신라호텔 - 롯데호텔 - 임피리얼 팰리스 - 파라다이스호텔부산
	공동소유호텔	- 서프라이즈호텔 - 이스트하우스틴호텔 - 크라운프라자호텔 - 아이오와주 르네상스 호텔
	임대경영호텔	- 렉싱턴호텔 - 센텀호텔

		- 그랜드 힐튼 호텔 - 하얏트호텔
요금 지불방식	미국식 플랜호텔	- Hotel Edison in New York - Sheraton On The Falls in Canada - Intercontinental in Boston - Hilton in Boston
	유럽식 플랜호텔	- Le Meridien Montparnasse Hotel in Paris - Kempinski Hotel in Munich - Holiday INN Kingscross in London - IBIS EARLS COURT in london
	듀얼플랜호텔	- 더 프라자 호텔 - IP 부티크 호텔 - 롯데호텔 - 신라호텔

1. 호텔산업의 특징

2. 호텔산업의 분류

3. 호텔의 경영조직

4. 호텔의 경영조직도

5. 세계 호텔산업의 트렌드

6. 국내 호텔산업의 트렌드

호텔의 소유 · 경영 형태

Global **Hotel Management,**
ch. four

1. 호텔산업의 특징

호텔산업은 유 · 무형의 상품을 갖고 고객의 욕구에 부응하는 것이며, 여기에서 유형은 객실, 식음료, 부대시설을, 무형은 서비스를 의미한다. 호텔산업은 호텔상품을 판매한다는 관점에서 다음과 같은 특징을 가진다.

1.1 대규모 최초투자비용 산업

호텔은 입지요건이 좋아야 하고 부동산의 규모가 거대하며 설비, 비품, 집기 등의 시설비가 많이 드는 등 고정자산의 투자가 높은 반면에 시설의 진부화가 빠른 산업이다. 건물의 설계와 구조, 시설 등은 호텔의 가치와 영업에 결정적인 영향을 미치지만 고객의 이용에 관계없이 조속히 진부화하므로 시간에 따라 경제적 가치가 상실된다.

1.2 인적 서비스에 대한 높은 의존성

잘 훈련된 종업원은 고객으로부터 좋은 반응을 가져오지만 그렇지 않을 경우 상품 품질에 부정적으로 작용한다.

1.3 비전매성 상품

호텔 상품은 소비자가 직접 현장에 와서 인적 · 물적 서비스를 이용하거나 소비하는데 호텔 객실상품은 당일 판매하지 않으면 그 가치를 상실하기 때문에 매출의 극대화와 객실 점유율의 효율적인 관리가 요구된다.

1.4 상품공급의 비탄력성

일반 상품은 수요가 증가하면 대량생산으로 수요에 맞게 공급의 양을 증가시킬 수 있지만 호텔 상품은 한정된 상품을 갖고 수요에 응하기 때문에 수요가 넘친다 하더라도 서비스 제공이 불가한 특성을 갖고 있다.

1.5 낮은 자본 회전률

대규모의 자본을 요구하는 호텔산업에서 투자자본의 회수는 매출에 의존할 수 밖에 없는데 그 매출은 투자된 자본에 비해 소액이므로 자본 회수에 많은 기간이 소요[20년]된다.

1.6 환경에 대한 민감성

호텔산업은 정치, 경제, 사회 등 환경변화에 민감한 편이고 리조트 호텔의 경우 계절에 따라 수요의 기복이 심하여 이의 관리가 용이치 않다.

1.7 공공장소적 기능

숙박 기능, 음식제공 기능 이외에도 집회공간, 문화행사, 스포츠, 레저, 상업공간, 건강센터 등의 지역사회의 커뮤니티 공간으로 활용된다. 고객전용 객실 라운지 등의 직접적인 수익이 발생되지 않는 비생산적이지만 공공인 장소가 존재한다. 예식장으로도 사용되어 많은 지역주민이 함께하는 만남의 광장으로 이용되기도 한다.

2. 호텔산업의 분류

호텔산업의 분류 기준은 다양하나 기준 간의 경계가 불명확하다. 규모, 장소, 서비스의 범위, 운영주체 등을 기준으로 분류할 수 있다. 분류 기준에 따라 세부 분류가 중복되는 경우가 많다. 또한 동일한 분류 기준에서도 학자 및 국가에 따라 구분에 차이를 보이고 있다.

2.1 규모에 따른 분류

모텔, 콘도 등의 소규모 객실을 운영하는 숙박시설이 증가함에 따라 분류 기준이 되는 객실 수도 상향, L&H의 기준을 통상적으로 사용하고 있다.

이에 객실규모에 따라 150실 이하는 소규모, 150～299실 이하는 중규모, 200～600실 이하는 대규모 호텔, 600실 이상은 특대규모 호텔메트로폴리탄 호텔로 분류한다.

[표 4-1] **객실 수를 기준으로 한 규모에 따른 호텔의 분류**

	과거	현재
소규모 호텔	25～100객실 이하	150객실 이하
중규모 호텔	100～300객실 이하	150～299객실 이하
대규모 호텔	300객실 이상	300～600객실 이하
특대규모 호텔		600객실 이상

2.2 장소에 따른 분류

장소에 따라 도시 호텔, 휴양지 호텔, 터미널 호텔 등으로 분류할 수 있다. 호텔은 그 이용목적에 따라 입지를 선정하기에 이는 운영목적에 따른 분류와 유사하게 나타난다.

[표 4-2] 위치한 장소에 따른 호텔의 분류

분류	장소	주 이용객	기타 특징
도시 호텔	비즈니스, 쇼핑 등이 원활한 도시의 중심가	상용여행, 도시를 방문하는 관광객	도시민의 사교장, 공공장소로도 사용
휴양지 호텔	휴양지	휴양과 여가를 목적으로 하는 관광객	이용객의 편의를 위한 충분한 부대시설
터미널 호텔	철도역, 공항, 버스터미널 등	교통수단을 이용하는 사람들	공항 호텔, 항구 호텔, 터미널 호텔 등으로 세분화

2.3 서비스 범위에 따른 분류

호텔은 객실 외에 부가적으로 제공되는 서비스의 범위에 따라 Full Service Hotel과 Limited Service Hotel로 분류할 수 있다. 고객의 욕구가 다양화됨에 따라 이를 충족시키기 위한 다양한 서비스가 제공되기 시작한다. Full Service Hotel은 다양한 부대시설과 서비스의 질적 만족에 높은 경쟁력을 갖추고 있는 반면, Limited Service Hotel은 호텔의 가장 기본적인 서비스만을 제공함으로써 이용료

[표 4-3] 서비스 범위에 따른 호텔의 분류

분류	정의	세부 구분
Full Service Hotel	레스토랑, 라운지, 피트니스, 세탁 서비스 등 이용객이 필요로 하는 모든 서비스를 제공하는 호텔	최고급(deluxe)
		고급(luxury)
		중상급(upscale)
		식음료시설이 있는 중급(midscale hotel with food and beverage sevice)
Limited Service Hotel	간단한 아침식사, 및 무료 음료 외에 서비스를 제공하지 않는 호텔로 낮은 이용료로 가격경쟁력을 가짐	식음료시설이 있는 중급호텔(midscale hotel without food and beverage sevice)
		중저가 호텔(economy)
		저가 호텔(budget)

를 낮춰 높은 가격경쟁력을 갖추고 있다. 중저가 호텔은 기존의 가격과 시설 수준을 고수하는 전통적 의미의 소규모 저가 호텔Budget hotel과 기능과 서비스 고급화를 통해 제한된 범위 내에서 객실 서비스 수준을 높인 새로운 개념의 중저가 호텔economy hotel로 세분된다. 하지만 두 용어의 구분이 명확하지 않으며, 일반적으로 중저가 호텔은 Budget Hotel이라는 용어로 사용된다. 서비스의 범위 및 내용에 따라 주 이용객에도 차이가 있다.

2.4 경영 형태에 따른 분류

호텔의 경영방식을 기준으로 단독경영호텔과 체인호텔로 구분되어진다. 단독경영호텔은 개인이 하나의 호텔만을 운영하는 경우, 또는 기업이 호텔업에 투자를 하여 전문 관리인으로 하여금 호텔을 단독경영하게 하는 형태를 의미한다. 이는 체인 본부에 부과되는 비용을 지불할 필요가 없으므로 비용절감 및 시장변화에 신속히 대응하고 독창적인 경영기법 개발을 통한 효율적 운영이 용이하다는 장점이 있다. 반면 소비자의 지명도가 낮고 국제적 정보수집이 어렵다는 점에서 한계가 있다.

체인호텔이란 1930년대 미국의 개인 호텔사업자들이 운영비를 절감하기 위해

[표 4-4] 단독경영호텔과 체인호텔의 장 · 단점

분류	장점	담점
단독경영호텔	▪ 로열티 등의 비용절감 ▪ 시장변화에 대한 신속한 대응 ▪ 독창적인 경영기법 개발을 통한 효율적 운영	▪ 낮은 소비자 인지도로 인한 시장 진입이 어려움 ▪ 국제적 정보수집이 어려움
체인호텔	▪ 규모의 경제에 따른 비용절감 ▪ 각종 매뉴얼을 통한 서비스 표준화 ▪ 높은 브랜드 인지도를 통한 시장 진입 용이 ▪ 전문경영인의 직접경영을 통한 영업력 확보	▪ 로열티 등의 수수료 과다 지급 ▪ 시장 변화에 대한 유연한 대처 어려움 ▪ 파견 직원과 현지 직원 간의 갈등

시작한 공동운영방식이 기초가 되어 체인 본사와 가맹호텔이 계약을 통하여 경영하는 호텔 또는 하나의 소유주가 2개 이상의 호텔을 경영하는 것을 의미한다. 이는 규모의 경제에 따른 비용절감 및 각종 매뉴얼을 통한 서비스 표준화, 높은 브랜드 인지도 및 전문경영인의 직접경영을 통한 영업력 확보에 강점을 보인다. 반면 로열티 등의 수수료 과다지급, 시장 변화에 대한 유연한 대처의 어려움 등의 단점이 있다.

체인호텔은 그 운영방식에 따라 프렌차이즈 호텔과 위탁경영호텔로 세분화 할 수 있다. 프렌차이즈 호텔이란 가맹호텔이 체인 본부로부터 총 매출액 또는 객실 판매액의 일정 비율을 로열티로 지급하고 그 대가로 경영자문, 유·무형의 각종 서비스, 직·간접의 재정적 지원을 제공받는 형태로 체인 본부는 경영에 직접 참여하지 않고 브랜드 및 예약 망만 공유하여 가맹호텔의 경영 독립성을 유지하고 있다.

위탁경영호텔이란 가맹호텔이 호텔의 소유 및 운영 자본을 책임지고 체인 본부가 호텔의 경영권을 위탁받아 일정 비율의 이익금 또는 매출액을 배당받는 경영 형태로 가맹호탤과 체인 본부 간의 위탁경영 계약에 의해 성립되며, 경영기간은 약 25～30년으로 장기계약을 체결한다.

[표 4-5] 프랜차이즈 호텔과 위탁경영호텔의 비교

	프랜차이즈 호텔	위탁경영호텔
개념	가맹호텔은 체인호텔의 판매권(특허권) 사용 및 이에 대한 대가 지불	호텔의 소유자와 호텔 경영에 전문적인 지식과 기술을 가진 전문경영회사 간에 계약 체결
기술조건	▪ 객실 수익의 3～4% ▪ 계약기간 10년 ▪ 브랜드 및 예약 망 공유 ▪ 경영의 독립성 유지	▪ 영업 수익의 5～15% ▪ 계약기간 25～30년 ▪ 경영기법이 효과적 ▪ 소유자는 운영 결정에 통제력 상실 우려가 있음
도입 호텔	Holiday Inn, Ramada Inn, Choice Hotel 등	Hilton, Hyatt, Inter-Continental 등

3. 호텔의 경영조직

3.1 호텔조직의 특징

지배인 제도에 따른 조직으로 지배인이라는 특정한 책임자의 지휘 아래 일원화된 경영을 통해, 서비스의 품질을 향상시키고, 조직 내부를 결속시킨다.

3.2 호텔조직의 부문화

호텔조직을 부문별로 나누어서 전문화를 노리고, 효율을 상승시켜 품질향상을 꾀한다.

3.3 마케팅 부문의 강화

대외 이미지가 중요한 호텔사업의 특성상, 마케팅 부문의 강화는 필연적일 수밖에 없다. 그러므로 마케팅 부문은 전통적으로 호텔 경영조직의 중요한 부분이다.

3.4 기획관리부의 강화

비수기와 성수기가 존재하는 호텔산업의 특성상, 고정적인 수입원을 창출하기 위해 기획관리부의 강화는 필연적일 수밖에 없다. 기획관리부를 통해 비수기 기간의 수익을 최대화시키는 것은 호텔산업의 특징 중 하나이다.

3.5 업무의 표준화

일정한 수준 이상의 서비스를 제공하기 위해, 업무의 모듈화 · 표준화는 효율성과 서비스의 품질이라는 두 마리 토끼를 잡을 수 있는 방법으로 알려져 있다. 그러므로 고객을 만족시키기 위해 호텔산업에서는 업무의 표준화를 채택하고 있다.

3.6 직무분담의 공식화

보직에 따라, 엄격하게 직무를 분담함으로서, 전문성을 증대시키고, 고객 서비스 향상을 위한 새로운 전략을 짤 수 있다.

4. 호텔의 경영조직도

호텔의 경영조직은 크게 객실 부문, 식음료 부문, 관리 부문으로 나뉜다. 각 조직별로 업무를 최대한 효율적으로 하고 서비스의 품질을 향상시키기 위한 구조를 갖고 있다.

4.1 객실 부문의 조직

객실 부문은 호텔 경영에서 가장 매출비중이 높은 부문이다. 주요 부서로는 프런트 오피스front office, 하우스키핑housekeeping, 유니폼 서비스uniform service, 예약reservation, 전화교환실switchboard 등이 있다.

〈그림 4-1〉 호텔 객실 부문의 조직

가. 프런트 오피스

호텔에서 가장 접근성이 좋고 고객과의 접촉빈도가 가장 많은 곳이다. 고객에게 첫인상을 주는 부서이므로 호텔의 이미지 관리에 큰 영향을 끼친다. 주요 업무는 객실 예약 · 객실 판매 · 객실 조정 및 고객에게 각종 편의와 서비스를 제공한다.

나. 교환실

통신 부문은 주로 전화교환업무와 텔렉스업무를 담당한다. 주요 업무는 국내외 전화교환, 각종 전보접수, 모닝콜, 기타 관련보고서를 작성 · 보고하는 일 등이다.

다. 유니폼 서비스

종업원이 일정한 제복을 입고 고객에 대한 서비스를 한다. 조직은 도어맨, 벨맨, 포터potter 등으로 구성된다.

라. 하우스키핑

house manager, 린넨 룸linen room 담당자, 객실 청소원room maid, 객실 정비원house man, 객실 점검원room inspector 등으로 조직된다. 객실정비는 고객들이 쾌적하고 안전하게 이용할 수 있도록 철저한 점검관리가 필요하다.

4.2 식음료 부문의 조직

식음료 부문 조직은 경제성에 목적을 두며, 종사원은 경영목적을 달성하기 위하여 일정한 업무활동을 수행한다. 전문성을 갖춘 부서로서 식당과 · 음료과 · 연회과로 각각 개별된 3개 과로 나누어져 운영된다.

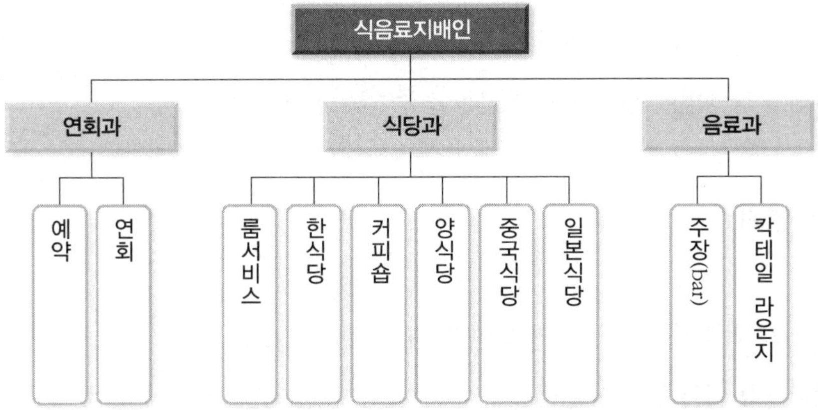

〈그림 4-2〉 호텔 식음료 부문의 조직

식음료 부문의 조직의 주요 기능

가. 식당

식당의 영업 및 고객관리

식당의 시설, 비품, 집기 등의 운영 및 관리

식사 메뉴 및 가격결정을 위한 조정업무

식사 서비스개선 및 품질관리

식당의 예약 및 행사준비

룸서비스의 종합적 관리

식당종업원의 인사관리 및 교육훈련

나. 음료 부서

로비, 라운지, 나이트클럽 ,메인 바 등 각 주장의 영업 및 고객 관리

각 주장의 집기 · 비품 · 시설물의 보존 유지 및 관리

음료 판매 메뉴 및 가격 결정

각 주장 종사원의 인사관리 및 교육훈련

기타 주장영업에 필요한 제반 사항을 주 업무로 한다.

다. 연회

각 연회장의 시설 및 집기의 운영 및 관리

연회사항 예약 및 행사준비

연회유치 판촉활동 및 판촉부와 정보교환

연회행사 메뉴 및 가격결정을 위한 조정업무

연회 서비스개선 및 품질 관리

연회행사고객의 안전 관리

출장연회의 종합적 관리

연회종사원의 인사관리 및 교육훈련을 주 업무로 한다.

4.3 관리 부문의 조직

고객서비스의 원활한 공급을 위해 효율성과 경제성에 목적을 두고 각 부서들이 임무를 수행한다. 전문성을 가진 부서로서 총무부, 경리부, 관리부, 구매부, 기술부 등으로 나누어진다.

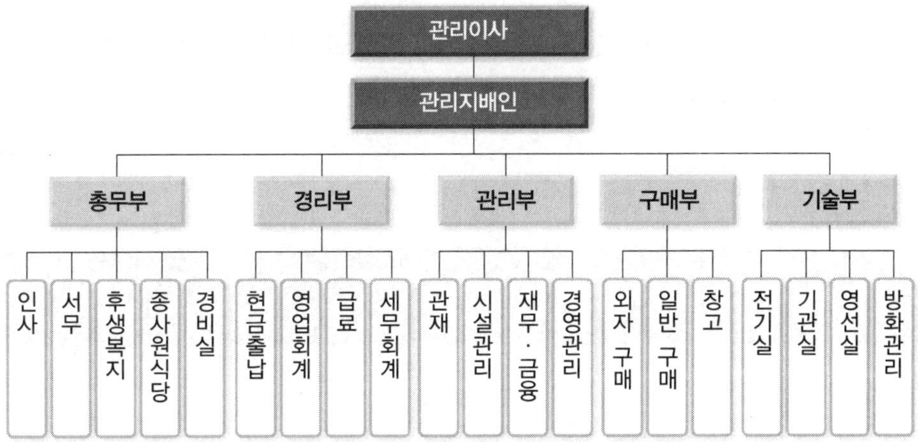

〈그림 4-3〉 관리 부문의 조직

가. 총무부

인사, 서무, 후생복지 등 기본적인 제반 사항들을 관리 · 감독한다.

나. 경리부

현금 출납, 영업 회계 등 돈과 관련된 일을 맡아서 한다.

다. 관리부

관재, 시설 관리 등 호텔 경영에 있어 유지 · 보수를 담당한다.

라. 구매부

외자구매, 일반구매 등 호텔 경영에 있어 필요한 물자들을 조달하는 부서이다.

마. 기술부

호텔의 시설들이 기술적인 측면에서 정상 작동을 할 수 있도록 유지 · 보수 및 관리를 하는 부서이다.

5. 세계 호텔산업의 트렌드

5.1 중저가 호텔 브랜드의 성장

가. 중저가 호텔의 정의와 성격

중저가 호텔은 전통적으론 저가의 금액으로 기본적인 숙박시설을 제공하는 시

[표 4-6] 특급호텔과 중저가 호텔의 비교

구분		특급호텔	중저가 호텔
등급		특1급	특2급~1급
시설	객실규모	10평 내외	8평 내외
	부대시설	수영장, 컨벤션홀, 비즈니스 센터 등	비즈니스 코너, 세탁실 등
서비스		풀 서비스 제공	제한된 서비스 제공
영업 구조	매출비율	객실 35%, 부대시설 65%	객실 85%, 부대시설 15%
	인건비	전체 매출의 30% 이상	전체 매출의 15~20%
국내 대표호텔		신라, 인터컨티넨탈, 하얏트 등	이비스, 베스트웨스턴 등

설을 의미한다.

중저가 호텔에 머무는 주요 요인은 위치의 편리함과 가격이다. 저가 호텔의 주요 입지는 도심 산업단지 공항이나 철도역 부근과 같은 업무 및 교통의 요충지이다. 상대적으로 적은 공간을 필요로 하고 전체 공간에서 객실이 차지하는 비중이 전체의 50~70%를 차지한다는 점에서 저가 호텔은 이러한 지역에서 높은 수익을 창출할 가능성이 높다. 또한 제한된 서비스 범위와 부대시설의 최소화로 인건비를 줄이는 반면 낮은 객실이용료로 인해 이용률이 높아 고수익을 창출할 수 있다.

고급 브랜드의 저가 호텔 시장 진출 및 고객 수요의 다양화가 이루어지면서 중저가 호텔 시장에 변화의 바람이 불고 있다. 최근 고급호텔 체인의 중저가 호텔시장 진입으로 고객의 요구와 기준이 상향되는 경향이 생겨나 저가 호텔 브랜드도 고급 디자인, 최신식 객실 시설, 부분적 식음료 시설 등을 도입하고 있다. 이에 객실의 규모, 객실 내 시설 및 부대시설, 호텔의 디자인과 제공되는 서비스의 범위와 전체 호텔의 규모에서 건물이 차지하는 규모 및 개별 객실당 평균규모에 따라 Ultra-budget, Core-budget, Upper-budget, Design-budget 등으로 중저가 호텔을 세분화하고 있다. 연간 객실 내 가구 시설 및 소모품 등의 교환에 투자하는 금액도 중저가 호텔을 분류하는 기준이 될 수 있으나 이는 절대적 기준이 될 수 없다.

나. 중저가 호텔시장의 급성장

세계경제위기 이후 전 세계 여행객의 42%가 여행을 취소하거나 예산을 줄였다고 응답하였다. 지역별로는 중동 · 아프리카 지역의 비율이 가장 높고 다음으로 북아메리카, 남아메리카 순으로 나타났다. 비즈니스 여행객보다 관광여행객의 비율이 더욱 높았는데 관광여행에 비해 비즈니스 여행은 필요에 의한 여행이기 때문으로 추론되고 있다. 합리성을 중시하는 여행객의 증가로 불필요한 서비스보다는 낮은 가격을 선호하는 이용객이 증가한 것으로 추론할 수 있다.

5.2 호텔산업의 구조 변화

미국의 등급별 호텔 수요는 중급호텔 수요가 감소하고 저가 호텔과 고급호텔 수요가 점차 증가하면서 호텔 수요의 과반 이상을 차지하고 있다. 호텔산업이 이미 포화상태로 여겨지는 미국, 영국 등의 국가에서는 호텔의 높은 운영비에 대한 부담으로 호텔을 분양식 콘도미니엄으로 전향하는 등 객실의 규모와 가격을 축소해 많은 이용객을 수용하려 한다.

미래의 여행객은 편하고 안락한 여행이 아닌 도전적이고 특별하며 새로운 것을 경험하고자 하며, 이러한 여행은 전통적인 방식에서 벗어나 대량생산이 불가하기에 더 높은 비용을 지불해야 한다. 저가 호텔과 고급호텔은 각각의 특성화된 서비스를 제공하여 이용객을 유인하며 이용객은 여행의 목적 및 예산에 맞추어 호텔을 선택함으로써 중급호텔 시장이 축소되고 저가 호텔과 고급호텔 간의 양극화 현상이 심화되었다.

5.3 지속 가능한 친환경호텔의 성장

친환경호텔이란 물리적 시설 및 서비스의 표준이 변하지 않으면서 지속적인 수요의 증대가 유발되고 있는 호텔을 의미한다. 환경보호를 위한 호텔의 역할에 대한 요구가 높아짐에 따라 호텔산업의 의사결정 시 지속 가능성의 중요성이 점차 증가하는 추세이다. 호텔 선택의 핵심적인 가치는 아니지만 환경문제에 대한 소비자의 관심 증가로 가격, 편의시설의 질 등과 같은 전통적 가치 기중과 함께 지속 가능한 환경 친화적 경영방식의 중요성이 커지고 있다. 특히 호텔산업은 물과 전기 등과 같은 자원의 사용이 많으며 한 번 건설되면 몇 십년간 지속되어 부동산 의존도가 높고 운영 과정에서 막대한 양의 쓰레기를 배출하는 산업이다.

가. 환경에 대한 관심 증가와 고객의 요구 해소를 통한 호텔 운영비 절감

① 시설이나 서비스의 기본은 변하지 않으면서 환경 지향적인 경영을 하는 호텔로 변화

② 단기적 이익 추구에서 벗어나 기업의 사회적 책임을 바탕으로 환경보호를 실천하는 적극적 조직으로서 호텔의 기능 변화

③ 환경문제에 대한 사회적 관심이 증가함에 따라 일부 이용객들에게 중요한 구매 의사 결정요인이 됨

④ 호텔은 이를 통해 환경보호, 자원절약, 쓰레기감소 등으로 인한 유지관리비 감소 등의 표면적 효과뿐만 아니라, 외부의 긍정적 평가를 통한 장기적 관점에서의 고객 개발 효과를 기대할 수 있음

⑤ 반면 환경 친화적 호텔은 에너지 효율적 HAVC 설치 및 시설 개발비 등의 초기 비용이 높고 프로그램 및 제품 개발 등의 운영비의 과다 지출 등으로 매출액의 하락을 유발할 가능성이 있음

[표 4-7] **친환경호텔의 장점**

구분	혜택
환경적 측면	■ 멸종 위기 동 · 식물 보호 ■ 수질 향상 및 대기 오염 감소 ■ 분수계의 보호 및 부식 방지 ■ 자연경관의 보호
경제적 측면	■ 숙박시설의 투자 기회 제공 ■ 관광객 지출로 인한 수익의 발생 ■ 지역 공동체의 세금 수익 발생 ■ 그린 소비자에 대한 시장 세분화 구축 ■ 운영비 절감
사회적 측면	■ 소비자에게 자연 보호 의식 고양 ■ 교육적 · 정신적 경험 ■ 자연적 · 문화적 유산의 보전 ■ 지역 경제 및 생활 수준의 향상 ■ 교육 및 연구를 위한 자연 자원 이용 촉진 ■ 정부나 사회단체의 규제 및 압력에 대응

2006년 Starwood Capital Group이 만든 최초의 환경 친화적 고급호텔 1의 개관과 함께 친환경의 중요성이 대두됨에 따라 주요 대형 호텔 등은 지속 가능한 친환경 프로그램 개발 경쟁을 하고 있다. 이들은 친환경 경영을 앞세운 새로운 브랜드를 출시하거나 기존의 친환경호텔을 인수하며 또한 환경보호를 위한 프로그램 개발을 통해 직원 및 이용객의 환경보호를 장려하는 등의 방식으로 친환경 경영을 지속하고 있다.

6. 국내 호텔산업의 트렌드

6.1 외래 관광객의 급증으로 인한 호텔 공급 부족 현상

가. 주요 관광지를 중심으로 호텔 부족 현상 심화

최근 5년간 외래 관광객의 연평균 증가율은 8.0%이나 객실증가율은 3.9%에 불과하여 객실 수요가 공급을 초과하였다. 외래 관광객의 70% 이상이 서울에 집중되면서 수도권의 숙소부족문제가 심각하며 명동의 호텔들은 예약률이 100%를 넘기는 경우도 발생하고 있다. No show예약만 해두고 나타나지 않는 손님를 예상해 객실 수 이상으로 예약을 받지만 최근에는 이런 No show도 발생하지 않는 추세이다. 이러한 이유로 일부 호텔은 피트니스 센터나 사우나에 간이침대를 설치하여 투숙객을 수용하고 있다.

6.2 한류 관광객의 증가로 인한 호텔의 운영 방식 변화

가. 한류관광객의 정의

방한 여행상품 중 한류와 관련된 상품을 선호하여 선택한 관광객 또는 한국대중문화 접촉이 빈번하거나 문화를 즐기려는 욕구가 강하고 방한 동기가 한국 드라마 · 영화촬영지 답사 포함에 관련된 장소를 방문하거나 한국 연예인 콘서트 관람이나 선호하는 연예인과의 만남을 목적으로 입국하는 관광객을 의미한다.

나. 적극적이고 조직화된 한류관광으로의 변화

1세대 한류는 대중문화의 수출 증가뿐 아니라 한국에 호감을 갖게 만들었다. 한류에 대한 관심이 한국에 대한 관심으로 이어져 외국인들의 한국 방문을 유도했다. 외국인들이 드라마, 영화 속의 촬영지를 방문, 혹은 장면 속 체험을 하기 위해 방문하는 경우가 대다수였다. 1세대 한류는 정체 상태에 있는 한국 관광산업에 돌파구를 마련해 주고 관광산업이 나아가야 할 방향을 제시하였다.

다. K-POP 열풍으로 한류팬 대거 방한

연간 관광객 1,000만 명 중 한류 관광객은 100만 명을 돌파한 것으로 관측되며 한류 관광시장은 1조 2,300억원을 넘어섰다. 이는 한류팬들이 한국문화와 상품에 호의적이기에 관광소비액의 평균을 웃돌게 소비하기 때문으로 알려졌다.

한류 관광객이 증가해 주요 한류문화 중심지에 호텔 공급부족 현상이 심화되자 경기도와 문화체육관광부는 '관광호텔 확충을 위한 업무협약'을 맺었다. 이 협약으로 한류 관광객의 증가로 인한 경기도 내 관광호텔 부족 상황 타계를 꾀함과 동시에 부동산 경기침체와 국제금융위기 등으로 약화된 민간투자 활성화를 기대한다.

6.3 중국 요우커 시장의 확대

가. 중국인 관광객요우커 시장의 급성장

중국은 지속적인 경제성장과 위안화 강세에 따른 소비력 확대로 세계 제1의 관광소비 대국으로 급부상하였으며 연 18%씩 해외여행 성장세를 보이고 있다. 세계관광기구UNWTO에 따르면, 중국은 1995~2020년 기간 동안 아웃바운드 관광시장이 연평균 12.8%의 증가율을 보이며 2020년에는 중국인 해외관광객 수는 독일, 일본, 미국에 이어 해외 부문 세계 4위에 해당하는 8,300여 명이 될 것이라고 추정된다.

2000년대 이후 방한 중국인 관광객은 지속적으로 증가하는 추세이며 최근 몇 년간 급격한 증가율을 보이고 있다.

방한 중국 관광객은 지속적으로 증가하는 추세를 보이며, 2010년 급증한 후 유지되고 있다. 2010년 기준 중국인 관광객 수는 약 180만 명으로 2009년 대비 39.7% 증가하였으며 이는 중국인 출국자의 약 3.3%, 우리나라 전체 외래객 입국자의 21.3%를 차지하는 비율이다. 중국인 관광객의 증가 원인으로 위안화 절상, 비자 발급 완화, 한류의 영향, 일본의 지진 등 중국의 경제 성장 및 위안화 절상 등으로 중국 관광객의 해외여향 증가 및 구매력 상승을 들 수 있다.

그리고 2010년 정부의 비자발급 완화로 단체관광뿐만 아니라 개별여행도 지속적으로 증가하는 추세이고 드라마에서 K-POP으로까지 발전한 한류를 중심으로 드라마 촬영지 답사, 콘서트 관람 및 한류스타의 패션, 화장품 구매 등을 목적으로 하는 방한 관광객도 증가하고 있다. 2011년 3월 일본 대지진의 영향으로 일본을 방문하는 중국인 수는 급격히 감소한 반면, 한국 방문 중국인 수는 상승세를 보여 중국인의 해외여행 수요가 일본에서 우리나라로 전환된 것으로 추론할 수 있다.

1. 관광호텔업의 특성

2. 관광호텔 GM의 직능과 업무범위

3. 관광호텔 총지배인

호텔 경영자의 직무와 기능

Global **Hotel Management**,
ch. five

1. 관광호텔업의 특성

관광호텔은 종합 형태를 갖추고 대고객접대상품을 만들어내는 기업으로서, 웹스터 사전에는 대중을 위하여 숙박, 식사, 서비스를 제공하는 건물이나 공공단체로 정의하고 있으며, 우리나라의 관광사업법 시행령 제2조에서는 '관광호텔업은 관광객의 숙박에 적합한 구조 및 설비를 갖추어 이를 이용하게 하고 음식을 제공하는 업'으로 규정하고 있다. 따라서 일반적 정의로는 '호텔은 일정한 지급능력이 있는 사람에게 객실과 식음료를 제공할 수 있는 시설을 갖추고 예의가 바른 종업원이 조직적으로 서비스 용역을 제공하여 그 요금을 받는 사업체' 로 종합정리할 수 있다.

호텔업은 고객에게 숙박시설과 음식 및 기타 서비스를 제공하는 한편 고객의 안전과 재산을 보호하고 연회나 회의를 원하는 대중에게는 공공장소를 제공해 주며, 정중한 서비스의 제공과 이익의 창조라는 기업의 사명이 존재한다. 즉 다른 기업의 상품은 주로 유형적이며 제조과정에서 고도의 기술과 정확한 재료로 구성되어 만들어지지만 호텔 상품은 무형적인 인적 상품과 유형적인 물적 상품이 복합되어 판매되는 것으로 인적 · 물적 서비스의 편익을 패키지화하여 구매고객에게 제공하는 서비스 상품으로서의 독특한 성질을 지니고 있다.

1.1 인적 서비스의 의존성

호텔기업에 있어서는 서비스의 기계화나 자동화에 의한 경영합리화는 제약을 받게 되므로 상대적으로 종사원의 서비스에 대한 의존도가 높다. 호텔 상품은 객실, 음식, 기타 부대시설이며 호텔에 대한 고객의 태도를 결정하는 것은 고객이 받는 인적 서비스이다.

호텔업 경영의 특징은 인간 대 인간의 상행위이며 사람에 중점을 둔 사업이다. 따라서 기계문명의 발달이 모든 산업을 기계화, 자동화하여도 호텔업에 있어서는 기계화, 자동화의 한계가 있다. 즉 "고객은 항상 정당하다"는 원칙이 적용되는 호텔은 천차만별의 손님에게 모두 흡족한 접대를 해야 하는, 서비스가 생명인 환대사업이기 때문에 호텔업에 대량생산기술이 적용된다 할지라도 진실한 사람의 봉사활동은 기계화나 자동화가 될 수 없다.

인적 서비스는 고객의 요구와 기대를 정확히 판단하여 자기 상품의 정확한 가격을 받고 적시적소에 고객을 만족시켜야 하므로, 종업원의 기민성, 판단력, 융통성 등으로 자기업에 대한 정확하고 전문적인 지식과 정보가 원활히 이행되어야 부가적으로 서비스의 질적 수준이 향상된다. 따라서 경영자는 상품의 질에 영향을 주는 급여액, 노동시간, 복지시설 등의 노동조건 조정에 힘을 기울여야 한다.

1.2 고정자산 구성의 고율성

호텔업은 건물과 시설 자체가 하나의 상품으로 간주되기 때문에 토지, 건물, 내장, 기계기구, 비품, 식기, 집기 등 고정자산의 시설투자가 총자본에 비하여 높은 사업이다. 즉, 일반기업들은 상품이나 현금과 같은 유동자산의 비율이 높지만 호텔업은 총자본금 중 70～80%가 고정자산화되어 있다.

1.3 시설 조기 노령화의 특성

호텔기업은 건물의 설계 및 규모와 각종 시설의 우열이 그 호텔의 가치 및 영업에 결정적인 영향을 준다. 즉, 다른 기업의 시설은 부대적 성격을 갖고 있어 그 효용이 비교적 장기성을 갖는 데 반하여 호텔업은 시설 자체가 제품의 역할을 하기 때문에 이용하는 고객들에 의하여 쉽게 훼손되며 인간의 만족도 변화, 복잡한 경쟁의식 등에 의한 호텔시설의 고급화 및 유행의 회전속도가 빨라 쉽게 노령화가 온다. 따라서 상품의 경제적 효용가치가 가속하여 상실되고 고객을 매료시킬 허구의 매력도 오래 지니지 못하게 된다.

1.4 1일 24시간 연중무휴의 영업

호텔업은 계속하여 영업하는 연중무휴의 영업으로 호텔과 고객 간에는 휴일이 없으며 다른 사람들이 공휴일을 즐기거나 쉬는 동안에도 종업원들은 항상 근무하여 고객에게 봉사해야 한다.

1.5 비탄력성

호텔 상품은 객실과 식음료가 주 상품으로 판매되는데, 양적 · 시간적 제약을 많이 받는다. 객실 수에 따라 투숙객을 수용해야 하며 소비자가 직접 장소에 와서 그 즉시 이용하거나 구입하지 않으면 안된다. 즉 순간생산 순간소비의 형태를 기본 특질로 하고 있으며 상품은 저장이 불가능하며 당일에 판매되지 않으면 절대 그 다음 날 재고 상품으로 팔 수 없는 시간 상품의 특징을 갖고 있다.

〈그림 5-1〉 힐튼 호텔

2. 관광호텔 GM의 직능과 업무범위

어떤 기업이든 그 기업의 최대목적은 이윤추구의 극대화에 있으며 호텔기업 역시 영리를 극대화하기 위해서는 종사원들의 능력을 최대한도로 활용해야 한다.

즉 종사원의 채용과 배치, 훈련과 승진 및 근무시간과 임금제도 등에 좀 더 합리적이고 과학적인 방법을 도입하여 근무의욕을 더욱 높여 품질 좋은 서비스를 낳게 하여 이윤을 극대화시켜야 한다.

아울러 호텔 운영도 경영과 자본이 명백히 분리되어 운영되어야 하며 경영의 총책임자인 총지배인의 지위향상이 절실히 요구된다. 그런데 우리나라 호텔기업의 경우 대표이사, 이사들로 구성되는 최고 경영층 아래에 총지배인을 두는 경우가 많으며 지배인이 전문경영인의 역할도 담당하고 있다. 우리나라 관광사업법은 모든 관광호텔에 총지배인을 두도록 규정하고 있으며 이는 호텔영업에 있어서 지배인 역할의 중요성에 기인하는 것이라고 볼 수 있다.

2.1 자격요건

호텔의 총지배인이라 하여 동일한 능력을 갖고 있고 또한 동일한 기능을 수행한다고 할 수는 없다. 여러 가지 상황 아래서 그 기능을 수행할 수 있는 적응성을 갖추고 있어야 하며, 개인적 · 경영적 자질에 따라 그가 경영하는 호텔의 성장과 발전에 큰 차이가 있을 수 있다. 이들 지배인이 일반적으로 갖추어야 할 자질은 다음과 같다.

가. 개인적 자질

총지배인이 유능한 경영자가 되기 위해서 갖추어야 할 개인적 특성은 다음과 같다.

① 예리한 센스Sharp Sense

② 넓은 시야Broad Outlook

③ 깊은 통찰력Deep Sense of Obervation

④ 치밀한 분석력Keen Analytical Ability

⑤ 정확한 판단력Correct Judgement

⑥ 객관성Objectivity

⑦ 인간관계 능력Human Relations Ability

⑧ 의사소통 능력Communication Ability

⑨ 종합화 능력Conceptual Ability

⑩ 과단성 있는 실행력Ability to Take Decesive Action

⑪ 끈기 있는 추진력Determined Drive

⑫ 신속한 적응력Quick Sense of Adaptability

⑬ 강한 책임감Strong Sense of Reoponsibility

⑭ 리더쉽Leader Ship

나. 경영자적 자질

① 보다 광범위한 바탕 위에서 기업경영방침과 관련되는 문제를 분석할 수 있는 능력을 갖추어야 한다.

② 전사적인 입장에서 기업 내의 각 부문에서 수행되는 기능 사이의 상호관계를 이해하고 평가할 수 있는 능력을 갖추고 있어야 한다.

③ 기업의 지도자로서 산업계, 지역사회 및 국가에 대한 사회적 책임을 지키겠다는 자각이 있어야 한다.

④ 경영자가 기업경영방침과 관련하여 의사결정을 하고자 할 때 이에 영향을 미치는 사회적 · 정치적 및 경제적 여건을 충분히 파악하여 이해하고 있어야 한다.

⑤ 기업조직 내부에 있어서의 인간적 문제의 중요성에 대해 충분한 이해를 하고 있어야 함과 아울러 이들을 합리적으로 다룰 수 있는 능력을 갖추어야 한다.

⑥ 오너owner와 종사원 및 노동조합과의 관계, 즉 노사관계에 따르는 문제의 복잡성에 대한 충분한 이해가 있어야 한다.

이러한 자질과 속성은 훌륭한 총지배인이 지니고 있는 능력이다. 이들은 무형적인 것이어서 정확히 파악하기는 어렵고, 모든 총지배인이 그러한 자질을 갖추도록 기대한다는 것도 무리지만 교육Education, 경험Experience 및 천부적 자질Personal Traits의 혼합에 의해서 생길 수 있는 산물이라고 생각된다.

2.2 직능 및 업무범위

호텔 경영을 담당하는 책임자를 총지배인이라 부른다. 호텔의 형태가 주식회사일 경우 총지배인은 업무이사역의 직위이다. 체인호텔Chain Hotel의 지배인은 다른 도시에 있는 2～3개 등의 체인호텔 지배인을 겸하기도 한다. 이 경우 총지배인General Manager과 주재지배인Resident Manager으로 구분된다.

보통 중규모 호텔 총지배인의 업무는 다종다양하며 경영을 지휘 · 감독하는 일 외에 일반 사무업무, 판매, 광고, 대금의 지불을 요하는 각종 구입장자의 결재, 서신의 왕복작성 등 다양한 일들을 처리해야 한다.

호텔 총지배인의 직무편제상 업무규정을 보면 “총지배인은 호텔 경영의 총책임을 맡아 호텔을 운영한다” 로 되어 있다.

따라서 호텔 총지배인은 호텔의 전문경영자로서 주주나 주인으로부터 경영의 책임을 위임받아 직접 호텔을 경영하는 사람으로서 다음과 같은 기업정신으로 호텔을 경영해야 한다.

인간관계 개선, 이익의 추구, 사회에 봉사 등 반드시 고객소비자, 종업원, 주주에 대한 책임을 지고 이들 3자에 대하여 유기적인 관계를 갖고 호텔 경영에 임해야 한다.

아울러 호텔 경영의 총책임자로서의 사회적 책임은 다음과 같다.

첫째, 호텔의 유지발전

현대의 호텔사업은 경영주의 사적 소유물이 아니고 출자자와 기업에서 생활하는 다수의 종사원 및 고객의 공유물이다. 이와 같은 공공성을 지닌 호텔사업이 유지 · 발전될 수 없을 때 국민경제와 문화 전체에 대해 갖게 되는 손실은 지대하다. 따라서 최고경영자로서 총지배인은 우선적으로 호텔사업이 반드시 유지되고 발전될 수 있도록 해야 한다.

둘째, 종사원의 인간적 만족

호텔기업의 능력은 기계설비와 생산공정 및 서비스를 어떻게 합리적으로 형성 · 유지하는가, 어떻게 기업의 기술적 · 경영적 직능에 의존하며 호텔 내외의 인간관계를 최적으로 유지하여 종사원의 협력체계를 확보하는가는 호텔기업의 사회적 직능에 의존한다.

사회적 직능은 종사원을 하나의 인격을 가진 인간으로서 그들에게 인간적, 사회적 만족을 줌으로써 사기morale를 양양하여 자발적 협력태도를 갖도록 경영에 있어서 사회적 인간관계를 최적으로 유지해야 한다.

종사원의 인간적 · 사회적 만족을 보장하는 인간관계 관리방안은 호텔 경영 안정화의 주요요인이 되며 최고경영자가 가져야 할 사회적 책임이다.

셋째, 인재의 양성

호텔이 성장 · 발전하기 위해서는 인재의 육성이 필요하다. 즉, 내일을 위한 유능한 경영자의 양성 없이는 호텔사업성장을 기대할 수 없기 때문에 인재양성문제는 최고경영자가 가져야 할 또 하나의 중요한 책임이다.

넷째, 이해집단의 이해 조정

호텔의 이해자 집단인 출자자, 종사원 및 고객은 서로 이해대립성을 가진 관계자로 형성되어 있고 그들은 경영에 대해 나름대로 작용할 수 있는 힘을 갖는다. 또한 어느 한쪽의 이익이 극대화되면 다른 한쪽은 희생이라는 모순을 가지고 있어 최고경영자인 총지배인은 이들 이해집단의 이해관계를 조정하는 사회적 책임을 맡고 있다. 즉, 경영자는 주주에게 일정의 이익배당을 보장하고 종사원에게는 정상생활을 유지할 수 있는 임금의 확보 및 고용의 안정을 도모하여 노동조건을 정리하여야 하고 고객에 대해서는 저가격의 좋은 상품을 제공해야만 한다.

다섯째, 지역사회의 환경보전에 협력

호텔기업은 지역사회에 대한 자연환경이나 생활환경의 오염과 파괴를 방지하고 공해가 발생된 경우 손실을 보상하고 복원함과 아울러 환경보전 관계의 법률, 조례 등의 규제를 준수해야 한다.

드러커P. F. Drucker는 필수적인 경영자의 기능으로 혁신 기능을 들고 있으며 미래의 기업 활동에서는 경영자 기능 중에서 혁신 기능이 핵심을 이루게 되고 이것이 곧 현대 경영자의 역할이라고 주장하고 있다.

따라서 현대 경영자의 대표적 역할로서 혁신은 제품혁신, 공정혁신, 판매혁신 등이 있으며 구체적 기능은 신상품의 도입, 신시장 개혁, 신제조방법의 도입, 새로운 원료의 확보, 새로운 조직의 수행 등을 들 수 있다.

3. 관광호텔 총지배인

특급호텔의 총지배인 자리는 외국 브랜드와 로컬, 또는 경영위탁과 프랜차이즈 등 형태의 구분에 따라 성격이 판이하게 달라진다. 호텔의 경영전략을 수립하고 재무와 인사문제를 제외한 각종 호텔의 제반문제를 최종 결정하는 역할을 담당하고 있을 뿐만 아니라 해당 호텔의 경영성과에 대해서도 본사를 대표해 분명한 책임을 지기 때문이다. 이에 반해 국내 로컬 호텔의 총지배인들은 대표이사를 보좌하는 역할에 그치는 경우가 많이 발견된다.

또 호텔에 따라서는 대표이사와 총지배인을 겸하는 경우도 있고 일부 호텔의 경우 총지배인의 자리가 공석이거나 공식적인 직함을 총지배인 대신 이사나 전무, 상무로 대치하는 경우도 있어 아직 로컬 호텔의 편제에서는 총지배인의 명확한 정체성이 부여되지 않고 있다. 외국계 호텔 브랜드에서 'General Manager' 라는 지위가 호텔리어의 최고 정점으로서 수많은 종사자들의 존경과 지향 대상이 되고 있는 점과 비교해 볼 만한 부분이다.

한편 많은 국내 특1급 호텔에서 외국인들이 총지배인을 맡고 있는 데 대해 업계 종사자들 일각에서는 국내 인력들에게 주어지는 기회가 그만큼 줄어든다고 볼멘소리를 내고 있지만 국내 인력들의 수준이 그만큼 갖춰졌는가 하는 점에 대해 의문이 남아있어 외국인 총지배인들의 집권은 앞으로도 지속될 전망이다.

내국인 총지배인과 외국인 총지배인은 각각 장단점이 있으며 해당 호텔의 성격과 고객성향에 비춰 이를 결정해야 할 것이다. 특히 외국인 총지배인들은 풍부한 국제감각과 국내 특급호텔의 주요 고객인 서구인의 기호를 잘 파악하고 있는 장점이 있지만 내국인 직원들과의 융화에 따라 그 장점을 얼마나 발휘할 수 있는지가 결정될 것이다.

이처럼 각 호텔의 컨셉에 맞게 전문 경영인이 등용돼야 하지만 현재 우리나라의 호텔들은 경영을 책임지고 있는 측이 국내 기업이냐 아니냐에 따라 총지배인의 내외국인 여부가 결정되는 것이 대부분이다.

특급호텔 총지배인 성향에서 눈에 띄는 부분은 로컬에서도 서구인 총지배인이 등장한 대목이다. 전통적으로 일본인이나 내국인에게 총지배인직을 맡겼던 롯데호텔이 2001년 7월 프랑스 출신의 프랑소아 크나케엘트를 총지배인에 임명하자 업계가 잠시 술렁이기도 했는데, 롯데호텔에서 일본인 고객들이 차지하는 비중이나 이 호텔의 색깔 등과 서구인 총지배인의 조화가 어딘지 부자연스러워 보였기 때문이다.

로컬 호텔들이 이처럼 과감하게 외국인 총지배인을 기용하는 이유는 위험요소보다는 득이 훨씬 크다고 판단했기 때문으로 분석된다. 즉 외국 고객, 그 중에서도 서구인들을 주로 상대하는 특급호텔의 특성상 그들의 기호를 가장 잘 파악할 수 있는 외국인들이 총지배인 우선순위에 올라 있다는 설명이다. 또 내국인 출신 호텔리어 중에는 다양한 국제경험을 보유한 인재가 드물기 때문에 외국 인력들에게 초점이 맞춰질 수 밖에 없다는 것이다.

이같은 현상은 외국 브랜드 호텔이 많은 특1급 호텔일수록 강하게 나타나고 있는데 일부를 제외하고는 아직까지 단체 관광객 비중이 높은 특2급 호텔은 외국인 영입의 필요성을 크게 느끼지 못하고 있는 것으로 보인다.

한편 외국인 총지배인들은 다양한 국제경험 외에도 총지배인으로 도약하기까지 밑바닥에서 출발해 다양한 직종들을 경험하며 호텔리어의 경력을 쌓아갔다는 것이 우리 호텔업계 종사자들로 하여금 타산지석으로 삼을 만한 사례이다. 롯데호텔의 총지배인을 지냈던 다나카 호즈미 씨는 버스 보이 출신이었다. 내국인 출신 총지배인들도 과거에는 웨이터 출신이나 벨 보이 출신이 많았는데 말단 웨이터에서 출발해 호텔리어의 정점에 올라선 아미가 호텔현재 임페리얼 팰리스 호텔 김경섭 전 총지배인 같은 이가 대표적인 케이스이다. 하지만 현재는 많은 이들이 현역에서 물러나고 대학에서 관련 학문을 전공하고 외국 유학경험을 겸비한 인재들로 업계 인력들이 대체되는 흐름을 보이고 있다. 외국의 호텔업계가 우리나라와 근본적인 차이를 보이는 대목은 말단 출신과 국제경험을 동시에 겸비한 인재들이 즐비하다는 것이다. 학계의 많은 전문가들이 국내 호텔업계 인력 구성을 분석하면서 내놓는 지적 중 하나가 현장 출신의 베테랑들의 경우 임기응변과 업무숙련도가 뛰어나지만 체계적인 마케팅 이론과 국제감각이 부족하고, 젊은 인재들은 전문지식과 외국 연수경험에서 우위를 보이지만 힘든 일을 기피하고 서비스 마인드가 정립되지 않았다는 것이다.

특급호텔, 그중에서도 비즈니스호텔을 지향하는 특1급에 외국인 총지배인이 많다는 것은 실제 호텔을 경영하는 기업이 외국계 브랜드라는 점만 갖고는 설명이 되지 않는다. 전문가들은 특급호텔의 고객성향, 개인적인 자질과 경험 등 여러 가지 요소를 종합하면 외국인 총지배인들이 내국인 호텔리어보다 비교우위에 있다는 점을 인정하지 않을 수 없다고 입을 모은다. 우선 외국인 총지배인들의 대부분이 서구인이라는 사실은 국내 특급호텔 고객들의 성향과 밀접한 관련이 있다.

호텔 역사가 짧고 호텔 문화 자체가 일상생활에서 유리된 특수 마케팅으로 분류되는 현실도 내국인 출신의 총지배인 등극을 어렵게 만드는 요인 중의 하나로 지목되고 있다. 주위 환경 못지 않게 중요한 것은 개인적인 자질이다.

한국에 부임하는 총지배인들은 여러 나라에서 순회 근무하며 풍부한 국제경험을 쌓았고 식음료, 객실, 조리 등 여러 분야 실무에도 밝아 다양한 직종 근무자들을 휘하에 거느려야 하는 총지배인의 특성에 잘 부합하고 있다. 물론 이들이 각국을 순회 근무하며 풍부한 경험을 쌓은 데에는 체인 브랜드 본사의 전폭적인 지원이 배경에 자리잡고 있는 사실을 간과할 수 없다. 국내 호텔 종사자들은 간부급으로 승진돼 올라갈수록 오닝컴패니 측의 동의를 얻어야 하는 인사조항 때문에 자신이 체인 브랜드 패밀리라는 사실을 점차 잊어가야 할 수밖에 없다. 새로운 일에 도전하기를 주저하지 않는 경우도 있지만 많은 호텔 종사자들은 이 때문에 국내 기업의 간부로서 안주하는 경우가 보편적으로 자리잡고 있다.

국제감각 외에도 외국인 총지배인들의 장점은 많지만 특히 이들에게 발견되는 미덕 가운데 하나는 창의적이고 도전적인 자세이다. 새로운 일에 도전하기를 즐겨하는 총지배인들이 내국인들과 좋은 대비를 이룬다.

내국인 총지배인들 역시 외국인 총지배인들에게 창의적이고 능동적인 사고를 배워야 할 것이다. 또 외국인 총지배인들은 호텔 문화에 익숙한 환경에서 자라났기 때문에 호텔 비즈니스에 감각적인 대처가 빠른 것으로 나타났다.

빛이 있으면 그늘이 있듯이 외국인 총지배인들 역시 긍정적인 면만 있는 것은 아니다.

그중 국내 특급호텔 총지배인과 내국인 총지배인 간 보수 격차가 심해 위화감을 조성한다는 사실이 눈길을 끈다. 국내 특급호텔 내국인 총지배인들이 주로 특2급 호텔에 집중되어 있기 때문에 호텔의 규모 등을 감안할 때 외국인과 내국인 총지배인들의 보수를 단순 비교하는 것 자체가 무의미하겠지만 분명히 내국인 총지배인들의 보수와는 상당한 격차가 있는 것으로 알려졌다. 외국인 총지배인이 근무하고 있는 호텔들이 대개 대기업 소유 계열사라는 점과 외국으로 파견 나와 있다는 점을 고려할 때 이들의 보수가 지나치게 높다고 말할 수는 없다.

하지만 내국인들에 비해 보수격차가 현격하게 드러나고 있어 종사자들의 사기를 상대적으로 떨어뜨리는 것은 분명하다. 또 외국인 총지배인들의 보수도 보수지만 이들에게 제공되는 경비와 주택, 차량 등 각종 특전도 호화판이라는 지적이 높다. 심지어 총지배인 가족들의 생활비마저 국내 오닝컴패니측이 부담하는 경우도 발견돼 지나치다는 비판의 목소리가 높다. 총지배인 동반가족의 권위적이고 오만한 태도 역시 문제점으로 거론됐다.

한편 여러 가지 장점에도 불구하고 국내에서 뚜렷한 족적을 남기지 못한 외국인 총지배인들의 경우 내국인 직원들과 융화가 원활하지 못한 데서 원인을 찾아볼 수 있다. 서로 다른 문화적인 차이를 이해하지 못해 시너지 효과로 이어지지 않고 상충되는 결과를 낳은 것이다. 이와 관련해 롯데호텔 프랑소아 크나케엘트 전 총지배인은 "한국의 상명하달식 기업문화를 이해할 수 없어 문화충돌을 경험한 사례가 있다" 고 밝혔는데 고객들을 직접 상대해야 하는 특성상 타 분야보다 유연한 조직으로 알려진 호텔 역시 국내 기업문화의 병폐인 '경직성' 을 넘어서지 못한 것으로 드러났다. 창의적인 선진기업의 조직문화에 익숙해 있던 외국인들의 시각에서는 과거보다 많이 개선됐다고 하지만 아직 국내 기업의 조직문화가 딱딱하고 구태의연해 보이는 것도 무리가 아니다. 하지만 대부분의 외국인 총지배인들은 국제무대에서 쌓은 노하우를 바탕으로 '문화충돌' 을 슬기롭게 극복해 가고 있는 것으로 나타났다. 오랜 해외경험에서 자연스럽게 터득된 자신감과 도전정신이 이들로 하여금 '문화충돌' 을 이겨낼 수 있도록 만드는 원동력이다.

외국인 총지배인들은 직원들과의 원활한 융화를 위해서 부임 초기부터 직원들에게 일일이 먼저 인사를 건네고 1 : 1 커뮤니케이션 강화를 위한 각종 수단을 강구하고 있다.

또 외국인 총지배인들은 이질적인 차이점만 느끼는 것이 아니라 공통점을 찾아내려는 노력을 곁들임으로써 이해의 폭을 넓히고 있다.

1. 호텔리어의 직무 역할

2. 호텔리어의 직무 태도

3. 호텔리어의 직무 만족

4. 호텔리어의 직무 수행 미래상

호텔리어의 자질과 구비요건

6

1. 호텔리어의 직무 역할

1.1 하우스키핑 부문

가. 하우스키핑 매니저

- 하우스키핑 및 세탁 부서 운영 책임
- 객실, 린넨 룸, 세탁실, 공공 공간 점검
- 객실, 공공장소 청결유지 프로그램 작성
- 청소용품 재고 조사 및 명세서Cleaning Inventory 관리
- 직원채용, 훈련, 교육 프로그램 개발 및 진행
- 청소 장비 구입

나. 룸 인스펙터Room Inspector

- 객실 점검 및 열쇠 관리
- 보수작업 접수 및 지시
- 작업 의뢰 및 통보
- 분실물 및 습득물 관리 · 처리
- 정비보수 계획 수립
- 신규 룸 메이드Room Maid 교육
- 공공장소 청결상태 조사 및 유지
- 긴급 시 룸 메이드 업무 대행

다. 룸 메이드Room Maid

- 객실의 청소 및 정비
- 객실의 시설물 및 비품 관리
- 객실 린넨류와 편의용품류 확인 및 보충
- 고객의 소유물 보호
- 린넨류 및 세탁물 수거
- 쓰레기 수거
- 습득물 보고
- 객실상태 보고
- 공공장소 청결 유지 및 청소
- 미니 바 관리

라. 오더 테이커Order Taker

- 객실 주문 접수
- 주문 전표 작성
- 보급품 지급
- 세탁물 접수 및 운반, 완료된 세탁물 인수인계
- 세탁 서비스 기록대장Laundry Service List 기록
- 객실정비 부서의 서무 및 일반사항 담당

마. 린넨 및 세탁물 담당Linen & Laundry

- 린넨 세탁
- 린넨의 검사 및 저장

- 린넨 재고 보고
- 식음료업장 린넨 공급
- 세탁기계 정비 및 유지
- 세탁실 및 창고 청결 유지

1.2 식음 & 연회 부문

가. 식음료 매니저F&B Manager

- 식음료 부서 전반적인 운영관리 책임
- 식음료 판매증진을 위한 중 · 장기 계획 수립
- 식음료부 인사 관리 및 관련 교육 계획 수립
- 종사원들에 대한 업무 및 영업준비 지시
- 예약접수 현황 및 준비사항 점검
- 종사원의 근무 시간표 작성
- 부서 내 시설 · 장비 · 기자재 등 자산 관리
- 마감 작업 확인 및 점검
- 연회준비에 대한 지휘 감독

나. 캡틴Captain

- 영업준비 상태 확인 및 종사원 용모 점검
- 고객 영접 및 주문과 서비스 담당
- 고객에게 식음료 관련 정보 제공
- 주문 전표와 계산서 관리
- 예약 접수

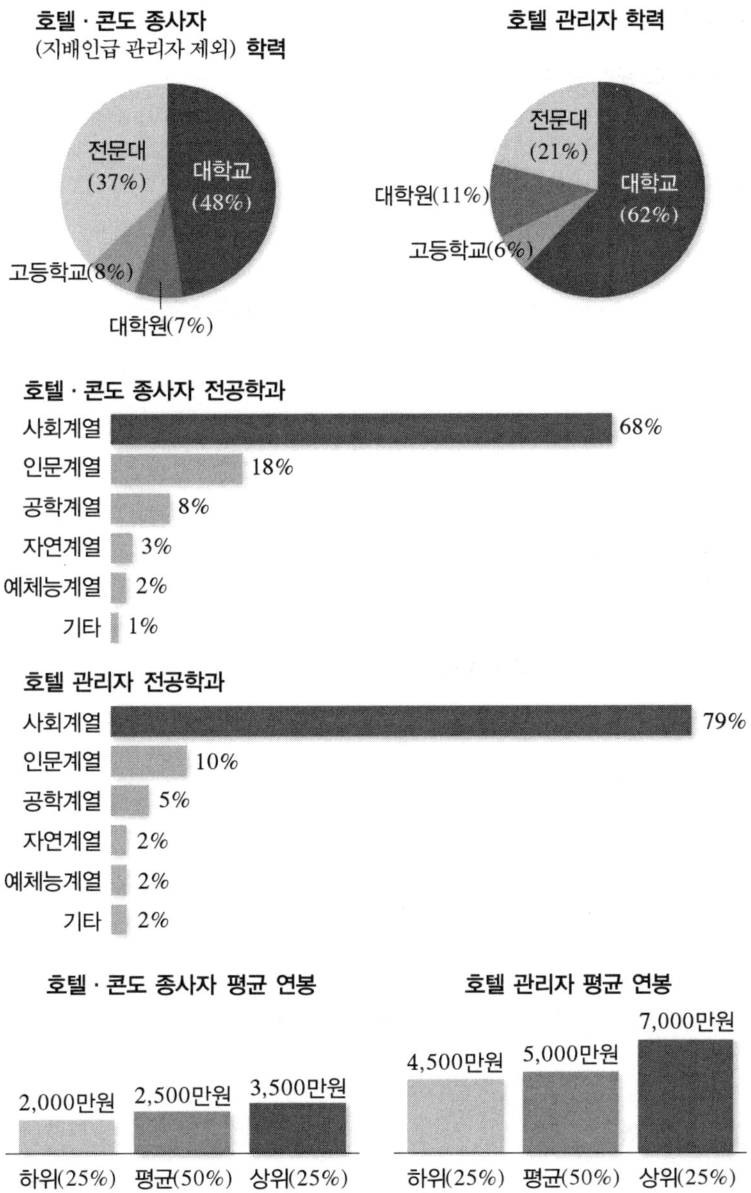

자료 : 고용노동부 워크넷(2013년).

〈그림 6-1〉 호텔리어

- 연회 행사의 스케줄 점검
- 고객 전송 후 테이블 재정리 점검

다. 웨이터 · 웨이트리스Waiter · Waitress

- 서비스 구역의 정리, 테이블 확인 등 영업준비 사항 점검
- 고객 영접 및 환송
- 담당 테이블의 접객, 식음료 주문, 식사 제공
- 고객 요청 및 계산서 제공
- 고객 전송 후 테이블 재정비

라. 룸서비스 웨이터 · 웨이트리스Room Service Waiter · Waitress

- 객실로 음식 배달
- 룸서비스용 용기 · 기물에 대한 청결 유지
- 테이블 린넨 교환 및 기타 편의용품류 보급 수령
- 음료창고로부터 필요한 음료 보급 수령
- 장기 투숙객이나 VIP를 위한 과일 바구니 준비

마. 식음료 캐셔F&B Cashier

- 영업장의 식음료 매상요금 수납
- 해당 영업장에서 사용하는 전표 분출 및 보관 관리
- 영업일보 및 재료 · 사용일보 등 제보고서 작성 보고
- 수납된 금전을 지정된 보관함에 관리
- 금전등록기의 점검 및 고장 시 보고

- 식음료 요금의 금전등록기 등록 및 영수증 발급
- 수납된 전표와 제장표류 관리
- 영업 마감 후 수납된 일체의 현금 및 유가증권 인계
- 영업장의 업무전화 처리

2. 호텔리어의 직무 태도

태도를 변화시키고자 한다면 자신의 결점이 무엇이고 희망하는 태도는 어떠한 것인가를 알아야 한다. 이러한 자기분석을 통하여 지향해야 할 태도의 핵심적 요소는 다음과 같다.

2.1 원숙미

원숙미maturity란 어린애처럼 안달을 하거나 충동에 휩쓸리지 않고 참을 줄 아는 것을 의미한다. 그것은 사물을 자기가 바라는 대로 이상주의적으로 보기보다는 있는 그대로 현실주의적으로 본다는 것을 의미한다. 그것은 자기자신뿐만 아니라 남도 알며, 자기의 감정뿐만 아니라 남의 감정도 안다는 것을 의미한다.

정신적으로는 사물을 넓은 관점에서 본다는 것, 감정적으로 자기의 감정을 통제할 수 있다는 것, 사회적으로는 자기가 싫어하는 사람보다 좋아하는 사람이 많으며 많은 사람들과 유쾌하고 협조적인 태도로 지낼 수 있다는 것을 의미한다.

2.2 낙관주의optimism

적응력이 좋은 사람은 낙관적이다. 그러나 지나치게 낙관적일 수도 있다. 그것

은 물론 비현실적인 것이다. 그러나 적당한 낙관주의는 열의나 활기와 직결된다. 일상생활에서 가장 귀한 요소는 적극적이고 창의적 사고의 바탕이 되는 열의이다.

2.3 적극적 태도

심리요법psychotherapy의 성공 여부는 부정적인 감정을 적극적인 태도positive attitudes로 전환시킬 수 있느냐에 달려 있다. 부정적인 태도는 2~3살 경까지 형성된다고 한다.

이때 아동들은 모든 제안을 무차별하게 거부함으로써 자기가 새로 발견한 특권을 시험한다. 불행하게도 많은 사람들은 성인이 된 뒤에도 이러한 태도를 버리지 못한다. 그리하여 턱없이 적대시하고 방해하며 혹평하는 사람이 된다.

2.4 쾌활성

어려운 문제에 부딪쳐서도 쾌활성pleasantness을 잃지 않는 것은 모든 종류의 좋은 감정과 좋은 태도의 원천이 되며, 행복감, 만족감, 인간미를 낳는다.

2.5 관용

관용tolerance은 상대방을 있는 그대로 받아들이며 단점보다는 장점을 찾는 태도이다. 물론 살인, 방화, 폭행 등의 위협에 관용을 보일 수는 없다. 그러나 세상에는 보다 너그러운 태도를 취할 수 있는 일들이 얼마든지 많다.

2.6 개방성open-mindedness

세상에는 자기의견만이 옳고 다른 사람의 의견은 모두 틀리다고 생각하는 사람이 너무나도 많다. 그러나 개방적인 태도는 열린 창문과 같은 것이다. 창문을 열어 놓아야 신선한 공기가 들어오고 혼탁한 공기가 빠져나갈 수 있다.

마음을 열어 놓아야 새로운 사상이 들어와 고집과 편견을 청소할 수 있다.

이상의 요소 이외에도 바람직한 태도 성분은 많이 있으나 그러한 태도는 너무 지나치면 오히려 위험하다는 것을 지적해 두고 싶다. 즉, 지나치게 협조적이거나 지나치게 부드러운 태도 등은 거짓일 수도 있기 때문이다.

또 어떤 경우에는 동정적인 태도가 바람직하나, 어떤 경우에는 현명한 태도라고 할 수는 없다.

3. 호텔리어의 직무 만족

Global **Hotel Management**, ch. six

직무 만족job satisfaction은 종업원 만족이다. 직무 만족은 종업원의 직무성과에 직접적인 영향을 주어 생산성 증가효과를 가져오며, 이직률과 결근을 감소시킨다. 또한 회사에 대해 외부에 호의적으로 이야기함으로써 긍정적인 구전과 PR기능을 담당하게 된다. 이와 같은 직무 만족은 조직의 성과를 높이기 위해서는 조직구성원들이 자신의 직무에 호의적인 태도를 갖는 것이 가장 중요하며, 작업자의 생산성과 관련해서 나타난 개념이다.

이 직무 만족에 대한 여러 학자들의 견해를 살펴보면, Alderfer는 직무 만족이란 한 개인이 직무에 대하여 갖는 일련의 태도이며, 직무 또는 직무수행결과로 충족되어지는 유쾌하고 긍정적인 정서상태로서 인간의 건강, 안전, 귀속, 존경, 성장 등 제반욕구의 차원에서 설명되어진다고 하였다.

Macormick은 직무를 통해 얻거나 또는 경험하는 욕구만족 차원의 함수를 직무 만족이라고 정의하고 있다. 즉 자아충족의 감정과 성취감이 직무의 차원과 정도를 결정하고 있다고 전제한다면, 이는 직무구성원의 직무에 대해 취하는 특정 태도이면서 동시에 직무에 대한 감정적 반응으로 해석할 수 있다.

이와 같이 직무 만족에 관한 여러 이론들이 많은 학자들에 의해 다양하게 주장되어 왔지만 그 개념에 대한 정의는 일반화되지 못하고 있다.

Locke는 직무 만족이란 개인이 직무를 평가하거나 직무를 통해서 얻게 되는 경험을 평가함으로써 얻게 되는 유쾌함이나 혹은 좋은 정서태도를 말한다고 정의하고 있다. 또한 Locke는 직무 만족의 결정요인들을 다음과 같은 9개 요인으로 정리하였다.

① **직무 그 자체**work itself : 직무의 성격, 흥미유발 정도, 직무의 난이도와 양
② **임금**pay : 임금액, 임금지불방법, 공평성
③ **승진 및 발전기회**promotion and future opportunities : 조직 내, 그리고 사회적 지위의 획득 기회
④ **인정**recognition : 업적에 대한 신뢰, 인정, 칭찬
⑤ **복지후생**fringe benefit : 의료혜택, 연금 및 유급휴가
⑥ **작업조건**work condition : 작업시간, 시설, 위치, 안전도, 휴식시간
⑦ **감독방법**suupervision : 감독 유형 및 영향력, 상사와의 관계, 상사의 관리 기술
⑧ **동료**co-worker : 동료 간의 협조, 친밀성, 인간관계
⑨ **회사방침**company and management : 회사정책, 이미지, 안정성, 종업원에 대한 관심

4. 호텔리어의 직무 수행 미래상

최근 국내 · 외 호텔들은 급변하는 환경변화에 신속하게 대응하기 위해 인력운용의 유연화를 추구하고 있다. 특히 많은 호텔들은 종사원들에 대한 구조조정의 일환으로 정규직보다는 비정규직을 선호하여 많은 비정규직 종사원을 고용하고 있는 실정이다.

인력의 유연성을 높이는 방편으로 점차 많이 이용하는 수단이 비정규직 고용이다. 비정규직 근로자contingent workers는 정규직과 비교해서 임금, 복리후생, 계약기간, 근로시간 등 모든 처우와 고용 형태가 다른 근로자파트타임, 임시직, 일용직, 계약직, 파견근로자 등를 총칭하는 개념으로, 비정규직 고용은 정규직에 비하여 고용과 해고가 자유롭기 때문에 기업환경의 변화에 따른 인력의 적기공급이 가능할 뿐 아니라 인건비절감과 노사분규의 예방 등 기업에게 여러 가지 이점을 제공해 준다.

또한 인력공급측면에서 유휴인력의 경제활동 참가가 활발해짐에 따라 이들의 취업에 적합한 고용 형태로 인식되고 있다. 이러한 이유로 OECD 국가를 비롯한 세계 각국의 기업들은 비정규직의 고용비율을 점차 증가시켜 나가는 경향을 보이고 있다.

우리나라의 경우에도 과거 일부 기업 및 공사현장 같은 곳에서 단순노무 형태의 보조적인 업무에 주로 도입되던 비정규직이 최근 많은 직장으로 확산되어 가고 있다. 특히 호텔 및 보험업 등 서비스산업에 있어서 비정규직 고용이 빠른 속도로 확산되고 있다. 전국경제인연합회에 따르면 우리나라 임금근로자 중 비정규직의 비중은 45.8%이었으나, 1999년 처음으로 비정규직의 비중이 50%를 넘어선 50.6%를 기록하였다. 이어 비정규직의 비중이 51.7%로 증가하였는데, 이를 인원수로 보면 약 640만 명에 달하는 수치이다.

이와 같이 비정규직 근로자는 날로 증가하고 있는 반면에, 고용 형태정규직 대 비정규직가 근로자의 태도와 행동에 어떻게 영향을 미치는지에 대해서는 아직 이해가 부족한 실정이다. 사회교환이론social exchange theory과 호주혜의norm of reciprocity에 따르면 조직으로부터 서로 다른 동기부여를 받기 때문에 비정규직 근로자는 정규직보다 덜 긍정적인 교환관계를 가질 것이라고 제안한다.

1. 호텔의 개념 및 중요성

2. 호텔기업의 특성

3. 호텔의 경영조직 분류

4. 호텔시장의 현황 및 트렌드

호텔 인적자원관리

Global **Hotel Management,**
ch. seven

7

1. 호텔의 개념 및 중요성

호텔hotel의 어원은 라틴어인 호스피탈레hospitale로 순례 또는 참배자를 위한 숙소를 의미한다. 이후 '여행자의 숙소 또는 휴식장소, 병자를 치료하고 고아나 노인들을 쉬게 하는 병원' 이라는 뜻의 호스피탈hospital과 호스텔hostel을 거쳐 호텔hotel로 바뀌었다. 호텔의 어원을 살펴보면 호텔 발전의 전제는 사람들의 이동이라는 것을 알 수 있다. 현대사회는 교통의 발달, 타지역을 방문하고자 하는 사람들의 욕구 증가, 세계경제 활성화를 위한 비즈니스 등으로 인하여 사람들의 이동은 과거와 비교하여 비약적으로 증가하였다. 따라서 이동을 전제로 한 호텔산업은 나날이 발전을 하고 있는 상황이다.

웹스터 사전webster dictionary에는 호텔이란 '여행자의 숙박과 휴식의 장소A place of shelter and rest for travelers' 라고 정의되어 있다. 현대적인 의미로는 '숙박과 식사 및 서비스를 일반 대중에게 제공하는 시설 혹은 건물A building or institution providing lodging, meals and service for the public' 이라고 할 수 있다. 즉 호텔이란 숙박을 위한 시설과 이와 관련된 편의시설을 갖추고 무형의 인적 서비스 상품을 제공함으로서 휴식과 오락 등 고객에게 편안함을 제공하는 곳이라 할 수 있다. 따라서 호텔을 일반적으로 정의한다면, '거주지를 떠나 이동하는 고객을 위하여 숙박과 식사를 비롯한 휴식과 오락을 즐길 수 있는 제반시설을 갖추고, 고객만족을 위한 부가적인 무형의 서비스를 세련된 종업원을 통하여 제공하고 그 대가를 받아 경영 이익을 추구하는 기업' 이라고 할 수 있다.

현대의 호텔은 여행자의 숙박과 휴식을 위한 장소에서 지역사회 교류의 중심지 역할을 하면서 이용자의 사회 · 문화적 욕구를 충족시키는 장소로 발전하고 있다. 따라서 현대의 호텔은 단순한 개인생활의 공간뿐만 아니라 그 지역사회의 경제, 문화, 예술 및 커뮤니케이션의 활용 공간으로서의 포괄적 기능을 가진 곳으로 정의할 수 있다.

초기의 호텔은 숙박 기능 수행을 중심으로 운영되어 왔으나 현대의 호텔은 과거와 달리 매우 다양화되고, 다기능화되어 가고 있다. 숙박 기능 이외에 다양한 편의성을 제공하고 있으며, 관광객과 외국인의 호텔수입에 크게 의존하던 과거와는 달리 지역민들의 이용도 늘어나고 있다. 호텔은 많은 인력을 고용하여 지역의 인력을 수용하는 역할을 통해서 지역경제를 살리기도 한다. 또한 관광객들의 소비로 인한 지역경제 활성화 및 호텔 세금 납부에 따른 지역 세수 증대 등 지역의 다양한 소득증대 원천으로서의 역할을 수행한다. 이와 관련된 내용을 자세히 살펴보면 다음과 같다.

출처 : http://hospitalitysolutionsinc.com

〈그림 7-1〉 호텔의 주요 시설과 업장

1.1 다양한 편의성 제공

호텔은 기본적인 숙박의 기능을 제공할 뿐만 아니라 비즈니스 거래의 장이 되기도 하고, 회의 및 집회의 장소로도 이용된다. 또한 다양한 레크리에이션 시설을 제공함으로써 고객들에게 즐거움을 제공하기도 한다. 특히 호텔의 식당과 바 등과 같은 시설들은 지역 고객들이 많이 찾는 장소로서 지역사회의 사교 중심지 역할도 수행한다. 따라서 호텔은 다양한 상품과 서비스를 제공함으로써 고객들의 사회적 욕구를 충족시키는 기능을 수행한다고 볼 수 있다.

1.2 지역 소득증대의 원천

일반적으로 사람들은 거주지에 머무를 때보다 집을 떠나 관광을 하는 경우에 더 많은 지출을 한다. 호텔을 방문한 고객들은 호텔과 관광지에서 많은 소비를 함으로써 지역 경제에 직 · 간접적으로 기여를 하게 된다. 즉 관광객이 소비한 돈이 지역사회의 구성원들에게 적절하게 소득 분배가 되는 것이다. 따라서 외국인 여행자들이 자주 왕래하는 곳에서는 호텔이 중요한 외화 소득원으로서의 역할을 수행한다.

1.3 인적자원의 수용

호텔은 직무가 다양하고, 많은 서비스 인력을 필요로 하기 때문에 지역민들에게 일자리를 제공해 주는 역할을 수행한다. 특히 취업기회가 적은 지역에서 일자리를 제공하는 것은 지역 발전에 크게 기여하기 때문에 호텔의 역할은 매우 중요하다고 볼 수 있다.

1.4 지역산업 활성화에 기여

호텔은 호텔과 관련된 다른 제조 상품의 소비자로서 지역산업 활성화에 기여할 수 있다. 예를 들어 호텔 건축과 개보수는 건설업과 연관되어 있으며, 호텔에서 사용하는 다양한 가구 및 집기는 여러 제조업자들로부터 호텔에 공급되기 때문에 지역경제에 도움을 준다. 또한 식료품 및 음료, 기타 다양한 다른 식자재는 호텔이 농산 · 수산 · 식음료 · 물품 공급업체로부터 매일 구매하는 대표적인 것이며, 가스, 전기 및 수도의 사용도 빼놓을 수 없다. 호텔과 직접 관련된 것 이외에도 호텔의 물품 공급업체도 노동력이 필요하기 때문에 간접취업도 발생하게 된다. 따라서 호텔은 지역산업의 발전에 있어서 중요한 역할을 수행한다.

2. 호텔기업의 특성

Global **Hotel Management**, ch. seven

2.1 호텔 운영의 특성

가. 높은 인적 서비스 의존성

호텔의 상품은 객실, 식사, 음료, 부대시설 등과 같은 유형적인 서비스와 무형의 인적 서비스로 구성되어 있다. 이 중에서 호텔의 인적 서비스에 해당하는 호텔의 종사원은 호텔에 대한 고객의 인식 및 만족에 직접적인 영향을 미치는 매우 중요한 요소이다. 호텔의 인적 서비스의 중요성은 호텔산업에 있어서의 경영성패와 직결이 된다. 따라서 호텔의 종업원은 제공하는 서비스 상품에 대해 책임의식을 갖고, 고객 반응에 세심한 주의를 기울여 서비스를 제공할 필요가 있다.

나. 연중무휴

호텔은 연중무휴로 24시간 운영되는 특성을 가진다. 따라서 호텔은 연중무휴의 상시 운영을 통해서 매출액을 증대시킬 수 있는 제반여건을 갖추고 있다.

다. 근무환경의 청결과 안전성

호텔은 다른 어느 기업보다도 위생상태가 좋고, 안전해야 한다. 호텔의 상품은 청결성이 고객 서비스 만족에 중요한 변수로서 작용하기 때문이다. 따라서 호텔 종사원은 항상 근무환경을 청결하게 하여야 하며, 이러한 조건에서 서비스를 제공하는 종사원들은 자연적으로 근무환경이 훌륭하게 평가되는 조건이 된다.

라. 핵심 서비스 이외에 다양한 보조 서비스 확대

호텔은 대표적인 서비스 기업이라고 할 수 있다. 오늘날 치열한 경쟁으로 인해 호텔은 핵심 서비스core service 이외에 보조 서비스supplementary service를 확대하고 있다. 호텔의 핵심 서비스인 객실은 대체로 차별화가 어렵다. 따라서 경쟁우위를 차지하기 위해 호텔들은 레스토랑, 수영장, 피트니스 센터, 나이트클럽 등 다양한 보조 서비스를 확대함으로써 차별화를 꾀하고 있다. 또한 이 외에 호텔 이용고객의 변화에 따른 욕구를 충족시키기 위해서 문화 서비스, 회의 서비스, 유통 서비스, 건강관리서비스, 정보제공 서비스, 여가스포츠 서비스 등 다양한 기능의 상품을 개발하는 추세이다.

자료 : 아마리 오키드 호텔(www.amari.com).

〈그림 7-2〉 태국 아마리 오키드 호텔의 다양한 보조 서비스

마. 부문별 영업시간의 상이성

호텔에는 식당, 라운지, 편의점 등 다양한 영업시설이 있으며, 부분별로 영업활동시간이 상이하다. 따라서 영업장 각각의 판매시점에 대한 관리가 필요하다.

2.2 호텔산업의 특성

가. 낮은 자본회전율

호텔은 투자자금에 대한 자본회수기간이 길다. 또한 호텔은 자본회전율이 낮고 대규모 투자자금이 소요되므로 가장 큰 문제가 자금이라고 할 수 있다. 그러므로 자기자본 비율을 높이고, 차입금을 낮추기 위해서 노력해야 한다.

나. 초기투자시설 과다 및 시설의 조기 노후화

특급호텔의 객실당 건축비용은 매우 높다. 또한 인력이 대규모로 고용되므로 인건비 비중이 높은 특성을 지닌다. 호텔 건물 및 기계, 설비, 배관 등은 그 연한이 15년 정도이며, 많은 고객들이 이용하기 때문에 쉽게 노후해진다. 시설 및 인테리어에 대한 지속적인 투자가 이루어져야 하므로 관리에 따른 비용이 타 건축물보다 많으며, 상당한 금액을 지속적으로 재투자해야 하는 구조를 가진다.

다. 비생산적 공공장소 확보

호텔은 개인이 사용하는 기본시설과 공공의 이용을 전제로 하는 공공장소로 크게 구분할 수 있다. 예를 들면 식당, 라운지 등은 생산적 요소인 데 비하여, 고액으로 투자되는 로비 등은 비생산적인 공공장소라고 할 수 있다. 호텔은 영업활동을 지원하기 위한 비생산적 공공장소public space를 필수적으로 갖추어야 한다.

〈그림 7-3〉 에스15 스쿰빗 스윗 호텔 로비

2.3 호텔 상품의 특성

가. 비전매성 상품비이동성

호텔의 주된 상품은 유형적 서비스인 객실과 식음료, 부대시설이라 할 수 있으며, 무형적 서비스인 인적 서비스로 구성된다고 할 수 있다. 따라서 호텔의 상품을 이용하기 위해서는 고객이 직접 호텔로 찾아와서 호텔 상품을 구입하고 이용해야 하는 특성을 지닌다.

나. 비저장성 상품소멸성

일반기업에서 판매되지 않은 상품은 재고로 보관할 수 있다. 하지만 호텔의 서비스 상품 및 서비스는 오늘 판매하지 못하면 영원히 판매할 수 없다. 이러한 상품 및 서비스의 비저장성은 호텔업의 시설가동률이나 노동생산성을 저해하는 요인으로 작용할 수 있다. 구매된 서비스라고 하더라도 1회로서 소멸하며 그와 동시에 서비스의 편익benefit도 사라진다. 이러한 상품과 서비스의 소멸성perishability으로 과잉생산에 의한 손실과 과소생산으로 인한 이익기회의 상실이라는 문제가 발생한다. 따라서 이를 해결하기 위해서는 수요와 공급 간의 조화를 이루는 전략이 요구된다.

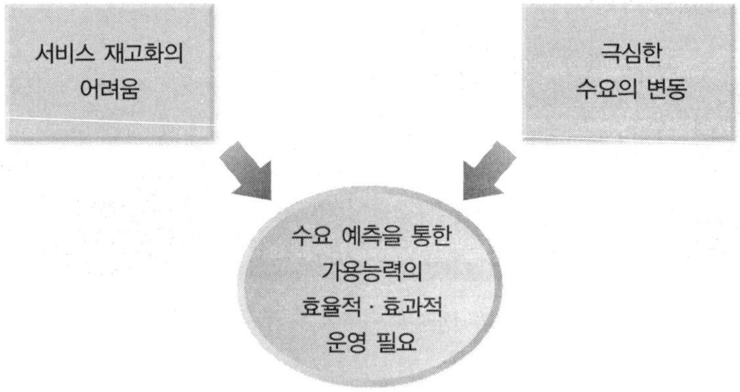

〈그림 7-4〉 서비스의 비저장성

다. 비분리성 상품동시성

호텔 상품은 생산과 판매가 동시에 이루어진다. 이러한 생산과 소비의 비분리성은 서비스의 소비행위가 발생할 때 거래관계가 성립되며, 서비스의 제공도 함께 병행되어 제공된다.

라. 서비스 선택 시 지각된 위험도무형성

호텔 상품은 물적 서비스와 인적 서비스를 동시에 제공한다. 물적 서비스는 상품선택 시 품질에 대한 비교 및 평가가 가능하지만 인적 서비스는 구매하여 이용하기 전에는 비교 및 평가가 불가능하기 때문에 고객이 서비스를 선택 시 어느 정도의 위험성을 갖고 있다. 즉 호텔의 인적 서비스는 무형성intangible이라는 특성을 지닌다.

따라서 고객들이 호텔의 상품을 구매하기 전에 이러한 부분의 위험성을 줄이기 위한 호텔에서는 적절한 정보를 제공할 필요가 있다.

마. 비획일적 상품^이질성^

호텔의 물적 서비스인 객실, 호텔의 편의시설 등은 획일화가 가능하지만 호텔의 인적 서비스는 이질성이 강하다. 호텔의 종사원이 서비스를 생산하고, 고객에게 인도하는 과정에서 여러 가지 가변적인 요소가 많다. 따라서 모든 고객에게 똑같은 서비스를 제공하는 것이 어려울 수 있다. 즉 호텔의 서비스를 제공하는 종사원에 따라서도 서비스의 내용이나 질이 달라질 수 있다. 따라서 호텔에서는 이러한 이질성을 극복하기 위해서 직원들을 교육시키고, 서비스를 표준화할 필요가 있다.

[표 7-1] **서비스와 재화의 기능적 차이**

기능적 특성	재화	서비스
단위별 정의	정확	보편적
측정능력	객관적	주관적
창출	제조됨	제공됨
유통	생산과 분리	생산-소비 비분리
의사소통	가시적	비가시적
가격 결정	비용 중시적	제한적인 비용 중심 가격
생산자의 융통성	제한	광범위
시간의 간격 제공	수개월 혹은 수년	동시
제공	동질적	이질적
소비자의 지각	표준화	평가하기 전 소비
마케팅	전통적	비전통적
저장	저장 가능	저장 불가능

출처 : 박호표(1998), 『호텔 · 관광마케팅』, 서울 : 학현사.

바. 계절적 상품

호텔 상품은 비교적 성수기와 비수기의 구별이 뚜렷하다. 성수기에는 정해진 객실 수량으로 인하여 그 이상으로 판매가 불가능하며, 비수기에는 판매하지 못한 객실 상품을 저장할 수 없기 때문에 운영에 어려움이 있을 수 있다. 호텔에서는 계절성에 따른 운영의 어려움을 극복하기 위해서 보편적으로 성수기와 비수기의 호텔 이용요금을 차별적으로 적용한다.

2.4 호텔환경의 특성

가. 환경 민감성

현대사회에 들어 기업의 경영환경은 매우 복잡하고 다양하며 그 범위도 확대되어가는 추세이다. 이러한 변화는 신속하고 복잡하게 진행되기 때문에 경영활동에 큰 영향을 미치고 있다. 어느 기업이든지 간에 환경의 변화에 영향을 받지 않는 기업은 없겠지만 호텔업은 관광객이 체재에 필요한 사업으로서 생활필수품적인 성격이 아니기 때문에 환경적 영향을 많이 받게 된다. 세계 및 국가의 자연, 정치, 경제, 사회, 문화 등의 환경변화에 민감하며, 천재지변이나 테러, 경제불황 등은 호텔 이용객을 급속히 감소시킴으로서 호텔업의 경영환경에 절대적인 영향을 끼치게 된다. 이러한 변화는 돌발적이고 우발적이며 복잡하게 진행되기 때문에 경영활동에 매우 큰 영향을 미치게 되며, 호텔업도 이러한 환경변화에 민감한 사업이다.

나. 환경변화에 따른 경영의 위험성

현대사회는 다양한 환경요인이 상호 의존성을 바탕으로 복합적으로 표출되고 급속하게 변화하는 동태적 상황으로 전환되고 있다. 호텔 상품의 다양화와 호텔 상품의 품질 관리, 인적자원관리, 기술도입, 호텔 운영방법의 개선 등의 직접적인 방법 등을 통해 탄력적으로 적응되고 있으나 근로자의 인식변화, 상품에 대한 고객 기호의 다양화, 기술혁신의 속도, 소비자 운동의 대두 등과 같은 환경변화 요인에 적절히 대응하지 못하였다.

시장환경의 변화 즉, 여행의 양과 질적인 변화와 기술혁신, 노동시장의 변화, 소비자 운동의 대두, 소비자 기호의 다양화 등 기업을 둘러싸고 있는 환경의 변화에 대응하기 위해서는 세분화된 경영기업이 필요하게 되었으나, 호텔업은 대량 판매의 이점이 불리하고, 콘도미니엄, 레지던스 등 대체기업의 출현으로 경쟁력이 약화되고 있다. 따라서 경영환경의 전체적인 현황을 분석하고 실패의 위험을 최소화시켜야 하며, 내부적으로는 경쟁우위요소를 파악하여 이를 부각시킬 수 있는 경영전략을 활용해야 한다.

3. 호텔의 경영조직 분류

Global **Hotel Management**, ch. seven

인적자원의 의존도가 높은 호텔기업에서는 종사원이 제공하는 서비스가 하나의 상품으로써 호텔의 경영성과에 큰 영향을 미친다. 따라서 경영진들은 호텔종사원들의 경영조직차원의 관리에 대한 관심을 가져야 한다.

호텔기업의 조직은 기업의 목적 또는 각 조직 단위의 목적을 능률적으로 달성하고 성장과 발전을 촉진하는 데 그 목적이 있다. 일반적으로 호텔의 조직은 가장 효과적으로 기업의 목적을 달성할 수 있도록 일의 성질을 명확하게 규정하여 직원들에게 편성하고, 책임과 권한을 부여하고 있다. 호텔기업은 상품의 생산, 판매 등의 특수성과 호텔의 입지조건, 판매하는 상품의 조직, 건축양식 및 구조, 지배인의 경험과 교육수준, 경영층의 경영능력, 기업의 소유 형태 등에 따라서 다양한 조직 형태를 취할 수 있다.

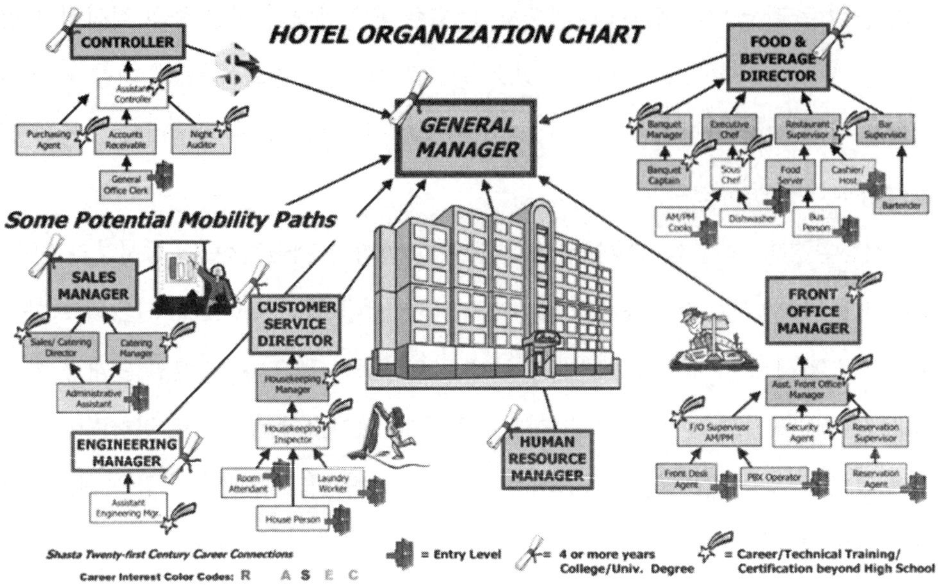

출처 : 구글(www.google.com).

〈그림 7-5〉 다양한 호텔의 조직

호텔기업을 경영해 나가는 데는 여러 가지의 경영활동이 필요하다. 호텔기업의 관리를 관리 기능과 영업 기능으로 분류했을 때, 관리 기능은 기업목적을 달성할 수 있도록 경영활동을 계획하고 조직화하여 조직구성원이 직무를 수행할 수 있도록 동기를 부여하며 경영활동을 조정하고 통제하는 것이며, 영업 기능은 호텔의 생산목적을 구체적으로 실현하기 위한 기능으로서 특성을 갖게 된다.[1]

호텔시설의 규모가 커질수록 호텔 경영자는 효율적으로 조직의 활동을 조정하고 통제하기 위해 특정 직무들을 집단으로 구분한다. 일반적으로 호텔의 부서는 크게 프런트 데스크와 같이 손님과 직접 접촉하는 직무를 주로 담당하는 부서와 회계부서처럼 손님과의 접촉이 거의 없는 직무를 담당하는 지원 부서로 구분된다. 그러나 호텔 부서는 객실, 식음료, 마케팅, 회계, 인적자원 등 각 기능별로 구분하는 것이 가장 보편화된 방식이다. 호텔조직 내의 일원들의 노력이 생산적인 목적을 추구한다면 조직구성원들의 활동에 맞는 조직 형태를 갖추어야 한다. 호텔기업의 조직

1. 한국관광협회중앙회(1991), 관광호텔 서비스 매뉴얼, p.13.

은, 전체적인 조직 형태, 기능별 조직, 고객접촉에 의한 조직, 수익과 지출부분에 의한 조직, 책임담당에 의한 조직 등 여러 형태로 구분하고 있다. 이러한 호텔기업의 조직을 자세히 살펴보면 다음과 같다.

3.1 직위에 의한 조직

호텔 내에서 직위를 기준으로 구성된 조직이다. 이 조직구성을 통해서 전체적인 호텔 운영의 흐름을 파악할 수 있다. 이는 일종의 권위주의가 내재된 수직조직으로서 우리가 많이 접하는 경영조직 형태이다. 비교적 중규모 호텔에서 많이 사용하고 있다.

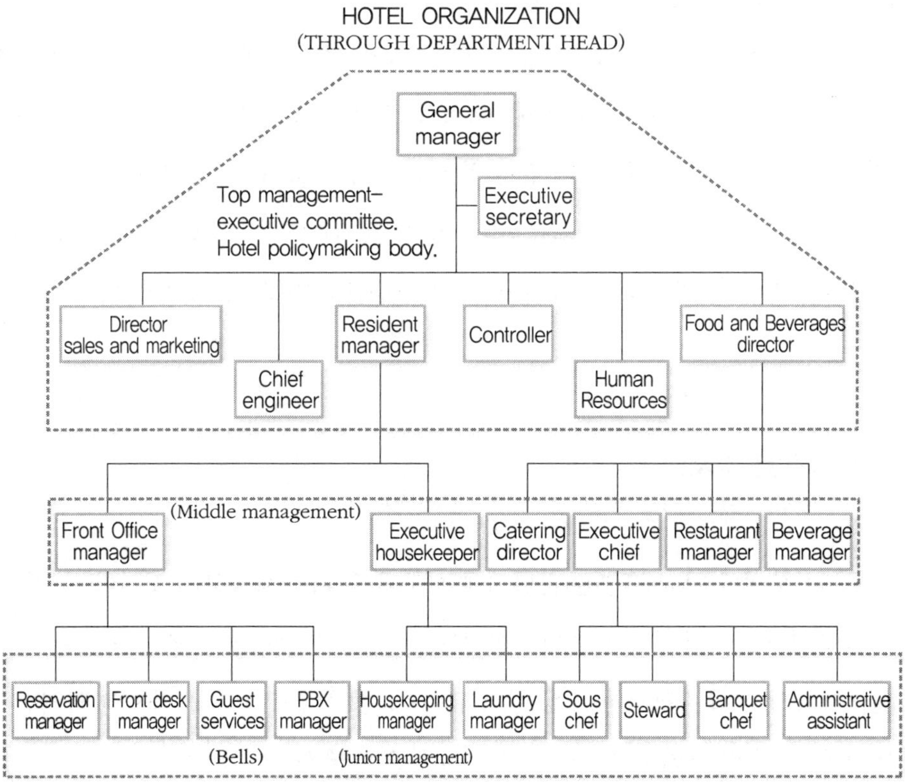

자료 : http://hotelmule.com

〈그림 7-6〉 직위에 의한 조직구조

3.2 기능에 의한 조직

호텔 내의 각 부서들의 기능적인 역할을 중심으로 하여 구성된 조직이다. 이는 각 부서의 기능적 특성에 맞는 고유업무의 수행능력에 초점을 맞춘 형태이다. 오늘날 많은 호텔들이 이러한 조직의 구성체계로 이루어져 있으며, 비슷한 역할을 하는 부서들로 인하여 업무의 중복이 발생하는 단점이 있다.

가. 객실 부서

일반적으로 객실 부서는 예약실, 프런트 오피스, 하우스키핑, 전화교환실 등이 포함된다. 객실 부서의 주요업무에는 손님을 위한 상품 판매 촉진 및 안내, 고객관계 관리, 객실예약, 손님 안내 및 접객, 객실 배정, 객실상태 추적, 우편물 및 전화 메시지의 신속한 전달, 보안 및 안전, 객실과 로비 등의 청소, 타 부서와의 업무조정 및 협동 기능 등이 있다. 이와 같은 복잡한 업무를 효율·효과적으로 수행하기 위해서 객실 부서는 프런트 데스크, 컨시어지, 당직지배인, GRO, 비즈니스 센터, 레크리에이션 센터, 객실 관리, 세탁 등 보다 세분화된 하부구조로 나누어 운영되고 있다.

나. 식음료 부서

식음료 부서의 핵심 기능은 손님에게 식사와 음료를 제공하는 것이다. 특히 국내 특급호텔처럼 일개호텔에서 다수의 식음료 업장을 동시에 운영하는 것은 인적 및 물적으로 상당히 복잡한 구조를 띠게 된다. 보통 식음료 부서는 다수의 영업장과 연회 판촉, 예약 및 조리부, F&B Art Room 등으로 구성되어 있다.

다. 안전관리 부서

호텔 내의 안전과 보안이 잘 유지되지 않으면 호텔은 큰 재산상의 피해를 볼 수 있다. 손님들을 위해 항상 안전한 장소로 유지되어야 하며 외부 침입자 등으로 보호되고 기타 도난사고 등 범죄가 발생하지 않도록 사전에 예방해야 한다. 안전관리 부서는 호텔 내 보안 · 안전 · 소방 · 경비 기능을 담당한다.

라. 시설관리 부서

시설관리 부서의 고유 업무는 호텔이 운영되기 위해 가장 기본적인 전기설비, 급수설비, 배수설비, 급배기설비, 방재설비 등을 운영 · 관리하며 그에 따른 예산관리, 요금 계산 및 분석한다. 즉 호텔 건물에서 발생하는 모든 시설물과 시스템의 작동상태를 24시간 감시하며 유사 시 즉각 대처한다.

마. 마케팅 부서

마케팅 부서의 핵심 역할은 호텔의 객실, 시설, 서비스를 개인 또는 단체 손님에게 판매하는 것이다영업판촉, 객실예약, 홍보.

바. 인적자원 부서

인적자원 부서의 기능은 직원의 채용, 직원의 복리후생, 직원의 교육 · 훈련 등 세 가지로 나누어진다.

사. 회계 부서

국내에서는 보통 재경부라고 호칭되고 있다. 일반적으로 회계 부서는 호텔이 손님과의 상거래에서 발생하는 모든 재무적 거래를 기록하고, 재무제표를 작성한다. 또한 비용을 통제하는 데 필요한 기초 자료를 준비하며 전산실을 운영 · 통제한다재무회계, 영업회계, 여신관리, 원가관리.

아. 중역실Executive Office

총지배인실, 부총지배인실, 비서실로 구성되어 있으며 총지배인은 호텔 경영에 대해 전반적인 책임을 진다. 또한 가장 효율적이고 효과적인 서비스를 생산 · 유지하는 데 필요한 결정을 내릴 수 있는 권한을 갖고 있다. 한편 부총지배인은 총지배인을 도와 이 모든 업무를 수행하며 총지배인의 부재 시 업무를 대행한다.

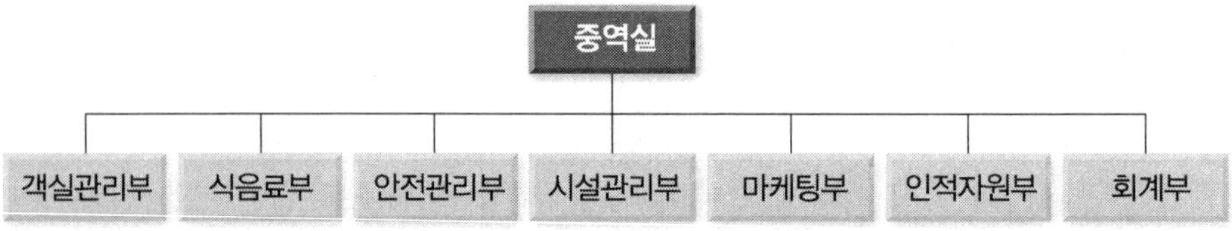

〈그림 7-7〉 호텔의 기능에 의한 조직구조

3.3 고객과의 접촉 여부에 따른 조직

호텔용어에는 프런트 오브 더 하우스front of the house와 백 오브 더 하우스back of the house가 있다. 전자는 고객이 호텔에 투숙하는 기간 동안에 고객과 직접적인 접촉을 하는 호텔 부문이며, 후자는 고객과 접촉빈도가 낮은 부문을 말한다.

3.4 수익발생 부문과 비수익발생 부문에 따른 조직

호텔의 영업활동을 중심으로 수익발생 부문영업 부문과 비수익발생 부문관리 및 보조 작업 부문으로 구분할 수 있다. 수입발생 부문은 실제적인 호텔 운영에 참여하여 이익을 발생시킬 수 있는 부서들이다. 모든 수입을 발생시키는 부서들의 공통적인 특징은 이들이 고객에 대한 서비스를 담당하는 역할을 하고 있다는 점이다. 지출발생 부문은 호텔 내의 조직에서 수입이 발생되지 않고, 최소한도의 고객접촉을 담당하면서 주로 지출만 발행시키는 부서를 말한다. 따라서 이들 부서는 호텔 운영에서 어떤 이익을 발생시키지도 않는 단지 경비만 지출하는 곳이다.

[표 7-2] 수익발생 부문과 비수익발생 부문에 따른 조직 구분

영업 부문(수익 부문)	**관리 및 보조 부문**(비수익 부문)
객실 부문 식음료 부문 부대사업 부문	기술관리 부문 : 전기, 영선, 기관, 도장 등 경영관리 부문 : 인사, 회계, 감사

3.5 조직관리적 측면에서의 구분

조직관리적 측면에서는 관리 부문management division, 객실 부문room division, 식음료 부문food and beverage division, 오락 및 연회 부문entertainment and banquet division으로 구분할 수 있다.

[표 7-3] 조직관리적 측면에서의 구분

관리 부문	객실 부문	식음료 부문	오락 및 연회 부문
영업기획, 총무, 인사, 시설, 구매, 회계 및 재무, 판촉, 홍보, 전산	객실 예약 프런트 오피스 객실 정비	식당, 음료, 연회 조리, 식품안전관리, 원가	스포츠 건강시설, 오락 및 유흥 시설, 기타 부대시설

4. 호텔시장의 현황 및 트렌드

4.1 해외 호텔시장

2010년 들어 여행경기가 살아나면서 국내 해외 출국자 수가 전년 동기 대비 32.7%가 늘어나는 등 전반적인 여행시장 규모가 커졌다. 이에 호텔예약업체들의 판매물량도 늘어난 양상을 보였다. 또한 세계 호텔객실료가 하락세를 이룬 반면 국내 여행객의 해외호텔 구매성향은 예년보다 단가가 높은 호텔을 선호하는 경향을 나타내는 등 전반적인 호텔시장 규모의 신장세가 뚜렷한 분위기다.

- 총 호텔시장 규모 : 5,933,865×2.5×293,800
  =4조 3,584억 2,384만 2,500원
- 참조 : 2010년 1~6월 전체 누적 해외 출국자 수 : 593만 3,865명
- 호텔 예약업체 예약기준 평균 숙박일 2.5박
- 평균 판매단가 : 29만 3,800원

4.2 국내 호텔시장

관광한국의 가장 기본적인 조건은 숙박시설이다. 하지만 해외와 비교할 때 우리 나라의 호텔등급별 불균형이 심각한 실정이다. 2008년 말 기준 전국관광호텔 객실 수는 전국 6만 9천 실, 서울지역 2만 3천 실33%이며 서울 지역 내, 특1급 호텔 객실 수는 39%를 상회한다. 즉 국내 호텔산업은 고급호텔 위주의 공급체계를 보유함에 따라 다양한 시장 수요를 충족시키지 못한 데다, 국내 관광물가가 고평가되면서 외래 관광객 방문 유인이 저하되고 특급호텔 간의 시설과 서비스 경쟁에 치우치면서 비용이 상승해 타국 대비 경쟁력이 떨어지는 요인이 되고 있다.

한편, 국내 특1급 호텔업체 중, 독자 브랜드를 고수하고 있는 호텔은 호텔롯데, 호텔신라, 임페리얼 팰리스 정도에 불과하며 나머지 호텔업체들은 대부분 해외 유명 호텔과 체인 형태를 이루고 있다.

4.3 호텔업계의 Marketing Trend

가. 미국 및 해외 호텔시장 마케팅 트랜드

1) 알콘킨 호텔 : 전자서적 온 디맨드

뉴욕에 위치한 알콘킨 호텔은 독서 애호가를 위해 아마존 킨들을 이용할 수 있는 eBook on Demend 프로그램을 2008년부터 시행하고 있다. 알콘킨 호텔의 역사적 의미를 전자서적이라는 현대적 요소로 새롭게 꾸민 것이다.

〈그림 7-8〉 알콘킨 호텔

2) 뉴욕 맨해튼 도서관 호텔

뉴욕 맨해튼에서는 라이브러리 호텔도서관 호텔을 만날 수 있다. 이 도서관 호텔에는 6,000권의 책이 각 층마다 분류별로 구비되어 있으며, 리딩 룸Reading Room에서는 손님들을 위한 아침식사, 와인 등도 제공된다.

〈그림 7-9〉 뉴욕 맨해튼 도서관 호텔

3) 애플 맥 호텔

애플은 세계 곳곳의 럭셔리 호텔에 아이맥을 설치하고 있다. 라스베이거스 파운틴블루 호텔에는 3,889개 호텔 룸이 아이맥을 구비하게 되며, 영국 시티인 호텔도 모든 호텔 룸에 아이맥을 설치할 계획이다. 이 외 다른 일부 호텔들도 로비에 아이맥을 구비시키는 등 이러한 트랜드에 뛰어들고 있다.

〈그림 7-10〉 애플 맥 호텔

4) 트위터 호텔

타운하우스 호텔은 고객과의 커뮤니케이션 채널로 트위터를 활용하고 있다. 호텔 손님들은 룸에서 트위터를 통해 아침식사나 야식을 요구할 수 있다.

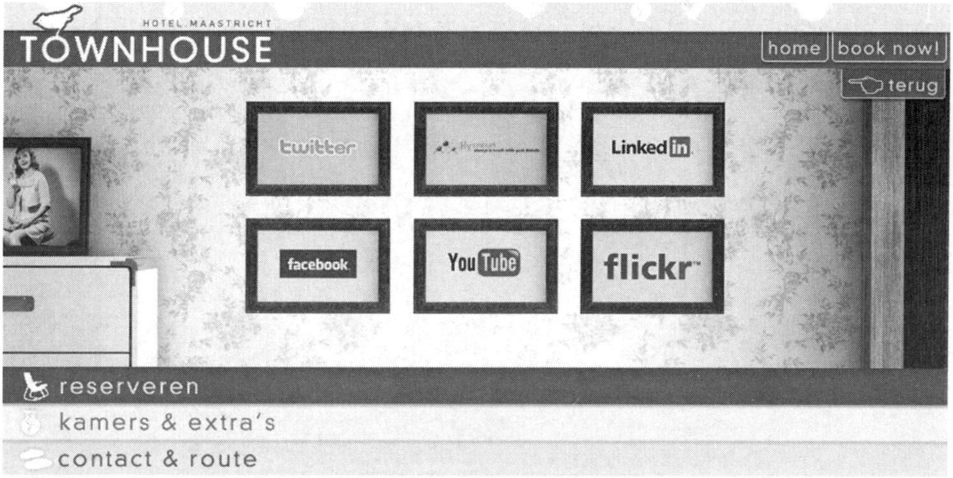

〈그림 7-11〉 트위터 호텔

5) 공항 안 미니 호텔

독일 뮈헨 공항 2 터미널 게이트 H32에는 화사한 색상의 자그마한 미니호텔과 터치 스크린이 설치되어 있다. 뮌헨 공과대학이 개최한 2007 Innovation Competition을 위해 5명의 학생이 만들어낸 미니호텔이다. 미니호텔은 시간당 15유로로 다음 비행시간까지 편안하게 휴식을 취할 수 있는 공간으로 문을 닫으면 웬만큼 방음이 되기 때문에 혼자만의 편안한 휴식을 즐길 수 있고 낮잠을 잘 수 있는 침대와 인터넷이 연결된 노트북까지 구비되어 있다. 또한 방 안의 터치 스크린으로 독일 오스람의 다양한 조명 시스템을 만끽할 수도 있고 자신이 탈 비행기의 상황을 확인하거나 음악이나 영화를 볼 수도 있다. 물론 잠을 잘 경우에는 터치 스크린을 이용해 알람을 맞출 수도 있다.

6) 중국의 루자호텔

루자호텔은 최근 '루자 모텔' 이라는 신조어를 만들어내며 주목받고 있다. 루자호텔은 여느 호텔과 달리 벨 보이가 없고, 중국 호텔들이 식당만큼이나 중요하게 생각하는 시설인 사우나와 가라오케 바도 없다. 대신 고객지향적인 서비스를 제공한다. 인터넷이 무료이고 매점이 아닌 프런트 데스크에서 물건을 팔아 가격을 낮춘다. 또한 침대는 4성급 호텔에서 사용하는 고급제품으로 채워졌다. 서양식 이코노미 호텔도, 중국식 저가 숙박업소도 아닌 체계적이고 창의적인 '제3의 방식' 으로 성공한 루자호텔은 현재 전국 137개 도시에 734개의 체인망을 보유하고 있다.

〈그림 7-12〉 루자 호텔
루자(如家)란 말은 '집과 같다' 는 뜻이다. 과도한 시설과 서비스를 없애는 대신 고객지향 서비스를 극대화 한다는 게 이 회사의 전략이다.

나. 국내 호텔시장의 Trend

1) 특급호텔들의 면세점사업

최근 국내 호텔업계는 장기화된 경기침체와 중저가 비즈니스호텔, Serviced Residence 대비 약한 가격경쟁력으로 호텔 객실 매출은 정체현상을 보이고 있다. 그러나 다년간 축적된 브랜드를 바탕으로 외식, 연회 및 면세점 등 부대사업에 적극적으로 진출함으로써 성장 모멘텀을 찾고 있으며 전체 매출에서 부대사업 비중이 지속적으로 증가하고 있다. 국내 특1급 호텔의 경우 외형 확대와 수익 안정화를 위하여 우수한 브랜드력과 운영 노하우를 바탕으로 면세점사업에 적극적으로 진출하고 있다. 면세점은 본래 국내를 찾는 외국인 관광객 쇼핑편의 제공과 이를 통한 관광산업의 진흥을 목적으로 설치된 것이나 최근 출국 내국인이 많아지고 소비자의 의식이 변하면서 일정한 자격을 갖춘 내국인 관광객의 이용이 급속도로 증가하면서 면세점 매출 증가의 견인차 역할을 하고 있다.

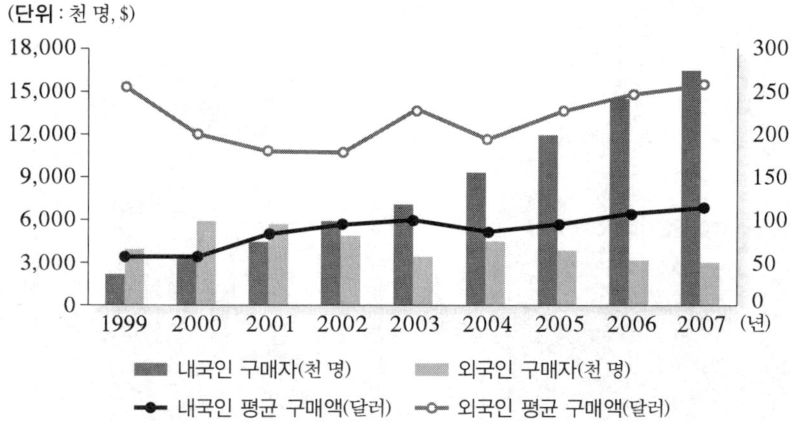

자료 : 한국관광호텔업협회.

〈그림 7-13〉 호텔 면세점에서의 내 · 외국인 구매 현황

2) 중저가 호텔의 새로운 활로 부티크 호텔

'부티크 호텔boutique hotel' 이 새로운 호텔 트렌드로 떠오르고 있다. 부티크 호텔은 규모는 작지만 개성 있는 건축이나 인테리어를 자랑하면서 고객 맞춤형 서비스를 제공하는 호텔을 일컫는 말이다. 2000년대 중반 이후 프랑스 파리나 영국 런던, 미국 뉴욕, 태국 방콕 등지에서 큰 인기를 누리고 있다. 2005년 '월스트리트 저널' 은 '부티크 호텔' 을 그 해의 '메가트렌드' 중 하나로 꼽기도 했다.

또 갤러리를 연상시킬 정도로 진귀한 예술품을 전시하거나 고객 맞춤형 이색 서비스를 제공해 작지만 개성 넘치고 고급스러운 호텔을 지향하기도 한다.

한국에서는 최근 들어 관심을 받기 시작했지만 유럽에서는 호텔업계의 새로운 트렌드로 자리잡은 지 꽤 됐다. 기존 호텔들의 획일성과는 차별화된 것을 추구하면서 호텔업계의 틈새시장을 빠르게 공략하고 있는 것이다. 이에 한국에서도 보오메꾸뚜르 부띠끄 호텔, 라이프 스타일 호텔, IP 부티크 호텔 등이 부티크 호텔을 표방하며 들어섰다.

〈그림 7-14〉 IP 부티크 호텔 외관(왼쪽)**과 객실**(오른쪽 위)**, 로비**(오른쪽 아래)

3) 한국형 환대 서비스

한국형 환대 서비스가 각광을 받고 있다. 상대방을 배려하는 우리 정서가 해외 호텔 개발업체들에 좋은 반응을 보이고 있어 앞으로도 선전이 예상된다. 우리 문화에는 손님을 환대하는 것이 정서적인 밑바탕에 깔려 있다. 이는 현대 호텔 서비스가 지향하는 기본 자세이다.

이에 따라 최근에는 우리 호텔 서비스를 한 수 배우겠다며 내한하는 사례가 늘고 있다. HTC는 2010년 2월 러시아 브리아티아 공화국에서 선발된 8명의 예비 호텔리어에게 한국형 호텔 서비스를 전수하기도 했다.

1. 호텔 회계의 정의

2. 회계의 분류

3. 호텔 회계의 구성요소

4. 현금흐름표의 의의와 작성

5. 현금흐름표의 분석

호텔 회계 및 재무관리

Global **Hotel Management,**
ch. eight

1. 호텔 회계의 정의

Global **Hotel Management,** ch. eight

호텔의 경영활동과 관련된 모든 이해관계자들에게 합리적이고 경제적인 의사결정을 내릴 수 있도록 필요한 재무적 정보를 파악하고 분석하여 제공하는 조직적인 전달과정

- 기업 외부자에게 기업의 재무상태자산 · 부채 · 자본의 증감, 경영성과수익, 비용흐름, 현금흐름의 상황을 기록
- 경영자가 경영계획을 수립하고 경영통제를 하는 자료로 이용, 업적평가 자료로 이용

2. 회계의 분류

Global **Hotel Management,** ch. eight

① **재무회계** : 주주, 채권자, 세무당국자, 소비자, 종업원 및 미래의 투자가와 같은 이해관계자에게 정보제공. 기업의 안정성, 수익성, 활동성 등의 재무상태나 경영실적을 계수화

② **관리회계** : 내부이용자 즉, 경영관리에 필요한 회계정보를 산출

③ **세부회계** : 세법에 따라서 기업이 국가나 지자체에 납부하는 세금액 결정을 위해 작성

④ **원가회계** : 적절한 원가의 유지와 관리를 위해 작성

⑤ **영업회계** : 각 영업장에서의 활동을 영업 부문별로 일일 계산체계로 종합하는 매출관리회계

3. 호텔 회계의 구성요소

① **수익** : 기업이 판매한 재화 또는 제공한 용역의 대가

- **영업상 수익** : 매출액객실, 식음료, 연회, 전화, 세탁, 사우나, 헬스클럽, 봉사료, 임대료, 주차, 기타
- **영업외 수익** : 이자수입, 배당금, 임대료수입, 외화평가이익 등 영업외 부문에서 발생한 수익
- **특별이익** : 고정자산처분이익, 투자자산처분이익 > 비경상적, 비반복적 이익

② **비용** : 수익을 얻기 위해 소비 또는 지출된 영업상의 원가 또는 소비액

- **매출원가** : 구입원가, 제조원가 등 재료비
- **판매비 및 일반관리비** : 임금 및 수당, 복리후생비, 통신비, 사무용품비, 용역비, 교통비, 수도광열비, 세금, 보험료, 감가상각비 등
- **영업외 비용** : 이자, 재고자산 감모, 외화차손
- **특별손실** : 고정자산처분손실, 재해발생 등

4. 현금흐름표의 의의와 작성

4.1 현금흐름표의 의의

현금흐름표statement of cash flows는 기업이 일정 기간 동안에 얼마의 현금을 조달하였고 얼마의 현금을 운용하였는가를 나타내는 회계보고서이다. 현금흐름표는 일정 기간 기업의 현금조달 및 운용상황을 영업활동, 투자활동, 재무활동의 세 가지 부문으로 나누어 각 부문별로 현금흐름에 관한 정보를 제공하여 준다. 영업활동은

제품생산, 구매 및 판매활동 등이며, 투자활동은 투자자산 및 고정자산의 취득과 처분 등이다. 재무활동은 소요자금의 차입 및 상환, 신주발행이나 배당금지급 등으로 구성된다.

현금흐름표가 다른 주요 재무제표와 비교하여 어떤 특성이 있는지 살펴보자. 대차대조표는 일정 시점에 있어서 자산과 부채 그리고 자본에 대한 잔액은 표시하지만 일정 기간 동안에 발생한 자산과 부채의 변동의 원인과 결과는 설명하여 주지 못한다. 손익계산서의 수익과 비용은 발생주의에 근거하여 인식 · 측정한 것이기 때문에 수익과 비용은 곧 자금의 유입과 자금의 유출을 의미하지는 않는다. 그러나 현금흐름표는 일정 기간 동안의 현금변동이나 재무상태의 변동원인에 관한 정보를 제공하여 줄 뿐만 아니라 현금흐름표의 작성에는 추정이나 예측과 같은 작성자의 주관적 판단이 개입되지 않기 때문에 다른 재무제표가 제공하는 정보보다 더 나은 정보를 제공한다는 특성이 있다.

현금흐름표는 일정 기간 기업의 현금흐름을 경영활동별로 구분하여 표시함으로써 대차대조표나 손익계산서에서 구할 수 없는 다음과 같은 유용한 정보를 제공할 수 있다.

첫째, 분석 대상기업의 미래 현금흐름에 관한 정보를 제공한다. 즉, 현금흐름표의 자료를 손익계산서와 함께 사용함으로써 미래현금흐름을 보다 잘 예측하고 평가할 수 있게 한다.

둘째, 영업활동에서 발생한 순현금흐름과 당기순이익의 차이 및 그 이유에 관한 정보를 제공한다. 현금흐름표는 추정이나 예측 같은 주관적 판단이 개입되지 않기 때문에 보다 더 신뢰성이 높고 이익의 질을 평가하는 데 유용하게 이용될 수 있다.

또한 현금흐름을 각 활동별로 구분하여 표시함으로써 기업 자금흐름의 실상을 보다 정확하게 파악하고 중점적으로 관리할 부문을 파악할 수 있다.

셋째, 기업의 부채상환능력과 배당금 지급능력을 알 수 있다. 현금흐름표를 통하여 투자활동과 재무활동으로 인한 현금흐름에 관한 정보를 분석함으로써 기업의 현금창출능력, 즉 부채를 상환하고 이자를 지급하며 배당금을 지급하면서 일상적인 영업비용을 지급할 수 있는지 여부를 평가할 수 있다.

넷째, 기업의 투자활동과 재무활동으로 인한 현금흐름을 검토함으로써 일정 기간 동안 자산이나 부채가 증가하거나 감소하게 된 이유를 더 잘 파악할 수 있게 한다.

4.2 현금의 범위

1994년 4월부터 시행된 기업회계기준에서는 종래의 재무상태변동표 대신에 현금흐름표를 작성하도록 하였다. 아울러 현금흐름표의 작성기준이 되는 현금은 현금과 예금 및 유동성이 높은 유가증권 등 현금등가물cash equivalents을 포함하도록 하였다. 현금과 예금이란 통화 및 타인발행수표 등 통화 대용증권과 기한이 결산일로부터 1년 이내에 도래하는 예금으로 기업회계상 대차대조표에 현금과 예금으로 계상하는 것을 말한다. 현금등가물이란 현금의 단기적 운용을 목적으로 한 유동성이 높은 유가증권으로서 첫째, 큰 거래비용 없이 현금으로의 전환이 용이하고, 둘째, 이자율변동에 따른 가치변동의 위험이 중요하지 않은 것 등의 조건을 충족하는 것으로 그 예는 다음과 같다.

① 취득 당시 만기가 3개월 이내에 도래하는 채권

② 취득 당시 상환일까지의 기간이 3개월 이내의 상환우선주

③ 3개월 이내의 환매조건의 환매채 등이다.

4.3 현금흐름표의 작성

가. 영업활동으로 인한 현금흐름

현금흐름표에서의 영업활동으로 인한 현금흐름cash flows from operation ; CFO에는 원재료 및 상품 등의 구매활동과 제품의 생산활동 및 판매활동뿐만 아니라, 투자활동과 재무활동 이외의 현금이 따르는 모든 거래를 포함한다.

따라서 영업활동으로 인한 현금유입에는 제품 등의 판매에 따른 현금유입과 수입이자 및 수입배당금 등이 포함된다. 영업활동으로 인한 현금유출에는 원재료, 상품 등의 구입에 따른 현금유출, 기타 상품과 용역의 공급자와 종업원에 대한 현금지출, 법인세, 지급이자 등이 포함된다. 영업활동으로 인한 현금흐름의 작성에는 직접법과 간접법의 두 가지가 있다.

1) 직접법

직접법에서는 현금을 발생시키는 수익이나 비용항목을 총액으로 표시하여 현금유입액을 원천별로 나타내고 현금유출액은 용도별로 구분하여 표시한다. 직접법에서의 영업활동으로 인한 현금흐름은 현금주의 당기순이익과 같은 것이므로 발생주의 기준으로 작성된 손익계산서를 현금주의 손익계산서로 수정해야 한다.

2) 간접법

간접법은 당기순이익에 특정 항목을 가감하여 영업활동으로 인한 현금흐름을 산출하는 방법이다. 즉, 간접법에서는 영업활동으로 인한 현금흐름을 구하기 위하여 당기순이익에 다음의 항목들을 가감한다.

① 현금유출이 없는 비용과 투자활동 및 재무활동으로 인한 비용 등의 가산

② 현금유입이 없는 수익과 투자활동 및 재무활동으로 인한 수익 등의 차감

③ 영업활동과 관련하여 발생한 자산 및 부채의 증가 또는 감소

나. 투자활동으로 인한 현금흐름

투자활동이란 현금의 대여와 회수활동 그리고 유가증권, 투자자산 및 고정자산의 취득과 처분활동을 의미한다. 따라서 투자활동으로 인한 현금유입에는 대여금의 회수, 유가증권의 처분 그리고 투자자산과 고정자산의 처분 등이 포함되며 투자활동으로 인한 현금의 유출에는 현금의 대여, 유가증권의 취득과 아울러 투자자산과 고정자산의 취득 그리고 이연자산의 발생 등을 포함한다. 일반적으로 현금유출이 현금유입보다 크기 때문에 투자활동으로 인한 현금흐름은 보통 음(-)의 금액으로 나타난다.

다. 재무활동으로 인한 현금흐름

재무활동이란 현금의 차입 및 상환 그리고 신주발행이나 배당금 지급 등과 같이 부채 및 자본계정에 영향을 미치는 거래를 말한다. 따라서 재무활동으로 인한 현금의 유입에는 당좌차월의 증가, 장단기 차입금의 차입 그리고 어음이나 회사채의 발행 및 주식발행 등이 포함된다. 한편 재무활동으로 인한 현금유출에는 배당금의 지급, 유상감자, 자기주식의 취득 및 차입금의 상환 등이 포함된다.

5. 현금흐름표의 분석

5.1 구성비분석

구성비분석이란 현금흐름표의 각 항목을 현금유입과 현금유출로 나누어 표시하고 각 금액이 차지하는 비중을 계산하는 것이다. 이러한 구성비분석을 통하여 어떤 활동을 통하여 얼마의 현금흐름이 발생하였는가를 분석할 수 있다.

5.2 균형분석

균형분석이란 현금의 유입내역과 유출내역이 무엇이며 유입과 유출이 얼마나 균형을 이루는가를 분석하는 것이다. 즉, 대체적인 현금운용상태를 파악하는 것이다.

5.3 비율분석

가. 현금보유비율

현금보유비율이란 현금 및 예금이 총자산에서 차지하는 비율을 말한다. 기업은 기업 내외의 여러 가지 요인을 감안하여 적정수준의 현금을 보유하여야 한다. 기업의 적정현금보유액은 해당 기업의 영업상태나 판매정책 등의 기업내부상황 그리고 자금시장 상황, 금융정책 방향 등 기업외부여건 등을 반영하여 결정하여야 한다. 적정현금보유액 결정을 위한 여러 가지 기법과 모형이 제시되고 있으나 실제적인 적용은 쉽지 않다.

$$\text{현금보유비율} = \frac{\text{현금 및 예금}}{\text{총자산}}$$

나. 영업현금흐름/유동부채 비율

이 비율은 영업활동으로 인한 현금흐름cash flow from operation ; CFO을 유동부채로 나누어 구하는데 유동부채의 어느 정도 수준을 영업현금흐름으로 보유하고 있는가를 나타낸다. 즉, 만기가 된 단기부채를 지급할 수 있는 능력을 측정한다. 일반적으로 이 비율이 높을수록 유동부채의 지급능력은 높은 것으로 판단한다. 만약 이 비율이 1보다 작을 경우 유동부채 지급에 문제가 생길 수 있다.

$$\frac{\text{영업현금흐름}}{\text{유동부채비율}} = \frac{\text{영업현금흐름}}{\text{유동부채}}$$

다. 영업현금흐름/총부채 비율

이 비율은 영업현금흐름을 총부채로 나누어 구하는데 부채의 어느 정도 수준을 영업현금흐름으로 보유하고 있는가를 나타낸다. 즉, 만기가 된 총부채를 지급할 수 있는 기업의 전반적 지급능력이나 장기지급능력을 측정한다. 이 비율은 특히 기업의 부실예측에 유용한 비율로 사용되고 있다.

$$\frac{\text{영업현금흐름}}{\text{총부채비율}} = \frac{\text{영업현금흐름}}{\text{총부채}}$$

라. 영업현금흐름/현금배당금 비율

이 비율은 영업현금흐름을 현금배당금으로 나누어 구하는데 현금배당금의 어느 정도 수준을 영업현금흐름으로 보유하고 있는가를 나타낸다. 즉, 현금배당을 지급할 수 있는 충분한 현금을 보유하고 있는가를 측정한다. 만약 이 비율이 1보다 작을 경우 영업활동이 아닌 투자활동이나 재무활동을 통하여 배당금을 조달하였다는 것을 의미한다.

$$\frac{\text{영업현금흐름}}{\text{현금배당금비율}} = \frac{\text{영업현금흐름}}{\text{현금배당금}}$$

마. 주당영업현금흐름

이 비율은 1주당 영업현금흐름 크기를 나타내는데 영업현금흐름에서 우선주배당금을 공제한 다음 보통주의 평균발행주식수로 나누어 계산한다. 보통주 1주당 영업현금흐름은 보통주의 투자가치를 평가할 수 있으며 현재주가와 비교하여 주당영업현금흐름/주가비율이 높으면 높을수록 주가가 저평가되어 있기 때문에 투자가치가 높은 것으로 평가된다.

$$\text{주당영업현금흐름} = \frac{\text{영업현금흐름} - \text{우선주배당금}}{\text{평균발행주수}}$$

5.4 현금흐름분석의 유용성 및 한계

최근 기업의 실제 현금흐름분석의 중요성이 증대하고 있다. 이는 기업의 투자활동, 채무상환이나 배당금지급 등이 기업의 실질적인 현금동원능력에 좌우되기 때문이다. 현금흐름분석은 발생주의 회계의 한계로 지적되고 있는 감가상각비 등 비용의 임의배분이나 외상매출채권의 대손액추정 등과 같은 회계추정의 문제를 최대한 배제할 수 있다는 장점이 있다.

그러나 현금흐름분석은 다음과 같은 한계점도 지니고 있다.

첫째, 현금흐름분석은 단기적인 현금조달능력 및 채무상환능력 파악에는 적합하나 장기적인 현금흐름의 예측에는 유용하지 못하다. 이는 현금흐름 분석이 현금주의원칙에 의하여 작성된 현금흐름표를 기초로 하기 때문이다.

둘째, 현금흐름분석에서의 현금보유액이 유가증권의 보유 또는 처분 등 일시적인 요인으로 변동될 수 있으므로 기업의 단기지급능력에 대한 평가가 달라질 수 있다.

셋째, 경제적 사건economic event 발생보다는 단순 현금흐름만으로 분석을 하므로 경제적 실질을 제대로 반영하지 못한다 → 보조지표에 불과함

넷째, 중요계약 체결이나 우수한 경영진, 원만한 노사관계, know-how 등 현금화하기 어려운 가치의 분석이 누락될 수 있다.

1. 호텔 서비스 마케팅의 이해

2. 호텔시장 세분화 및 마케팅 믹스

3. 호텔 마케팅의 실제

호텔 마케팅 관리

Global **Hotel Management,**
ch. nine

1. 호텔 서비스 마케팅의 이해

1.1 호텔 마케팅의 정의

마케팅은 오늘날같이 빠르게 변화하는 시장 환경에서 기업들이 자신만의 차별화된 콘텐츠를 제공할 수 있는 수단이다. 미국의 마케팅협회는 현대적 마케팅의 정의를 '생산자로부터 소비자에게 상품 · 서비스 흐름을 지휘하는 기업 활동의 수행' 이라는 정의에서 범위를 확대하여 '소비자와 기업의 목표를 만족시키는 교환을 창조하기 위하여 아이디어 · 재화 · 서비스 · 가격 · 판매촉진 · 유통 등을 계획하고 실시하는 과정' 으로 기업의 사회적 마케팅과 고객만족이라는 큰 의미를 포함하는 개념으로 정의하고 있다.

또한 광의의 마케팅은 전환과정을 통하여 소비자에게 필요한 욕구를 충족시키도록 유도하는 데 관련된 일련의 인간 활동을 의미한다.

협의의 마케팅은 사람들이 시장을 통하여 원하는 것을 만족시키려 하고, 기업은 최대의 이익을 달성하고자 할 때 이를 위해 기업이 벌이는 모든 활동을 의미한다.

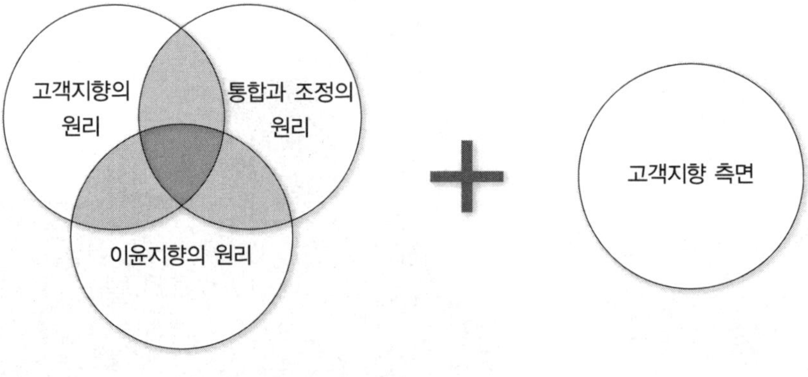

〈그림 9-1〉 호텔 마케팅의 정의

1.2 호텔 서비스의 특성

서비스의 특성은 무형성 · 불가분성 · 가변성 · 소멸성 등의 특성을 갖고 있으며, 이들의 내용을 살펴보면 다음과 같다.

가. 무형성

물리적 상품과는 달리 서비스는 실제로 판매하기 전까지는 보지도, 맛을 볼 수도 없으며, 냄새를 맡을 수도 없다. 고객의 입장에서는 유형의 대상인 식당의 외관, 청소상태, 직원의 친절도 등을 보고 서비스의 질을 미루어 짐작할 수밖에 없다. 특히 직원의 복장이나 차림새는 호텔의 상태를 짐작할 수 있는 사항이므로 항상 신경을 써야 할 것이다.

나. 불가분성

호텔의 서비스가 거래가 되기 위해서는 서비스 제공자와 고객이 함께 존재해야 한다는 것이 불가분성이라고 할 수 있다. 고객을 응대하는 직원은 서비스 상품의 일부라고 할 수 있다. 음식이 아무리 뛰어나더라도 서비스 제공자가 만족스러운 서비스를 제공하지 못할 경우에는 업소의 평판이 나빠진다.

다. 가변성

서비스의 질은 매우 가변성이 크다. 누가 서비스를 제공하였는가에 따라 그리고 언제 어디서 어떻게 제공받았는가에 대해 영향을 많이 받는다. 서비스란 생산과 소비의 동시성이라는 특성 때문에 품질관리에 있어서의 제약을 많이 받는다.

라. 소멸성

서비스는 따로 보관이 불가능하다. 예를 들어 200방이 만실인 호텔에서 2013년 1월 1일에 방이 20방이 남아 180방으로 마감이 되었을 경우 다음 날인 2013년 1월 2일 20방을 더해 220방을 팔 수 없다. 그러므로 서비스 재고가 발생하지 않도록 수요와 수용능력관계 등을 잘 관리해야 한다. 서비스 재고발생의 방지를 위한 노력의 일례로는 No-Show 발생을 방지하기 위하여 하는 오버부킹 등이 있다.

마. 노동집약성

서비스는 인력을 기계가 대체할 수 없으므로 노동력이 많이 필요하고 인건비의 비율이 높은 것이 특징이다.

바. 소비자의 만족이 목표

유형재의 가격은 수요와 관계가 있지만, 기본적으로 생산비에 의해서 결정이 된다. 이에 반해 서비스가격은 구매자의 만족과 효용에 의해 영향을 받는다. 그 만족을 얻기 위해서는 기꺼이 이 정도는 지불해야 한다고 하는 생각이 전제되는 경우가 많다.

사. 서비스의 개성화

그 효용은 수요자가 주관으로 평가하는 경우가 많다. 서비스는 제공된 후에야 그 질을 판단할 수 있으며, 균일화가 힘들다.

아. 소득의 증감에 따라 서비스 수요에 대한 증감의 폭이 심하다.

서비스는 경기 동향에 의해 크게 좌우되는 경향이 심하다. 일반적으로 가계의 소득이 높은 경우에는 서비스에 대한 지출은 비중이 증가하고, 불경기나 소득의 감소에 따라 서비스 지출이 감소하는 경향이 있다.

〈그림 9-2〉 서울 플라자 호텔

1.3 호텔 서비스 품질관리

가. 호텔 서비스 품질

1) 호텔 서비스 품질

서비스 품질은 기술적 품질과 기능적 품질 및 사회적 품질이 있다. 먼저 전자에 속하는 기술적 품질은 직원의 성실한 서비스를 받아서 만족감을 느끼는 것과 같이 대응관계 후에 고객이 느끼는 것을 말하고, 기능적 품질은 고객과의 관계 중에 일어나는 것이며, 사회적 품질은 어떠한 서비스에 대해 사회적 여론이 결정하는 것이다.

서비스 품질을 향상시키기 위한 10가지 원칙으로는 다음과 같은 것이 있다.

① 품질을 추구하는 경영자의 리더십
② 전사적인 조직을 통한 통합 마케팅
③ 목표시장인 고객에 대한 이해
④ 자신의 역할이 다른 구성원에게 어떠한 영향을 주는지를 파악
⑤ 콘셉트의 설정과 같은 운영상의 기본 사항 적용
⑥ 최선의 서비스법을 찾을 수 있도록 직원에 대한 권한 위임
⑦ 고객 데이터베이스와 같은 기술의 채용
⑧ 서비스자세가 되어 있는 인물의 채용과 교육 등의 인적자원관리
⑨ 서비스기준의 설정과 업적평가 및 보상제도의 도입
⑩ 직원에게 고객반응과 같은 서비스의 측정결과를 통보하는 피드백

서비스 질은 고객의 만족과 직결이 되는데, 서비스의 품질 관리를 위해 다음의 3가지 방법이 있다고 주장을 하기도 한다.

첫째, 일선에서 행해지고 있는 서비스수행의 품질의 차이를 없애고 그 수준을 안정시킨다.

둘째, 품질의 절대수준을 계속적으로 향상시켜 경쟁자에게 이길 수 있는 품질 수준을 항상 유지하는 것이다.

셋째, 서비스 하자대책이다. "불평하는 고객이 가장 소중한 고객이다"라는 말이 있다. 그 이유는 서비스의 경우 재화와는 달리 서비스 하자에 대한 요구, 즉 클레임을 파악하기가 힘들기 때문이다. 재화의 경우에는 불만요소가 확실한 물적 증거로 남지만, 서비스의 경우에는 무형성이라는 특성에 의해 물적 증거가 남지 않기 때문이다. 서비스에서는 사소한 클레임일지

라도 무시해서는 안된다. 고객은 서비스가 불만족스러우면 거기에 대해서 뭐라고 말을 하기보다는 "다음에 사용을 하지 않으면 된다" 라고 생각을 하는 경우가 대부분이기 때문이다.

2) 서비스의 표준화와 매뉴얼

서비스 관리는 오늘날 호텔에서 무엇보다도 중요한 사항이라고 할 수 있다. 서비스의 표준화가 이루어진다고 하는 것은 고객이 언제 어느 때든지 그 업장에서는 어떠한 서비스를 받을 수 있을 것이라고 인식한다는 것이다. 업적이 좋은 서비스산업의 공통적인 특징은 표준화의 수준이 높고, 또한 이를 철저하게 유지한다는 것이다.

서비스산업은 그 범위가 호텔뿐만이 아니라 외식 · 백화점 · 금융기관에 이르기까지 광범위하다.

서비스산업은 재화를 생산하는 제조업과는 성격에서 크게 차이가 난다. 재화는 유통과정을 거쳐 고객에게 전달된다. 즉 재화 그 자체가 객관적인 사용가치를 갖는 것이다. 반대로 서비스는 그 특성상 생산과 동시에 소비되며 저장이 불가능하다. 즉 재판매라는 것은 있을 수가 없다. 서비스산업은 자동화로 인해 표준화가 이루어져 있는 제조업과는 달리 인간에 의한 인적 서비스에 의한 의존도가 높다. 이는 서비스산업이 개별적이고 주관적이며 감정적인 면에서 만족을 주는 산업이라는 것을 의미한다.

서비스는 직원의 태도나 능력이 고객에게 미치는 영향이 매우 크다. 부정적인 이미지가 심어질 경우 이는 아주 오랫동안 지속이 된다. 때문에 서비스의 관리와 그 교육은 매우 중요하다.

특히 식음료업 경영은 인적 서비스가 주를 이루는 형태라고 할 수 있다. 고객은 식당에서 요리로써 판단을 할 수도 있지만, 요리가 나오기 전이나 식사가 끝나고 난 후에라도 서비스에 대한 만족과 불만족으로 판단하는 것도 가능하다. 즉, 식음료에 있어서 서비스관리는 무엇보다도 중요하다고 볼 수 있는 것이다. 서비스 질의 향상을 위한 꾸준한 관리와 표준화 및 매뉴얼화는 매우 중요하다.

2. 호텔시장 세분화 및 마케팅 믹스

2.1 호텔시장 세분화

시장의 세분화를 위해 다양한 기준을 이용할 수 있지만, 대개는 목적이나 계기로 세분시장segmented market을 식별하는 경우가 많다. 전체시장을 일정한 기준에 따라 세분한 후 각 세분시장에서 자신의 시장점유율을 유지 · 확대시키기 위한 전략으로서 시장을 세분한 다음 목표시장을 선정하는 것이 일반적이다.

[표 9-1] 호텔시장 세분화의 요인들

구분	내용
인구통계학적 변수	▸ 연령, 소득, 직업, 성별, 교육, 사회계층, 종교, 국적, 이주패턴 등을 기준으로 세분화 ▸ 특징 : 여러 변수가 고객의 상품욕구 · 구매행동 등의 인구통계학적 변수들과 높은 연관성을 나타내고, 측정이 용이함
지리적 변수	▸ 지역, 기후, 자연자원, 인구밀도, 도시규모, 하위 문화적 가치관 등을 기준으로 특정 상품의 시장을 세분화
심리 형태적 변수	▸ 사회계층, Lifestyle, 개성 등을 중심으로 시장을 세분화 ▸ 독립적으로 사용되거나 다른 세분화변수 척도와 결합되어 사용
여행목적별 세분화	▸ 여행자를 업무, 관광, 휴양, 신혼여행, 회의 참가 등 여행목적별로 시장을 세분화
행위적 변수	▸ 소비자가 특정 상품이나 서비스에 대해 어떻게 행동하는가를 바탕으로 세분화 ▸ 상품의 사용률, 사용여부, 사용양상, 편익, 충성도, 태도 등을 변수로 사용
편익적 세분화	▸ 고객이 상품으로부터 얻고자 하는 편익을 기준으로 시장을 세분화

다음은 시장세분화의 기본적인 목표이다.

① 동일한 사람이라도 여러 목표시장의 고객이 될 수 있다는 점을 잘 인식하고

있어야 한다.

② 실제적이며 존립 가능한 목표시장의 욕구를 파악해서 적절한 시장에 알맞은 가격으로 양질의 제품 · 서비스를 제공해야 한다.

③ 고객의 구매 시기를 잘 파악해서 세분시장을 구성해야 한다.

2.2 목표시장의 설정

시장세분화를 실시한 다음 세분시장별로 기회opportunity와 위협threat을 파악하여 구체적으로 어떤 세분시장이 기업이 충족시키고자 하는 표적 내지 목표시장으로 적합할 것인지를 결정해야 하는데 이를 '표적화전략'이라고 한다. 즉 표적화전략이란 '시장세분화를 통해 확인된 여러 세분시장들을 평가하여 어떤 세분시장을 목표로 할 것인가를 결정하는 과정'인 것이다. 마케팅 관리자가 세분시장을 평가하기 위해서는 세분시장의 규모가 개척하기 적당한 규모인지를 파악해야 하고, 특정 세분시장이 기업의 장기적 목표와 부합되는지를 검토해야 한다.

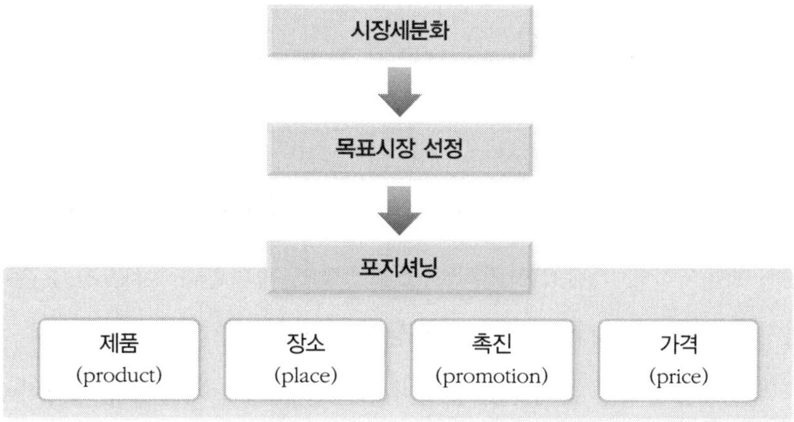

〈그림 9-3〉 목표시장의 설정

2.3 포지셔닝

가. 포지셔닝 전략

포지셔닝positioning은 목표시장 내의 고객들 심중에 특정한 위치를 차지하도록 하는 상품과 서비스 및 마케팅 믹스의 개발을 말한다. 이는 마케팅 관리자가 적절한 상품 · 서비스를 제공함으로써 고유의 이미지를 창조하고, 이러한 이미지에 조화되는 방식으로 현재 및 잠재 고객들에게 의사소통하는 노력을 포함하는 것이다. 따라서 포지셔닝 전략은 특정 지역이나 속성에 있어 경쟁업자에 비해 차별적 우위를 구축하려는 것이며, 선정된 고객집단의 특정 욕구에 대응시키려는 활동이다.

나. 포지셔닝의 유형

1) 객관적 포지셔닝Objective Positioning

상품이나 서비스의 물리적이고 객관적 속성들과 관련된 측면을 반영하여 서비스의 이미지를 창조하는 것이다.

2) 주관적 포지셔닝Subjective Positioning

상표정위화라고도 하며, 상품이나 상표의 주관적 속성과 관련된 것으로 소비자의 정신지각에 속하는 인지된 이미지perceived image를 의미한다. 이런 지각 결과 나타난 이미지는 상품의 물리적 특성의 실제 상태를 반드시 반영하지는 않는다. 이것은 단지 고객의 마음속에만 존재하는 것이어서 이런 특성의 지각이나 이미지에 대해 많은 사람들이 동의하지 않을 수도 있다.

3) 시장정위화의 조건

시장정위화는 소비자들이 스스로 그들의 심중에 제공물에 대한 상대적 위치를 결정한다는 사실에 근거하므로 정위화전략에 있어서도 이러한 지식이 궁극적인 판단의 기초가 되어야 한다. 정위화전략의 목적은 고객으로 하여금 기업의 특정 상품이나 서비스 마케팅에 대해 기업이 원하는 방식으로 반응하도록 하려는 것이므로 다음과 같은 정보를 얻기 위해 마케팅 조사가 필요하다.

① 목표시장에 있어서 고객의 욕구와 그들이 추구하는 편익에 관한 정보
② 기업의 강점과 약점에 관한 지식
③ 경쟁업자의 강점과 약점에 관한 지식
④ 고객이 경쟁업자에 비해 해당기업을 어떻게 지각하고 있는지에 관한 정보

2.4 호텔 마케팅 믹스의 구성요소

호텔 마케팅은 좋은 호텔 상품을 개발하고, 그것을 고객이 원하는 가격으로 판매하는 것이다. 호텔은 자사의 상품이나 서비스가 다른 경쟁호텔의 상품이나 서비스보다 더 가치가 있다는 것을 현재 고객과 잠재 고객들에게 알려야 한다.

마케팅믹스 7P's, 즉 상품Product, 가격Price, 유통Place, 촉진Promotion, 사람People, 물리적 증거Physical of evidence, 과정Process을 사용하여 마케팅 전략을 수립한다.

가. 상품

상품Product이란 기능적 · 사회적 · 심리적 효용이나 편익을 포함하는 유 · 무형적 속성의 결합체로서 아이디어 · 서비스 · 재화 그리고 이 3가지의 혼합물을 포괄하는 개념이다. 상품은 고객에게 가치를 제공하는 사물이나 과정 모두를 포함하고, 재화와 서비스는 재화와 서비스 유형의 하위상품 범주를 의미한다. 여기에서 문제가 되는 것은 고객이 구매하는 실체가 무엇인가 하는 것인데, 고객은 상품 그 자체를 구매하는 것이 아니라 특정 상품이 제공하는 편익이나 가치를 구매하는 것이다.

상품 믹스는 서비스의 무형성으로 인한 높은 고객위험성을 감소시키며, 서비스의 내용을 알 수 있는 마케팅 수단을 포함해야 한다. 즉, 호텔 마케팅 관리자는 시장에 좋은 상품을 제공하기 위해 서비스의 특성에 따른 요인들을 고려해야 하는데, 이 중에서 특히 무형성에 따른 요인에 초점을 두어야 한다. 즉 서비스 구매자들은 과거의 경험, 사용료, 명성, 상표, 촉진, 캠페인 등에 근거를 두고 의사결정을 하게 되므로 호텔은 서비스 자체를 판촉의 대상으로 하기보다는 서비스로 얻게 되는 홍보 및 정보를 중점으로 판매촉진활동을 하는 것이 좋다.

나. 가격

자신의 필요와 욕구의 충족을 위해 상품을 구입할 때 고객은 그에 상응하는 대가를 지불하게 되는데, 이러한 금전적인 대가가 곧 호텔이 제시한 가격Price이 된다. 따라서 가격은 시장에서의 상품의 교환가치로 볼 수 있으며, 보다 구체적으로는 구매자들이 특정 상품을 구매함으로써 얻게 되는 효용에 부여된 가치라 할 수 있다.

서비스산업에서는 이러한 가격이라는 명칭을 가격 이외에 다양한 형태로 부르며예 : 임대료 · 이자 · 요금 · 비용 · 임금 · 등록금 등, 명칭의 다양성만큼 서비스를 둘러싼 가격결정 문제는 다양하고 복잡하다고 할 수 있다. 호텔 서비스의 가격은 어떤 명칭으로 불려지든 간에 가격은 서비스의 가치를 나타내고 있으며, 고객들은 가격을 통해 서비스의 가치를 판단하게 된다. 특히 고객이 자신에게 제공되는 호텔 서비스의 품질과 내용을 정확히 모를 때 가격은 서비스의 가치를 나타내는 지표로 활용된다.

가격결정은 그 상품의 효용에 대한 고객의 주관적 평가가 절대적인 영향을 미칠 수 있으므로 더욱 중요하며, 가격의 일반적인 중요성은 다음과 같다.

① 고객들은 호텔을 선택할 때 일반 상품을 고를 때보다 품질의 척도로서 가격에 더욱 많이 의존하게 된다.
② 서비스는 일반 상품보다 비교적 가격차별화가 용이하며, 가격차별화를 통

해 이익을 올릴 수 있는 가능성이 일반상품보다 크다.

호텔의 기본적인 가격결정은 상품생산과 같이 원가계산을 통한 가격결정이 일반적으로 채택되나 대부분의 서비스는 노동집약적인 특성이 있어 이에 소요되는 노무비와 자본비용을 기준으로 결정되며 수요와 공급에 의하여 가격이 영향을 받기도 한다. 따라서 호텔의 입장에서 볼 때 가격 믹스는 조직체로 하여금 수익을 창출하게 한다는 점에서 마케팅 믹스의 중추적 요인으로 간주된다.

다. 유통

호텔은 효과적인 서비스를 전달할 시스템을 구축해야 한다. 호텔 서비스의 유통Place경로는 고객들이 원하는 시기에 편리한 장소에서 서비스를 받도록 하기 위해서 설계되고 수립된 것을 말한다. 이것을 서비스 유통의 이용가능성과 접근가능성이라고 하는데, 이용가능성은 고객이 서비스를 필요로 할 때 이용할 수 있게 설계한 것을 말하고, 접근가능성이란 호텔을 이용하는 고객이 거래를 수행하기에 편리하도록 한 것을 의미한다.

유통 믹스에서 유통경로의 선택은 유통정책에 있어서 중요한 사항으로 생산자에서 소비자인 고객에게 직접 유통시킬 것인가, 아니면 도매업자나 소매업자 등의 유통업자를 선정하여 여러 단계를 거치도록 할 것인가를 결정해야 한다.

라. 촉진

촉진Promotion은 고객들에게 자사의 상품을 알리고 고객들이 자사의 상품을 선택하게 하려는 마케팅 커뮤니케이션이라고 정의할 수 있다. 일반적으로 촉진의 목적은 정보를 제공하고, 호의적인 태도를 갖도록 설득하며, 최종적으로 소비자행동에 영향을 주어 구매를 이끌어 내는 것이다.

촉진 믹스는 고객들에게 어떤 서비스나 상품이 어디에서 팔리고 있는지 알리고, 다른 서비스와 비교하여 장점을 인식시키며, 궁극적으로 기존의 구매성향을 바꾸거나 새로운 서비스를 사용하게 하는 것이다. 즉 호텔의 상품이나 서비스를 주어진 가격에 구매하거나 구매를 계속하도록 유도할 목적으로 해당 상품이나 서비스의 효능에 대해서 실제 및 잠재 고객을 대상으로 정보를 제공하거나 설득하는 일체의 마케팅 노력을 말한다.

또한 호텔의 촉진은 서비스가 제공됨으로써 얻게 되는 효용을 중심적으로 인적 판매, 광고, 간접적 촉진활동 등을 광범위하게 활용해야 한다. 서비스의 촉진은 일반상품과는 달리 서비스를 제공하는 직원의 역할, 즉 인적 판매에 중점을 두어야 한다. 왜냐하면 서비스 속성상 생산과 소비가 동시에 이루어지게 되므로 서비스를 제공하는 판매원은 서비스를 생산하는 것과 동시에, 인적 판매활동을 수행하고 있다고 볼 수 있기 때문이다. 즉 서비스는 무형이기 때문에 무엇보다도 좋은 명성을 얻는 것이 중요하다.

마. 사람

인적이란 사람People을 의미하고, 서비스 전달과정에서 일정한 역할을 함으로써 구매자의 지각에 영향을 주는 모든 행위자를 말한다. 즉 직원, 고객, 서비스 환경 내의 다른 고객들이다. 사실상 컨설팅 · 상담 · 교육 등의 전문적 관계에 기반을 둔 서비스에서는 제공자 자체가 서비스이다. 또한 작은 역할을 하는 것처럼 보이는 항공 수하물 운반자나 전화설치 기술들 역시 서비스 접점에서는 결정적 역할을 수행하게 된다.

서비스를 주된 업으로 하는 호텔에서는 모든 직원이 사실상 마케팅 활동을 수행하고 있는데, 이는 고객들이 인지하는 서비스는 통합적이기 때문이다. 다시 말해서 호텔을 찾거나 서비스를 이용하는 고객들은 이들 구성원 모두의 행동을 하나의 서비스로 생각하여 서비스 품질을 평가하기 때문에 인적 서비스는 호텔에 있어서 성공하기 위한 하나의 중요한 요소가 되는 것이다.

그리고 호텔은 고객과 빈번한 접촉을 하게 되므로 호텔 마케터들은 일반적으로 인식되고 있는 상품 마케팅에서의 교환과정뿐만 아니라 고객과 직원의 상호작용과정 또한 간과해서는 안 된다.

바. 물리적 증거

물리적 증거Physical Evidence는 호텔 서비스가 전달되고 호텔과 고객이 접촉하는 환경을 말한다. 즉, 서비스 성과나 커뮤니케이션을 용이하게 해주는 유형적 요소이다. 예를 들어 팸플릿 · 명함 · 간편 설비 등의 모든 요소를 말한다. 이러한 물리적 증거는 고객에게 호텔의 이미지에 대한 일관성과 강한 메시지를 제공한다. 이것은 호텔의 목적이나 의도된 시장세분화 · 서비스 속성 등에 따라 다른 기준을 제시한다.

이러한 물리적 증거가 호텔 마케팅 믹스에서 중요한 위치를 차지하는데, 그 이유는 서비스 생산에는 반드시 필요한 장비나 기구가 있기 마련이며, 고객들은 이러한 물리적 증거물을 보거나 이용하여 서비스를 구매하기 때문이다. 즉 고객들이 호텔에서 서비스의 일부로서 구입하는 것은 설비나 집기 혹은 비품이나 인테리어 그 자체가 아니라 그것이 수행하는 기능과 함께 그 모두가 일체화되어 빚어내는 느낌과 무드, 그리고 분위기인 것이다.

사. 과정

과정Process은 서비스전달이나 운영 시스템, 즉 서비스가 실제로 수행되는 절차나 활동의 메커니즘과 흐름을 말한다. 고객이 경험하게 되는 서비스 전달과정에서 고객은 서비스를 평가하게 된다. 어떤 서비스의 경우 고객들이 서비스 과정을 수행하는 데 있어서 복잡하고 광범위한 참여를 하도록 요구하기도 하는데, 고객에게 증거를 제공하는 과정상의 특성은 상품의 표준화 · 개별화 여부이며, 이러한 특성이 또 다른 서비스평가의 주요 관건이 된다.

이와 같이 호텔에서 주요한 마케팅 믹스의 하나인 물증 믹스의 활용을 극대화하기 위해서는 마케팅 전략에서 다양한 설계기법을 활용하여 호텔이 원하는 수준의 고객의 태도와 행위를 산출할 수 있는 능력을 증가시켜야 한다.

[표 9-2] 마케팅 믹스 7P

구분				
상품	▪ 품질 ▪ 촉진제 ▪ 물리적 환경	▪ 상표명 ▪ 유형적 단서 ▪ 서비스 인도과정	▪ 서비스계열 ▪ 가격	▪ 보증능력 ▪ 종사자
가격	▪ 공제수준 ▪ 품질 · 가격	▪ 할인 ▪ 상호작용	▪ 지불조건 ▪ 차별화	▪ 고객의 인지가치
유통	▪ 입지접근성	▪ 유통경로	▪ 유통범위	
촉진	▪ 광고 인적 판매 ▪ 유형적 단서	▪ 홍보종사자 ▪ 서비스 인도과정	▪ 물리적 환경	▪ 촉진제
사람	▪ 종사자 : 훈련 ▪ 용모 ▪ 고객접객도	▪ 분별력 ▪ 대인적 행동	▪ 업무수행 ▪ 태도	▪ 보상 ▪ 행동개입 정도
물리적 증거	▪ 환경 : 비품 ▪ 촉진제	▪ 색상 ▪ 유형적	▪ 배치 ▪ 단서	▪ 소음도
과정	▪ 정책절차 ▪ 고객의 지시	▪ 제도적 장치 ▪ 활동의 흐름	▪ 종사자분별력	▪ 고객 개입

3. 호텔 마케팅의 실제

3.1 내부 마케팅

가. 내부 마케팅의 정의

내부 마케팅internal marketing이란 직원을 대상으로 한 내부지향적 마케팅 활동이다. 종래의 마케팅은 경영자나 마케팅 관리자들의 외부 시장에 대한 여러 활동으로 나타났으며, 마케팅 조사를 비롯하여 마케팅 믹스에 의한 포지셔닝 전략은 모두 외부 고객에 초점을 맞추어 왔다. 그러나 내부 마케팅은 마케팅의 중심적 개념인 고객지향은 기업 내부의 고객이 대상이고, 그들 내부 고객을 동기부여하기 위하여 계획 · 실시되어진다.

서비스업에서 경영자는 직원의 태도가 고객에게 긍정적으로 인식되기를 기대한다면 고객과 직원에게 긍정적인 면을 가져야 한다. 내부 마케팅은 기업의 마케팅 부서뿐 아니라 모든 부서의 업무기능이 고객지향적이고 통합적으로 업무를 수행해야 한다는 것을 의미한다. 그러므로 내부 마케팅은 외부시장 이전에 내부시장으로서 직원역할의 중요성을 강조하는 경영이념이다. 최고 경영자나 관리자들은 현장직원을 제1차 고객으로 인식하고 그들에게 포지셔닝 전략을 수립해야 한다.

내부 마케팅의 특성은 태도 관리와 커뮤니케이션 관리의 양 측면이 함께 필요하기 때문에 내부 고객과 외부 고객에 대해 좋은 서비스를 제공하는 것은 물론, 기업문화인 기업 내 서비스 문화의 개발이 중요하다. 따라서 다음과 같은 점을 주목해야 한다.

첫째, 일단 서비스 문화가 확립되면 거국적으로 이를 유지해야만 한다. 그렇지 않으면 직원의 태도나 기업 내 규범이 쉽게 이전의 사고방식으로 돌아가게 되어 다시 기술적 효율성이 주된 원칙이 된다.

둘째, 내부 마케팅은 고객과의 접점에 있는 직원에게 새로운 서비스 마케팅활동에 대한 범위와 전략 등 올바른 서비스 활동을 수행할 수 있도록 충분히 이해시키는 교육의 과정이다.

내부 마케팅의 목적은 현장의 직원에게 충분하게 동기를 부여시키고 고객지향적인 접객요원으로 개발하는 데 있다. 이러한 목적을 달성하기 위하여 인사 부서를 포함한 지원 부서 · 영업 부서 등 여러 부문 관계를 마케팅 부서에서 고객지향적인 기능의 입장에서 가장 효율적으로 조정하여 경영자는 물론, 접객요원 상호 간에 세일즈 마인드가 형성되도록 기업의 내부환경을 구축해야 한다.

서비스기업에서의 내부 마케팅은 내부 고객인 직원의 태도를 향상시킴으로써 직원의 욕구충족을 통한 서비스의 품질을 높은 수준으로 유지하여 기업의 목표를 달성하고자 하는 것이다.

나. 내부 마케팅의 실행요소

내부 마케팅은 욕구를 만족시키는 직무제품을 통해 우수한 직원을 모집하고 개발하여 동기를 부여하고 유지시키는 것이다. 즉 내부 마케팅은 직원을 고객으로 대우함을 철학으로 삼고 있다.

기업의 내부 마케팅을 위한 실행요소는 다음과 같이 제시될 수 있다.

① 적성에 맞고 재능을 갖춘 직원을 채용하는 것이다. 서비스를 실행하는 최고의 사람을 고용하는 것은 서비스 마케팅의 핵심요인으로 제공하는 서비스에 적합한 재능이나 적성을 갖춘 직원을 선발 및 모집하는 것이 무엇보다도 중요하다.

② 내부 마케팅의 실행에서 직원들이 그들의 직장에 목적과 의미를 부여할 수

있도록 비전을 제공해 준다.

③ 서비스 역할을 훌륭하게 수행하는 데 필요한 기술과 실력을 갖추도록 교육한다.

④ 팀플레이를 훈련시키고 성공의 결과를 함께 누릴 수 있도록 이익을 구체적으로 분배한다.

⑤ 표준화된 작업 매뉴얼을 효과적으로 수행하기 위해 일정한 자유재량권empowerment을 부여해 준다.

⑥ 평가에 따른 적절한 보상이 주어지도록 함으로써 긍정적인 작업능력을 강화시켜 나간다.

그러므로 내부 마케팅은 고객을 대하는 직원들의 교육수준과 급여수준에 따라 직무의 동기수준과 직무만족 여부 및 이직률 등에 영향을 미치고, 결과적으로 고객들의 만족과 불만족 수준을 결정하게 된다. 이와 같이 고객만족이라는 서비스조직의 경영목표를 달성하기 위해서는 내부 마케팅 활동이 선행되어야 하며, 그 실행요소로는 선발 · 교육훈련 · 보상 · 동기부여 등의 요인이 필요하다.

다. 내부 마케팅 활동

서비스기업에서 서비스를 담당하는 사람의 태도와 행동은 고객만족에 가장 큰 영향을 주게 된다고 할 수 있다. 경영자가 아무리 고객지향적인 마케팅 전략을 계획한다 해도 이를 수행하는 대고객 서비스요원의 협력이 없다면 그 전략은 무의미한 것이 되고 만다. 동기부여되고 고객지향적으로 개발된 만족한 종사원의 서비스가 고객만족을 낳고, 그것이 궁극적으로 서비스기업을 성공적으로 이끌 수 있다. 그렇기에 내부 마케팅은 매우 중요하다.

종사원의 만족에 영향을 미치는 요인을 포드Ford 등은 세 가지 차원으로 분류하였다. 첫째, 직무환경차원으로 직무 자체와 동료 · 관리 감독자 · 최고 경영자의 자세 등을 나열하였고 둘째, 보상차원으로 급여와 복리후생 및 승진 그리고 교육훈련 등을 셋째, 소비자차원으로 고객 유형이라 구분하였다.

종사원의 고객지향적 사고란 지속적으로 고객을 위해 보다 나은 가치를 창조할 수 있도록 표적고객을 충분히 이해하는 것으로, 고객을 위하고 고객에게 양질의 서비스를 제공하려는 행동이나 마음가짐이라 할 수 있다. 호텔의 효율적인 종사원관리는 그들에 대한 동기부여의 관점에서 시작된다고 볼 수 있는데, 무엇보다 종사원들의 욕구와 문제점을 파악하여 그에 대한 전략이나 원활한 의사소통의 환경이 조성되도록 배려하는 것이 필요하다.

따라서 기업 내부의 종사원을 동기부여시키고 고객지향적으로 개발하기 위하여 실시하는 내부 마케팅은 내부 고객의 만족을 창출할 수 있으며, 그 결과 외부 고객의 욕구를 충족시켜 진정한 고객만족경영을 실현할 수 있는 것이다. 이러한 내부 마케팅과 관련된 활동은 다음과 같다.

1) 종사원 조사

외부 마케팅에서는 외부 시장의 외부 고객에 대해서 시장조사를 실시하는 데 반하여, 내부 마케팅에서는 내부 시장의 종사원을 대상으로 직무나 정책 및 기타 노동조건에 대한 만족도 조사를 실시하고 제반정보의 분석을 통하여 내부 시장에 대한 개선책을 고려한다. 또한 이러한 조사를 통하여 개개 종사원의 개성 및 욕구나 직무수행상의 제안 등에 적합한 전략이 수립된다.

종사원 조사는 신중하게 조사되어야 하고, 조사의 결과는 쉽게 요약될 수 없으며, 이의 분석을 위해서는 많은 시간이 필요하다. 이러한 기본적인 조사 후에 그에 따른 종사원들을 위한 전략을 수립할 수 있다.

2) 시장세분화 전략

오늘날의 기업은 대량생산체계에 의한 대중 마케팅만으로는 소비자의 각 세부집단에 따라 독특하게 갖는 고유의 욕구를 만족시킬 수가 없다. 나날이 경쟁이 심화되는 현실에서 기업이 경쟁에서 살아남고 성장하기 위하여 시장에서 차별적 경쟁우위를 추구함은 당연한 결과라 할 수 있다.

경쟁우위를 추구하기 위한 방법으로 기업은 전체시장을 서로 비슷한 욕구를 가진 소비자들로 이루어진 각각의 세부시장으로 분할하고, 대중 마케팅으로 만족되지 않은 각 세부집단들의 다양한 욕구를 충족시키고자 한다. 그러나 대부분의 기업들은 자원과 기술 및 경영능력에서 한계를 갖고 있으므로 다양하고 끊임없이 변화하는 개개인의 욕구를 모두 만족시키고 전체시장에서 경쟁자들로부터 경쟁우위를 지킬 수는 없다. 따라서 어느 기업이든 자사의 능력을 고려하여 적절한 수의 세분시장을 선택하고 자사의 모든 능력을 그 시장에 집중하게 된다.

시장세분화란 한 기업이 일정한 기준에 따라서 시장을 몇 개의 동질적인 집단으로 나누는 것으로, 현대 마케팅의 가장 기본적인 개념이며, 마케팅의 철학을 실현하기 위한 중요한 수단이라 할 수 있다. 기업은 시장세분화를 통하여 고객의 욕구를 정확히 충족시킬 수 있으며, 이로 인해 회사나 상표에 대한 충성심을 높일 수 있고, 경쟁사에 비해 경쟁우위를 확보할 수 있다.

이러한 시장세분화의 개념을 내부 고객에게 적용하여 시장세분화의 효과를 얻고자 하는 것이 바로 내부 시장의 종사원을 대상으로 하는 시장세분화 전략이다. 즉 종사원의 세분화는 대상 종사원의 이질성을 분석하여 비교적 동질적인 하위시장submarket을 파악하고 하위시장별로 차별적인 내부지향적 정책을 제공하여 종사원의 효용을 극대화하려는 것이다. 기업이 전체 종사원을 대상으로 하나의 내부지향적 정책을 제공할 때 전체 종사원들이 느끼는 효용치와 종사원을 세분화하여 집단별로 서로 다른 형태의 내부지향적 정책을 제공할 때의 효용치는 다를 것이다.

특히 종사원의 효용변화에 따른 성과변화는 일반 제조기업보다 종사원과 고객이 직접 접촉을 통해 기업의 성과를 향상시킬 수 있는 서비스 분야에서 더 높게 나타나기 때문에 서비스기업에서 이와 같은 종사원의 효용증대를 통한 고객지향적 사고의 확립에 대한 필요성은 더 높다고 볼 수 있다. 구체적으로 보면, 내부 시장의 종사원들은 개인적 희망 및 개인의 라이프 스타일에 따라 직무환경에 대한 욕구가 다양하다. 따라서 종사원들의 개인적인 성향 · 욕구 · 희망 · 직무환경 등을 세분하여 그에 맞는 적절한 정책을 계획하고 제공하는 것이 중요한 점으로 부각된다.

내부 시장의 시장세분화 전략으로 베리Berry는 연동근무 방식과 카페테리아 혜택방식이 유용하다고 보고 있다.

연동근무flexible time 방식은 출퇴근시간에 대해 종사원에게 선택의 폭을 제공하는 제도로, 예를 들면 전원이 회사에 출근하는 시간대와 종사원 각 개인이 자유롭게 선택할 수 있는 시간대를 설정하여 종사원에게 자주적으로 시간 관리를 할 수 있게 하는 제도이다. 이 방식의 도입은 종사원과 최종 고객 간의 접촉상의 편의를 증대시키고 종사원의 자주적 행동계획의 설계를 가능하게 하기 때문에 직무상의 충실감을 창출하는 효과가 있다. 게다가 이 방식은 종사원의 전 생활시간을 합리화하고, 자기계발에의 의욕을 자극하며, 또한 개인으로서의 생활설계에도 도움이 된다.

카페테리아 혜택cafeteria benefit 방식은 서비스기업이 제공하는 몇 개의 복리후생계획 가운데서 각 종사원이 희망대로 그 몇 개를 배합해서 선택할 수 있도록 하는 제도로, 이로 인해 종사원의 욕구를 충족시킬 수 있는 직무환경을 조성할 수 있다.

이 두 가지 방식은 종사원의 업무에 대한 만족도 및 생산성의 증가를 가져다 줄 수 있으며, 근무시간 엄수, 문제해결, 근무시간 내의 개인적 용무의 감소, 상습적 결근과 전직의 감소 등으로 기업 측과 종사원 모두에게 이득을 줄 수 있다. 종사원 측의 이익으로는 가족활동을 위한 시간의 증대와 업무에 대한 만족도 증가 등 개인생활의 안정과 충실을 통한 물심양면으로 여유 있는 생활을 갖게 되는 점이다. 이 두 가지 방식은 종사원을 동질의 욕구를 갖는 집단으로 보는 것이 아니라 세분화를 이용하여 대처하여야 하는 '내부 시장'으로서 파악하여야 한다는 발상에 기초를 둔 제도라 할 수 있다.

3) 동기부여

기업 내부의 종사원에 대한 동기부여의 개념은 경영학에 있어 전혀 새로운 것은 아니다. 전부터 인사 및 노무 관리, 조직론 및 생산계획 등 여러 방면에서 직무

로테이션, 자기관리 그룹, 캐리어 프로그래밍 등에 걸쳐 종사원의 동기부여이론이 다수 소개되어 왔다.

그러나 이러한 이론들은 그 배경이 제조업 생산과정에서의 원가절감 및 효율성 향상에 기초를 두고 있고, 대부분 생산 관리적 접근에 의거하여 전개되어 왔기 때문에, 그러한 의미에서 진정한 고객의식으로부터 발생한 동기는 아니었다. 때문에 종래의 동기부여이론에 결여되어 있던 새로운 연구의 도입이 필요하게 되었으며, 이것이 내부 마케팅에서 다루어야 할 과제의 한 부분이 된다. 그것은 유능한 인간을 채용 · 관리하는 것에서부터 그들이 최고의 직무를 수행할 때까지 업무나 인사와의 관련성을 통합한 관리방법으로 조정 · 실시해야만 한다.

관광기업에서 효과적인 고객만족을 얻기 위해 종사원들에게 먼저 취해져야 할 조치는 무엇보다 종사원들을 대상으로 하는 동기부여이다. 이는 종사원이 고객에게 현명한 대응을 하기 위해 중요한 문제라고 할 수 있다. 그로 인해 기업의 전반적인 분위기가 활력 있고 무슨 일이든 자발적으로 해결하려는 적극성을 띠게 된다. 이러한 동기부여는 종사원들에게 실시하는 교육이나 커뮤니케이션에 앞서 실시해야 하는데, 이는 동기부여되지 않은 종사원들에게는 어떠한 효율적인 교육이나 회사의 전략도 효과를 거두기 어렵기 때문이다.

동기부여를 실시하기 위해서는 먼저 기업 내의 동기부여 환경을 측정해야 하는데, 그것에는 종사원의 심리사항을 알 수 있는 4가지 중요한 변수가 있다.

첫째는 일의 만족도, 안정성, 급료, 승진기회, 공정한 회사방침 등의 노동의 질이다. 노동의 질이 높을수록 동기부여를 강하게 작용시킬 수 있다.

둘째는 근로의욕이라 볼 수 있는데, 전반적으로 근로의욕이 높을수록 보다 창의적이고 질 높은 서비스를 제공할 수 있다.

셋째는 일반적인 활력수준으로 개인의 건강상태와 심리적인 안정이 중요하다.

넷째는 새로운 가능성과 새로운 방법에 대한 낙관적인 자세이다. 이는 개인의 발전이나 기업의 발전을 위해 유익한 요인이 된다.

경영진은 종사원의 이러한 동기부여 환경을 검토하여 잘못된 점을 인식하고 개선해야 할 필요가 있다.

동기부여의 일환으로 종사원을 위해 도입되는 것은 경력계획career plan이다. 이는 개인의 경력향상이나 승진계획으로, 기업의 관점에서는 귀중한 인재의 활용을 위한 것이라 볼 수 있다. 호텔 및 관광기업에서는 전문적인 종사원을 양성한 후 관리직이나 다른 곳으로의 이동보다는 현장관리를 위해 남아 있을 다수의 인재를 필요로 하기 때문에 종사원을 위한 배려가 필수적이다. 그 단계로서 기업측에게는 종사원 개인의 장래에 관한 장기적 목표설정에 대해 그들의 자주적 의향과 희망이 달성되도록 노력하는 협동적인 자세가 요구되며, 그로 인해 기업 내의 사업개발을 효과적으로 수행하고 뒷받침할 전략에 있어 유능한 인재를 활용할 수 있게 되는 것이다. 이는 결국 기업 자체의 목표설정에 의한 최대한의 효과를 얻기 위해 경영자와 종사원이 일체가 되는 의미라 할 수 있다.

종사원들이 자신의 경력계획을 세울 때는 먼저 자신에 대해 자신의 강점 · 약점을 알고, 자신이 좋아하는 것과 싫어하는 것을 아는 것이 필요하다. 자신을 아는 것은 자신의 발전과 능력발휘를 위해 중요한 첫 번째 요소이다.

동기부여책의 일환으로 기업 내 표창제도 및 명예우대제도 등이 있다. 이는 종

〈그림 9-4〉 직원 동기부여와 팀워크

사원의 자존심을 만족시켜 그 능력을 현장 활성화에 영속적으로 반영시키기 위한 것이라 볼 수 있다. 결국 동기부여 환경이 개선될수록 종사원의 근무의욕이나 서비스의 질도 향상될 것이며, 종사원 자신의 직무에 대한 책임감과 기업의 전략에 대한 적극적인 마음가짐이 나올 수 있는 것이다.

4) 커뮤니케이션

조직 커뮤니케이션은 조직적 기능의 중요한 요소로 인식되어왔다. 로저스와 아가왈라 로저스Rogers and Argawala-Rogers는 커뮤니케이션의 중요성을 다음과 같이 언급하였다. "커뮤니케이션은 조직의 활력소이다. 만일 한 조직에서 커뮤니케이션의 흐름을 제거했더라면 조직이란 것은 있을 수 없었을 것이다. 커뮤니케이션은 조직 내의 모든 활동에 침투하는 것이다."

특히 호텔 · 관광 기업의 종사원들은 고객과의 접촉에 의해 고객에 관한 정보를 수집하는 가장 중요한 원천이 되고 있다. 종사원에 의해 수집된 고객에 관한 정보는 서비스기업에게 두 가지 측면의 의미를 제공한다.

첫째, 고객과 접촉하는 과정에서 얻어진 정보를 통하여 종사원은 자신의 경영 활동에 수행되는 행동을 수정하는 데 도움을 받는다. 즉, 종사원은 고객과 접촉하는 동안 받는 피드백feed back으로 그때그때 자신의 잘못된 행동을 수정하게 된다.

둘째, 고객들로부터 수집된 정보가 기업의 의사결정에 활용된다는 것이다. 종사원들은 고객들과의 빈번한 접촉으로 고객의 욕구와 문제점을 더 잘 이해할 수 있기 때문에 이들 정보를 바탕으로 기업은 효율적인 의사결정을 할 수 있다. 이러한 관점에서 현장종사원과 관리자 간의 원활한 의사소통이 중요하다 할 수 있다. 종사원과 고객과의 올바른 커뮤니케이션의 확립은 고객만족도에 큰 영향을 미치게 되고, 종사원의 인간적인 커뮤니케이션 태도는 고객에게 서비스의 중요 부분을 차지하게 된다. 몇몇 서비스기업의 경영자는 인적 커뮤니케이션에 있어 성공적인 제도를 개발시켜 왔는데, 내부적 정보의 교환과 태도 변화의 영향으로 인해 기업들은 외부의 관심을 집중시키고 효율성을 증진시켜 그에 따라 고객을 많이 확보할 수 있고, 비용을 절감할 수 있게 된다.

호텔 · 관광 기업에서 인적 커뮤니케이션 제도의 효율성 측정을 위한 궁극적인 요소는 고객이라 할 수 있는데, 그 고객들은 사람에 의해 서비스를 제공받는다. 결국 고객과 함께 하는 커뮤니케이션의 질은 고객과 접촉하는 정보의 양과 제공하는 사람의 역할에 따라 달라지게 된다.

이와 같은 커뮤니케이션을 위해 먼저 실행되어야 하는 것이 종사원과 관리자 간의 커뮤니케이션 확립이라 할 수 있다. 종사원은 고객에게 정보를 알리기 전에 그 서비스 상품에 대해 먼저 인식하고 이해하여야 한다. 이를 위해서 관리자는 종사원과 충분히 의견을 교환하여 종사원을 서비스기업의 전술에 참가시키고, 종사원 자신이 스스로 전술의 실현을 위해 노력하도록 만드는 것이 중요하다.

커뮤니케이션 전략에서는 이러한 관계가 인식되어야 하고, 고객을 위해 의도된

〈그림 9-5〉 커뮤니케이션과 호스피탈리티

역할들이 경영과 종사원 만족, 그리고 종사원 역할과 고객 간의 내부적 커뮤니케이션의 원인과 결과가 일관되어야만 한다. 또한 외부를 향한 광고 및 커뮤니케이션 전략도 내부 마케팅에서는 종사원에게 직무를 판매하는 중요한 수단이 된다. 이것은 또한 사내보와 혼합되어 종사원의 동기부여 · 교육 및 기업의 의사전달을 위한 수단이 될 수 있다.

5) 보상제도

종사원은 자신이 수행한 작업의 성과효율성에 대해 알아야 하며, 성과에 대한 피드백을 받을 수 있어야 한다. 내부 마케팅 프로그램에는 서비스표준service standard과 그 표준에의 도달 정도를 측정할 수 있는 수단이 포함되어 있다. 만일 종사원을 고객지향적으로 개발하려 한다면, 그들의 성과를 파악하여 노력에 대한 보상을 해주어야 한다.

보상이란 기업과 종사원 간의 교환과정에서 종사원이 기업에게 자신의 노동력을 제공하고 그에 대한 대가로 받게 되는 임금 · 상여금 · 복리후생 등을 모두 포함하는 포괄적인 개념으로, 기업이 얼마나 우수한 종사원을 확보 · 유지하고 생산적으로 활용하느냐는 적절한 보상수준, 공정한 보상구조, 동기유발적 보상지급, 균형 있는 보상체계의 확립에 달려 있다.

사회심리학이나 조직행위에 관한 연구들은 특정 형태의 보상에 대한 선호에 영향을 미치는 개인적 성향의 중요성을 강조하였다. 이러한 연구들은 업무를 수행하는 종사원들은 각기 서로 다른 성향을 지니고 있기 때문에 자신의 업무로부터 서로 다른 보상을 기대한다. 다시 말해 내재적으로 동기가 부여되는 사람은 업무 자체에서 기인하는 보상을 추구하는 반면, 외재적인 동기가 강한 사람은 자신의 업무를 다른 목적을 달성하기 위한 하나의 수단으로 인식하게 된다. 이러한 성향의 차이는 종사원들이 추구하는 보상의 형태에도 영향을 미친다.

기업이 종사원에게 제공하는 보상은 내재적 보상Intrinsic Reward과 외재적 보상extrinsic reward이라는 두 가지 유형으로 분류할 수 있다. 내재적 보상은 스스로 부여하는 보상으로 인정과 평가가 이에 포함되며, 외재적 보상은 업무를 둘러싼 환경에 연유한 것으로 재정적 보상과 부수적인 혜택, 이익분배, 경력 · 승진, 배상 등이 포함된다. 이러한 내재적 보상과 외재적 보상의 상호작용은 종사원의 성과에 영향을 미치게 된다. 이렇게 보상 형태를 분류하는 이유는 보상 형태에 따라 통제의 정도를 달리할 수 있고, 개인의 특성에 따라 정책을 구체화할 수 있으며, 보상의 형태에 따라 역할이 다르기 때문이다.

기업에 있어서 보상 시스템이 중요한 문제가 되는 이유는 첫째, 사람들이 직업을 갖는 이유가 다양해지고 둘째, 직무에 대한 금전적 보상이 더 이상 개인이 추구하는 유일한 보상이 되지 못하기 때문이며 셋째, 과거에 비해 개인의 특성이 변화하여 기업이 제공하는 보상에 대해 추구하는 욕구가 변화하였다. 따라서 이러한 변화를 따르기 위해서는 기업의 보상 시스템을 구체적인 개인의 욕구에 맞추어야 한다.

또한 보상은 종사원에 대한 기업의 투자로서의 가치를 갖는다. 종사원은 주어진 직무를 수행하고 성과를 달성하는 과정에서 자기의 기술과 능력을 개발해 나간다. 따라서 보상은 개인의 노력에 대한 대가일 뿐 아니라, 인적자원의 개발을 위한 투자라고 할 수 있다. 가장 실질적인 측면에서 보상은 종사원의 만족감에 많은 영향을 미치고, 나아가서는 종사원의 성과에도 크게 작용한다. 그러므로 종사원에게 제공하는 기업의 보상정책은 대부분의 기업에서 해결해야 할 중요한 과제 중의 하나이다. 호텔 · 관광 기업의 보상정책은 종사원 개인에게는 경제적 생계의 원천이 되고, 인적자원의 개발에 대한 투자 및 종사원의 만족과 성과에 영향을 미치는 중요한 요인으로 작용한다고 볼 수 있다. 이러한 보상 정책은 보상요인에 대한 개인적 욕구와 기업이 제공하는 구체적 보상 형태를 적절히 결합함으로 해서 보상정책에 대한 종사원의 효용을 극대화할 수 있으며, 결국에는 고객지향적 사고를 확립할 수 있다.

6) 교육훈련

종사원에 대한 교육훈련은 내부 마케팅에 있어 커뮤니케이션 관리 측면의 중요한 수단으로 볼 수 있으며, 태도관리의 일부분을 구성한다. 호텔 · 관광 기업에서 종사원의 서비스를 개선하기 위한 첩경은 교육훈련에 있으며, 서비스의 개선은 고객의 증대로 직결되어 기업경영에 지대한 영향을 미치게 된다.

기업이 종사원을 합리적으로 선발 · 채용하였다고 반드시 유능한 인재를 확보한 것은 아니다. 채용된 이들이 바로 해당 직무의 적응은 물론, 기업의 조직풍토에 바로 순응하기는 쉽지 않기 때문이다. 또한 오늘날과 같이 동태적으로 급변하게 이루어지는 발전은 모든 직종에 걸쳐 그 직무 내용에 필연적으로 변혁을 발생하게 한다. 그러므로 이에 대처할 새로운 지식을 전달하는 교육훈련에 대한 관리는 서비스 수준을 향상시키기 위한 중요한 문제로 부각된다.

한편 고객 중심의 종사원을 양성하기 위해서는 종사원들의 사고와 기능을 개발하는 교육훈련이 필요하며, 이는 크게 세 가지 형태의 훈련으로 나뉜다.

첫째, 서비스 전략이 어떻게 작용하는가, 다른 종사원 및 부서와 고객과의 관계에 있어서 자신의 역할은 무엇인가에 대한 전체적인 이해를 제공한다.

둘째, 서비스 전략과 마케팅 지향적 성과에 대한 호의적 태도를 개발하고 향상시킨다.

셋째, 종사원들의 커뮤니케이션과 판매 및 서비스 기술을 개발 · 향상시킨다.

〈그림 9-6〉 서비스 교육훈련

3.2 인터넷 마케팅의 특성

가. 인터넷 마케팅의 개념

인터넷이 보편화됨에 따라 기업에서는 인터넷을 새로운 전략적 대상으로 인식하게 되었으며, 인터넷에 기반을 둔 전자상거래가 가상공간에서 비즈니스 개념으로 새롭게 부상하면서 호텔관광기업에서도 인터넷을 통한 고객과의 거래에 관심이 고조되고 있다. 마케팅의 흐름을 보면 컴퓨터 발전에 따라 마케팅의 대상도 대중에서 개인으로 바뀌었으며, 시장점유율에서 고객점유율의 확보가 마케팅의 목표가 되었다. 또한 고객에게 접근하는 방식도 일방통행이 아닌 쌍방향 커뮤니케이션으로 전환되었다.

인터넷 마케팅의 특징을 판매촉진 전략도구의 관점에서 볼 때 전통적인 마케팅 매체와 인터넷의 특성을 비교해 보면, 전통적 마케팅은 정보내용이나 시간 제약 등 고객과의 상호교환 면에서 한계가 있다. 결국 인터넷의 특성상 고객과의 상호교환

〈그림 9-7〉 그랜드 하얏트 호텔 스마트폰 어플리케이션 런칭

이나 전달할 수 있는 정보량에서 인터넷 마케팅은 기존의 매체를 통한 마케팅 활동보다 더 우수하다고 볼 수 있을 것이다.

나. 기능

① **정보 :** 호텔업을 위한 전략적 정보로서 전자소책자, 온라인 게시판, 각 호텔 고유특성에 관한 정보, 최근의 새로운 뉴스 등을 소개한다.

② **예약 :** 전 세계 고객들이 호텔 객실을 이용할 수 있는 별도의 경로를 호텔업에 제공하여 온라인 검색, 온라인 이용기능 확인, 예약양식, 정정, 취소, 실시간처리, 이메일예약 등을 가능하게 하였다.

③ **로열티 프로그램 :** 체인호텔들은 온라인으로 자신의 로열티 프로그램을 확장시킬 수 있는데, 잠재 고객과 현재의 단골 고객들을 위해 특별한 서비스를 제공함으로써 가능하다.

④ **뉴스레터 :** 체인호텔들은 웹 사보와 이메일 사보라는 두 형태의 전자 사보를 사용하여 그들의 고객과 직원에게 최신 소식을 전하여 줄 수 있다.

⑤ **피드백 :** 고객들의 비평이나 불만, 경영 개선점 및 제안 등을 이메일이나 웹을 통해 보냄으로써 직접 피드백을 줄 수 있다.

다. 고객관리

새로운 고객을 확보하는 데 투입되는 시간과 비용 및 노력이 기존 고객의 유지보다 훨씬 많이 투입되기 때문에 호텔기업은 1회 이상 호텔시설을 이용하였거나 서비스를 제공받은 고객의 관리에 많은 관심을 기울이고 있다. 컴퓨터에 고객의 호텔 서비스 이용이력을 저장하고 다시 찾는 고객에 대하여 과거의 기록을 중심으로 고객의 선호도를 파악하고 개인지향적인 서비스를 제공하도록 노력해야 한다. 왜냐하면 호텔 서비스에 대하여 만족을 느낀 고객은 호텔의 좋은 이미지를 주위의 동료나 친지들에게 전하여 새로운 고객을 창조할 수 있기 때문이다. 그러나 호텔 서비스에 대하여 불만족한 고객은 주위의 여러 사람들에게 나쁜 감정을 전하기 때문에 이러한 불만족을 경험한 고객들이 인식을 전환할 수 있도록 노력을 아끼지 않아야 한다.

1) 고객이력내용의 보존과 내용의 최신화

호텔 컴퓨터를 이용하여 고객의 인적사항과 제공한 서비스의 내용, 선호하는 객실이나 식음료 등을 기록하여 놓고 호텔 서비스를 재구매할 경우 기록한 정보를 바탕으로 맞춤형 서비스를 제공, 고객을 감동시켜 계속적인 재구매를 유도한다. 그러기 위해서는 관리하는 데이터는 항상 정확하고 최신의 정보가 유지되어야 한다. 이러한 정확한 자료의 관리는 판촉요원이나 서비스를 제공하는 현장직원이 쉽게 접근·활용 가능할 수 있도록 해야 고차원의 서비스를 제공할 수 있다.

HOTEL REGISTRATION CARD

Room No.:
Reception Initials:

NAME: ....
ADDRESS: ....
SUBURB: ....
STATE: .... POSTCODE: ....
TELEPHONE: ....
EMAIL: ....
CAR REGISTRATION: ....
SIGNATURE: ....
COMPANY: ....
COMPANY ADDRESS: ....
SUBURB: ....
STATE: .... POSTCODE: ....
SPECIAL REQUIREMENTS: ....

METHOD OF PAYMENT	
☐ Cash	☐ Cheque
☐ Bankcard	☐ Visa
☐ Mastercard	☐ Diners Club
☐ American Express	☐ Company By prior arrangement only
#	

DAYS OCCUPIED				ROOM TOTAL	
SUN				GST	
MON					
TUE					
WED				TOTAL	
THURS				AMT. PAID	
FRI					
SAT				AMT DUE	

Arrival Date	Arrival Time	Departure Date		Departure Time	No. of Nights
Daily Rate	No. of Guests	Adults	Children	Deposit Paid	Clerk

〈그림 9-8〉 호텔 고객카드

2) 데이터베이스 마케팅

데이터베이스 마케팅은 컴퓨터를 기반으로 전개하는 마케팅으로 약간 복잡하다. 데이터베이스에 축적된 고객의 속성이나 구매내력을 활용하여 고객의 필요와 흥미를 탐지하며, 그 필요 · 흥미에 맞춰 직접 메시지를 전달한다는 복잡한 과정을 거친다. 데이터베이스 마케팅의 정의는 다각적인 계획 · 분석 · 측정의 마케팅이며, 데이터베이스를 갱신하여 확장하면서 실행하는 비즈니스이다.

3) 텔레마케팅

텔레마케팅은 기업이 비대면 접촉으로 상품이나 서비스를 판매하기 위한 수단으로써 마케팅 커뮤니케이션 믹스를 최적화하기 위한 관리 시스템을 갖춘 텔레커뮤니케이션과 정보처리기술의 통합적이고 체계적인 응용으로 구성된 마케팅 기법의 하나이다. 이것은 직접적인 고객접촉을 의미하며, 동시에 고객의 요구를 보다 잘 충족시키고 비용 · 효과성을 개선하려는 노력을 포함하고 있다.

텔레마케팅은 기존 고객의 관리 혹은 새로운 고객을 유치하는 데 사용되는 기법이나 기존 고객의 관리 측면에서 살펴보면, 호텔에서 현재 보유한 고객을 정기적으로 분석하여 호텔 매출에 공헌도가 큰 고객은 감사의 전화를, 그리고 이용실적이 저조한 고객들에게는 지속적으로 새로운 서비스 · 상품이나 호텔 행사를 소개하고 고객들로부터 서비스에 대한 의견을 수집한 후 상사에게 보고하여 마케팅 전략에 반영이 될 수 있도록 하는 것이다.

3.3 호텔 마케팅 계획

마케팅 계획은 호텔의 영업정책에 관한 일정한 기간의 마케팅 활동 가이드로 이용하기 위해 작성된 계획으로서 마케팅 계획이 시장현실에 맞고 최고경영자의 경영지침이 반영되어야 원만한 마케팅 활동을 계획대로 수행할 수 있다.

가. 마케팅 계획의 구성내용

마케팅의 기본 계획은 마케팅 기간의 마케팅 전략과 목표시장, 포지셔닝 접근 방법, 마케팅 목표 등을 기술하는 것이다.

① **실행계획 :** 마케팅 예산, 책임과 권한, 활동지침, 시간표, 마케팅 활동에 대한 통제 및 평가

② **현황 분석 :** 환경 분석, 지역사회 및 위치 분석, 경쟁자 분석, 서비스 분석, 마케팅 포지션 분석, SWOT 분석

나. SWOT 분석

신상품이나 현재시장의 상황을 평가하려는 계획을 세우려면 호텔기업은 다음과 같이 현재 처해 있는 상황을 확인하고 평가해야 한다.

① 현재 영향을 미치고 있거나 향후 기업 활동에 영향을 미칠 수 있는 경제 · 정치 · 법률 · 사회문화 · 기술적 사건이나 상황

② 시장의 규모, 성장, 경향, 상품의 범위, 가격, 유통경로, 상품선전 등을 포함한 시장의 현상황

③ 경쟁사의 규모, 시장점유율, 명성, 마케팅방법, 강점과 약점 등을 모함한 경쟁상황

④ 자사의 시장점유율과 수익성 및 영업 형태

이러한 것들을 검토하기 위하여 개발된 것이 SWOT 분석이다. SWOT 분석이란 기업이 처해 있는 강점strength, 약점weakness, 영업환경의 변화에 따른 기회opportunity, 기업이 처할 수 있는 위협threat를 말한다. 강점과 약점은 기업 자체가 가진

능력이기 때문에 노력 여하에 따라 변화시킬 수 있으나 기회와 위협 요인은 기업의 통제 밖에 있으므로 적절히 대응하는 수밖에 없다.

다. 지역사회 분석

마케팅 계획을 수립하기 위해서는 호텔 자체의 분석은 물론이거니와, 호텔영업에 직접적인 영향을 미치는 지역사회 분석의 결과에 따라서 영업활동도 변화되기 때문에 대단히 중요하다.

라. 판매계획

호텔 상품의 판매계획은 SWOT 분석과 지역사회의 면밀한 분석을 통하여 경쟁자의 경쟁력을 파악한 다음에, 호텔이 추구하는 상품을 어떻게 판매할 것인가에 대한 판매계획을 수립해야 한다.

마. 호텔 영업계획

호텔 영업계획은 크게 두 가지로 구분할 수 있다. 첫째는 시장상황을 고려하여 영업목표를 마케팅 관리자가 수립하고 최고경영자의 재가를 받아 실행하는 방법 bottom up method, 둘째는 호텔의 투자비를 고려하여 최고경영자가 영업목표를 결정하고 그 목표를 달성하기 위한 마케팅 계획을 수립하는 방법 top down method 이다.

두 가지 방법에는 각각 장 · 단점이 있으나 최근에 와서는 대부분의 호텔에서 하의상달식 방법을 보완하여 마케팅담당자가 수립한 영업계획에 영업의 요구치를 가산하여 영업목표로 정한다.

3.4 통제 및 평가

마케팅 계획에 의하여 목표가 정해지면 마케팅 환경의 변화에 따라 실행과정에서 여러 가지 어려운 점이 있겠지만, 마케팅 관리자는 호텔조직 내의 가능한 수단을 이용하여 목표를 달성하도록 최선의 노력을 해야 한다. 그러므로 최고경영자와 마케팅 팀장은 수시로 마케팅 활동을 점검하고 그 결과에 따라 실행방법이나 방향을 조정하는 특별한 시스템을 구축하고 정기적인 모임을 열 필요가 있다.

가. 판촉회의Sales Meeting

마케팅 관리자들이 모여 일정 기간의 판매 현황과 시장 분석, 마케팅 활동과 제공된 서비스에 대한 고객의 반응, 그리고 경쟁사의 마케팅 활동 등에 대한 분석을 통하여 앞으로의 대응방법과 마케팅 활동의 구체적인 방법 등을 논의하는 회의로서 기존 고객의 유지와 새로운 고객의 유치전략 수립을 위한 회의이다.

나. 매출회의Revenue Meeting

실제적인 영업을 담당하는 식음료 부서장과 객실 부서장 그리고 예약담당자와 마케팅 부서장이 참여하여 시장변화에 따른 대책을 마련하고 수요의 변동을 고려하여 탄력적인 가격의 적용으로 객실점유율을 높이고 식음료업장의 이용객을 늘려 매출액을 극대화시키기 위한 회의이다.

다. 수익률회의Yield Meeting

호텔의 특성상 호텔 상품은 저장할 수 없기 때문에 당일 판매하지 못하면 소멸되는 상품을 시장의 수요에 따라 차등가격을 적용하여 이익률을 극대화하기 위한 회의로서 대개 마케팅 부서장과 식음료 부서장 그리고 객실 부서장이 참석한다.

라. 예약통제Reservation Control

수요가 많은 시기에는 할인 없이 선별하여 예약을 받지만, 반대로 수요가 저조한 시기에는 관련부서나 호텔과 계약된 예약지원자들에게 알려 우선적으로 저조한 예약일에 상품을 판매하도록 하고, 판촉부서에서는 예약부서의 예약현황과 과거실적을 분석하여 특별할인기간을 정하여 판촉활동을 하기 위한 통제시스템이다.

마. 경쟁사 분석Competition Analysis

판촉 부서에서는 경쟁사의 마케팅 활동을 분석하는 것이 매우 중요하다. 경쟁사의 마케팅 활동에 관한 사항을 파악하기 위해서는 기존의 고객을 통해서 얻는 방법과 직접 방문하여 서비스를 제공받고 경험하는 방법 등이 있으며, 이러한 정보나 자료를 수집·분석하고 결과를 고려하여 마케팅 활동을 조정한다.

1. 호텔 식음료 부서의 중요성

2. 호텔 식음료 상품의 특징

3. 호텔 식음료 부문의 조직

4. 호텔 주방의 조직

5. 식재료 관리

호텔 식음료 관리

Global **Hotel Management,**
ch. ten

10

1. 호텔 식음료 부서의 중요성

호텔의 식음료food & beverage 부서는 맛과 영양이 풍부한 음식, 깨끗한 시설, 격조 있는 분위기 등의 물적 서비스와 친절하고 세련된 인적 서비스 등을 복합적으로 구성해 판매하는 부서라고 할 수 있다. 호텔의 식음료 부서가 중요한 이유는 식음료 상품 판매가 호텔 수입에 큰 부분을 차지하기 때문이다. 특1급 호텔들의 영업실적을 살펴보면 식음료 부서의 매출액이 오히려 객실 부서의 수입을 앞지르고 있다. 또한 식음료 제공을 통해서 호텔을 많은 사람들에게 알릴 수 있는 기회를 제공한다.

호텔에서 식음료 부서는 효과적 · 효율적으로 조리된 식음료 상품을 종사원의 적절한 서비스를 통해 고객에게 제공해야 한다. 호텔의 레스토랑은 경험 많은 주방장이 만드는 질 좋은 음식의 제공을 통해 이윤 추구뿐만 아니라 지역사회에서 호텔의 긍정적인 이미지 구축에 큰 역할을 한다. 그리고 손님들의 소비성향과 라이프스타일이 변화하면서 식음료 부서의 역할은 더욱 강조되고 있으며, 또한 경쟁이 심화되면서 과학적인 관리방식의 중요성도 강조되고 있다.

2. 호텔 식음료 상품의 특징

식음료 상품은 상품을 제공하는 종사원과 고객과의 인적 상호작용에 의해서 제공되는 성격을 갖고 있다. 따라서 구매자인 고객과 판매자 간의 대면적 상호작용이 시간과 장소 등에 따라서 차별화될 수 있다. 이와 같이 인적 상호작용이 높은 노동집약적 업종일수록 이질성의 크기가 크기 때문에 항상 동질적인 서비스를 제공한다는 것은 사실상 불가능하며 이것이 식음료 상품 관리의 큰 과제이기도 하다.

2.1 보관 및 저장의 어려움

식음료 상품은 생산과 동시에 소비하지 않으면 사라져 버리는 특성으로 보관하거나 저장할 수 없는 성질을 갖고 있다. 또한 일반 상품에 비해 상품의 수요는 시간에 따라 요일에 따라 또는 계절에 따라 진폭이 매우 심하다. 식음료 상품인 경우 소멸성이 매우 강하고 단명하기 때문에 미래의 수요변화를 대비하기 위한 재고를 비축하기 어렵다. 또한 식음료 상품의 원자재는 부패성을 갖고 있어서 이에 대한 대비의 필요성도 제기된다. 이와 같은 특성으로 인하여 적정수준의 재고를 유지하기란 사실상 힘들다. 이같은 문제점에 대한 대응방안은 공급능력에 부응하게끔 수요를 균일화하는 방법을 강구하는 것이다.

2.2 생산과 소비의 비분리성

식음료 상품은 생산과 소비를 분리시킬 수 없는 특성을 갖고 있다. 이를 동시성 혹은 생산과 소비의 불가분성이라고 하며, 이는 식음료 상품의 생산과정에 고객 참여가 필수불가결함을 의미한다. 즉 일반 상품의 경우는 먼저 생산되고 판매된 다음에 소비되지만 식음료 상품의 경우는 먼저 판매주문된 연후에 생산과 소비가 동시에 일어나게 된다. 이러한 특성으로 인하여 나타나게 되는 문제점은 반드시 고객이 직접 생산에 참여해야 하므로 시간과 공간상의 제약을 받는다는 점과 집중된 대량생산이 불가능하다는 점이다.

2.3 수요예측의 어려움

식음료 상품은 식재를 시장에서 구입하여 그것을 조리한 후 동시에 서비스를 제공하여 그 상품이 식당 내에서 판매된다. 식음료 상품은 주문생산을 원칙으로 하기 때문에 대량생산이 불가능하며, 고객의 개인주문에 의해서 상품이 생산된다. 또한 계절 · 지역 · 기호 · 일기 및 고객층별로 식당의 이용수요가 항시 변할 가능성이 크기 때문에 고객의 수를 예측하여 식재를 구입하거나 상품을 제조할 수가 없다. 이러한 요소들로 인하여 식당 상품의 수요예측이 곤란하다. 식음료 상품은 만들어졌다면 단시간 내에 판매되지 않으면 안 되고, 식재료 또한 오래 보관할 수 없으므로 가능한 정확한 수요예측에 의해서 적정한 식재료를 구입하여 식음료 상품을 생산하여야 한다.

2.4 장소와 시간의 제약

식음료 상품의 판매는 장소와 시간의 제약을 받는다. 이는 원칙적으로 식당은 고객이 스스로 식당까지 찾아와 구매행동을 하지 않으면 안 된다는 것을 의미하며 장소의 범위 내, 테이블 수, 객석 수를 한도로 하여 판매가 이루어진다. 또한 식음료 상품의 판매는 장소적인 제한은 물론, 시간적인 제약을 가일층 받아 식당경영의 난점을 가져다준다.

2.5 높은 인적의존도

식음료 부분은 인적 서비스에 대한 의존도가 크다. 일반 기업에서는 그 운영이 기계화 또는 자동화되어 인적 의존도가 점차 감소되지만, 식음료 상품인 경우 인적 서비스의 비중이 매우 중요하다.

3. 호텔 식음료 부문의 조직

호텔의 식음료 부서는 다양한 직무에 종사하는 직원들로 구성되어 있다. 호텔 식음료 부문의 구성원들의 역할을 살펴보면 다음과 같다.

3.1 식음료 담당 임직원F&B Director

호텔 식음료 부서의 최고 책임자로서 계획 및 전략의 수립, 여러 영업장의 총

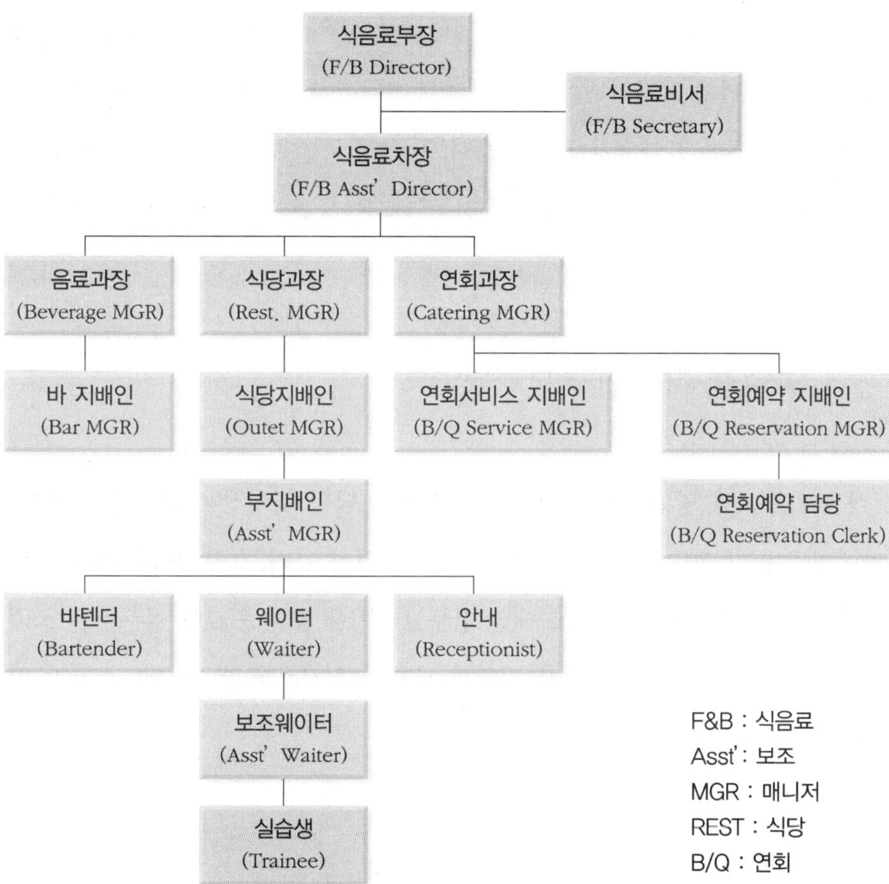

〈그림 10-1〉 호텔 식음료 부서의 조직도

관리, 직원의 인사관리 등 식음료 부문의 전반적인 운영에 대한 책임과 권한을 보유하고 있다. 높은 식견과 경험이 필요하며, 호텔에서 가장 많은 직원을 통솔하고 있다. 신뢰받는 리더십과 통찰력을 바탕으로 상황변화에 따라 능동적으로 대처할 수 있는 능력이 필요하다. 식음료 담당 임직원은 고객 관리 및 각 영업장의 모니터링, 예산의 집행과 감독, 영업장의 철저한 경영평가를 통해 문제점을 도출하고 이에 대한 해결책을 결정하는 역할을 수행한다.

3.2 식음료 과장Assistant F&B Manager

모든 식음료 업장의 운영상태 및 문제점을 파악하고, 이를 담당 임원에게 보고한다. 그리고 직원들의 직무 및 서비스 교육훈련에 대한 책임을 가지며, 고민상담도 시행한다. 손님의 불평처리에 있어서 최종적인 조정역할을 담당한다. 각 영업장의 지배인들에 대한 고과평가에 참여하며, 특히 외국인 임원과의 소통능력도 요구된다. 신뢰받는 지도자로 성장하려면 업무역량은 물론이고 영업장 종사원들에게 좋은 본보기가 되어야 한다.

3.3 영업장 지배인Outlet Manager

식음료 부서의 영업방침에 따라 실질적으로 담당 영업장을 관리한다. 영업장의 판매실적 관리, VIP 영접, 고객만족도 점검, 원가 관리, 품질 관리, 직원 인사고과 등의 업무를 수행한다. 그리고 매일 업무브리핑을 통해 중요한 업무지시를 내리기도 한다. 또한 관련 부서와 항상 긴밀한 관계를 유지하여 전 식음료 부서가 원활하게 운영되도록 한다.

3.4 영업장 부지배인Assistant Outlet Manager

영업장 지배인을 보좌하여 회의를 주관하며 종사원의 직무수행능력과 근무 태도 등을 감독한다.

3.5 캡틴Captain

캡틴은 직접 손님을 접대하여 주문을 받고 이를 주방에 전달한다. 근무하는 영업장에 대한 정확한 지식과 충분한 경험을 갖고 서비스에 임하는 책임자이다. 또한 부하직원들의 복장 및 용도를 감독하는 책임도 지고 있으며, 신입직원의 교육을 담당한다.

3.6 안내원Receptionist

식음료 영업장의 입구에 위치하여 손님을 영접하고, 환송하는 업무를 담당하는 직원이다. 영업장을 찾는 손님에게 첫인상을 심어주는 사람으로서 안내원의 역할은 매우 중요하다. 호텔의 경우에는 외국인을 상대해야 하므로 세련된 외국어 실력을 갖추고 있어야 한다.

3.7 수납원Cashier

영업장의 손님 또는 직원으로부터 계산서를 받아서 요금수납을 처리하며 업무가 종료되면 당일의 영업실적을 지배인에게 보고한다. 수납원은 대고객 서비스의 최종적 단계에서 결정적인 역할을 담당하므로 항상 깨끗한 용모와 밝은 미소를 유지해야 한다. 만일 호텔의 실수로 계산서가 잘못 발행이 된 경우에는 즉각적인 사과와 동시에 서비스 회복처리가 행해져야 한다. 최근에는 영업장에 수납원을 따로 두지 않고 지배인이나 안내원이 수납업무를 수행하기도 한다.

3.8 웨이터, 웨이트리스Waiter, Waitress

호텔 식음료업장에서 서비스의 꽃으로서 업장의 실문적인 일을 수행하는 직책이다. 지배인과 캡틴을 보좌하고, 버스 보이를 교육하고 감독하여 서비스에 만전을 기한다. 영업시간 이외에는 영업장의 구석구석을 점검하며, 이상이 있는 곳은 즉시 보고하여 시정하도록 한다. 예약석을 확인하고 테이블 세팅의 정확도 여부를 수시로 점검한다. 고객의 행동에 항상 촉각을 기울여 식사가 정해진 순서에 따라 지체되거나 또는 너무 빨리 제공되는 실수를 범하지 않도록 세심한 노력을 필요로 한다. 또한 음식의 종류에 잘 어울리는 주류를 미리 숙지하여 손님의 흥취를 돋우도록 해야 한다. 웨이터와 웨이트리스는 고객의 식사시간을 정확히 파악하여 많은 식사가 제공되는 과정에서도 손님이 즐거운 식사를 하도록 유도한다. 특히 주문을 받을 때에는 항상 Up-Selling을 염두에 두고 임해야 한다.

〈그림 10-2〉 호텔 웨이트리스

3.9 서비스 보조원 버스 보이, Bus Boy

웨이터, 웨이트리스가 항상 서비스를 원활하게 제공할 수 있도록 준비 및 운반의 직무를 수행한다. 영업장 지배인이 정한 일정에 따라 깨끗하고 밝은 모습으로 근무에 임해야 한다.

3.10 연회 지배인 Banquet Manager

연회 지배인은 연회 주최자의 종류 및 특색에 항상 관심을 갖고 이들에게 맞춤화된 연회 서비스를 제공해야 한다. 그 외에 연회 음식의 요금과 서비스 수준을 결정하는 일도 한다. 또한 주방장과 관련 부서장과의 회의를 통해서 각종 메뉴를 개발하고 식음료의 질과 가격을 결정한다. 연회 주최자 및 고객과 긴밀한 유대관계를 유지해서 재구매와 구전을 유도한다.

3.11 연회 수납원 Banquet Cashier

연회장 수납원의 업무는 예약사항이 수시로 변경되고 주문이 다양하기 때문에 업무처리에 각별한 주의가 필요하다. 각 연회 담당 직원이 연회의 종류, 인원, 식음료의 종류, 단가, 기타 장식 등을 기입한 연회명세서에 손님의 확인을 받아 건네준다. 이후 연회 수납원은 직접 계산서를 손님, 연회 지배인 등에게 전달하여 서명을 받은 뒤 돌려받아 업무를 종료한다.

3.12 바 지배인 Bar Manager

바텐더를 감독 · 훈련 · 지원하며 바가 항상 청결하고 쾌적한 환경을 유지하도록 한다. 그리고 주류와 음료의 재고가 적절한가를 점검한다.

3.13 바텐더Bartender

손님이 주문한 술병의 상표를 확인하게 하고 손님이 보는 앞에서 잔에 따라주는 것이 바람직하다. 다양한 주류의 종류에 대해 광범위한 지식을 숙지해서 손님의 주문에 신속하게 대처한다.

3.14 소믈리에Sommelier, Wine steward

소믈리에는 호텔 및 영업장의 모든 와인을 관리하는 담당자로서, 와인에 대한 해박한 지식을 갖고 손님의 식사주문에 따라 알맞은 와인을 추천하고 판매하는 와인전문가이다. 항상 와인에 대한 섬세한 감각을 잃지 않도록 해야 하며, 새로운 와인 지식의 습득을 위해 끊임없이 노력해야 한다.

3.15 룸서비스Room Service 직원

객실에 투숙 중인 손님이 호텔 내의 레스토랑을 이용하지 않고 객실에서 식사를 주문할 경우에 이에 대응하는 서비스를 담당하는 업무이다. 룸서비스는 아주 개인적인 서비스가 이루어진다는 점에서 상당한 주의가 요망되는 서비스이다. 하지만 힘든 업무에 비해 이익수준은 매우 낮은 편이다보통 영업장 요금에 10% 추가.

특히 객실 내에서 전화를 이용해서 주문이 이루어지므로 주문접수의 정확성은 아무리 강조해도 지나치지 않다. 룸서비스 직원은 주문의사를 전달받은 후 다시 한 번 주문 내용을 반복해서 확인한다. 정확한 주문접수를 위해서 담당 직원은 외국어를 구사할 수 있어야 한다. 또한 주문에서 배달까지의 시간이 오래 걸리고 또 이동거리가 길기 때문에 Trolley를 끌고 전용 엘리베이터에 오르기 전에 잊은 것이 없는지 점검해야 한다.

〈그림 10-3〉 룸서비스 직원

4. 호텔 주방의 조직

Global **Hotel Management**, ch. ten

호텔 주방은 요리 및 메뉴개발, 식자재 구매, 인력관리 등 호텔 요리 상품과 주방운영에 관계되는 업무를 효율적으로 수행하기 위해서 구성된 조직이다. 호텔 주방조직의 구성은 음식을 생산하는 부서에 따라 양식주방, 한식주방, 일식주방, 중식주방 등으로 구성되며, 주방의 기능에 따라서 메인주방, 콜주방, 부처주방, 제과제빵, 연회주방 및 뷔페주방 등으로 구성되어 있다.

4.1 총주방장 Executive Chef

조리부 영업활동에 대한 전체적인 권한과 책임을 갖고 주방의 총괄적 책임자로서 경영 전반에 걸쳐 정책결정에 적극 참여하여 기획, 집행, 결재를 담당한다. 요리생산을 위한 재료의 구매에 관한 견적서 작성, 인사관리에 따른 노동비 산출, 종사원의 안전, 메뉴의 객관화, 새로운 메뉴창출 등의 책임과 의무가 있다. 회사 이익 극대화의 의무를 가지며 새로운 요리기술개발과 시장성 창출에 필요한 경영입안을 제시한다.

4.2 부총주방장 Assistant Executive Chef

총주방장을 보좌하며 부재 시에 그 직무를 대행하는 실질적인 집행의 수반이다. 각 주방의 메뉴계획을 수립하고 조리인원 적재적소 배치와 실무적인 교육, 훈련을 지휘 · 감독한다. 경쟁사 및 시장조사 실시로 총주방장이 제시한 기획 · 입안을 실질적으로 실행하는 데 기본적인 책임과 의무가 있다.

4.3 단위주방장 Sous Chef

총주방장과 부 총주방장을 보좌하는 단위주방 부서의 장으로서 조리와 인사에 관련된 제반책임을 지고 있으며 경영진과 현장 직원 간의 중간역할을 한다. 조리부문 단위부서의 교육과 훈련을 실질적으로 집행하며, 조리와 관련된 재료구매서 작성, 월별 또는 연별 계획서를 제출하여 집행하며, 현황을 분기 또는 단기별로 보고하여야 한다. 고객의 기호나 시장변화에 적극적으로 대처하고 여기에 알맞은 메뉴를 개발해야 한다.

4.4 헤드 셰프 Head Chef

호텔 레스토랑, 영업장의 주방 책임자로 단위 영업장 주방업무를 총괄하며 책임을 지는 사람이다.

4.5 부 헤드 셰프Assistant Head Chef

헤드 셰프주방장 부재 시 대행 업무를 수행하며, 기능적 실무적 능력을 구비하여 레스토랑에서 업무를 수행한다.

4.6 요리사Cook

실질적으로 요리를 담당하며 및 Cook Helper, Trainee 업무를 지도한다.

4.7 보조 요리사Cook Helper

조리를 위한 준비과정 담당 및 요리를 하며, 주방청소 등 잡무를 수행한다.

4.8 조리 실습생Trainee

현장에서 조리를 처음 접하는 사람으로 조리를 전공한 학생들이나 조리에 관심이 있는 사람이 호텔 조리부에 입사하여 기초적인 조리를 배운다.

4.9 호텔기물담당 관리원Chief Steward

각 업장에서 필요로 하는 각종 장비 · 도구를 관리하고 조달을 하며 업장 청결유지와 세제를 관리한다. 기물파손의 원인을 파악하여 기물파손을 최소화시킨다. 조리부 및 식음료 부서의 각종 행사가 원만히 진행되도록 협조하고, 업장에서 나오는 각종 쓰레기를 분리수거하여 처리한다. 업장의 기물은 항상 적정량을 유지하며, 식기세척기계가 항상 정상 가동되도록 유지 · 관리한다. 기물 보관 창고의 청결을 유지하며 경리부와 협조하여 기물관련 예산을 신청한다. 업장에서 파손 기물 수리를 신청할 때 시설부와 협조하여 수리 · 관리한다.

4.10 기물 관리원Steward, Stewardess

기물 관리원은 호텔레스토랑 주방과 식당 홀에서 사용되는 기물tableware인 접시류chinaware, 각종 유리용품glassware, 스푼 · 포크 · 나이프silverware, 테이블 커버 · 냅킨clothware 등을 세척하여 즉시 사용할 수 있도록 보관 · 관리하는 역할을 수행한다. 또한 주방바닥, 벽, 기기 등을 청소하여 주방 내의 청결을 유지한다.

5. 식재료 관리

식재료 관리는 식재료의 구매 · 검수 · 저장 · 출고 등 관련된 모든 업무를 의미한다. 식자재 전반에 대한 관리로 구매의 부적절함, 재고 관리의 잘못된 관행은 구매비용을 상승시키기 때문에 상품가치 하락과 높은 부패율을 초래하여 식재료 원가가 올라가고 이윤폭이 떨어지는 결과를 가져온다.

5.1 재고 관리

자금을 자재로 변화시키는 과정에서 어떤 품목으로 얼마나 보유할 것인가를 결정하고 효과적 자본 효율을 달성할 수 있도록 적정수준으로 운영하여 구매한 자재를 적기 · 적소 · 적품으로 공급 가능하도록 저장 · 분배하여 적시적량의 재고 수준을 유지해야 한다. 이를 통하여 재고물품 보관 · 생산구매 · 재고투자를 최소로 하여 고객에게 서비스를 제공한다.

제고가 적절하게 이루어지지 않을 때에는 조업의 중단 등 고객이 원하는 제품을 제공할 수 없어 고객의 불만족을 야기할 수 있다. 원활한 재고 관리를 위해서는 표준재고량을 결정하고, 보유할 재고량 계획, 재고품의 입출고 기록 관리를 실시한다.

또한 재고의 잔고기록과 실제재고수량을 점검하도록 한다. 장부상의 계정과 현물의 수량과 상태가 실제 내용과 일치하도록 관리하여 파악된 재고내역이 실제로 판매된 식재료 원가와 비용을 계산하는 데 이용될 수 있도록 한다. 이러한 점검을 통해서 정확한 재고자산을 파악하여 관리하고, 제도적 개선점을 찾아냄으로써 물자 관리의 문제점을 해결할 수 있다.

〈재고 조사 방법〉

① 실지재고 조사법

주요 재고품들을 낱낱이 세는 방법

② 계속기록법

모든 구매내역 출고요청서를 기록해 항상 재고파악이 가능하도록 기록

5.2 구매 관리

구매 관리는 원자재, 주변자재들을 필요한 시기에 최소한의 비용으로 다른 경제주체로부터 획득하기 위한 관리활동으로 정의할 수 있다. 구매담당자는 가격변동 요인을 고려하고, 최저가격에 최상품의 질을 갖고 있는 식자재를 구입할 수 있도록 노력하여야 한다. 이를 위해서는 항상 비용과 구매절차를 향상시킬 수 있는 모든 요소들을 탐색하도록 한다.

구매 관리의 목표는 적절한 수준의 제품공급을 통하여 적절한 재고수준을 유지하고 그에 따라 식자재 공급부족으로 판매 못하는 불상사를 방지하기 위하는 데 있다. 또한 식재료의 품질을 유지하고, 가격최소화를 목표로 한다.

단계	내용
1단계	▪ 상품을 생산해 내는 데 필요한 요소들을 고려하여 재료 결정
2단계	▪ 시장 내에서 그 품목을 찾아냄
3단계	▪ 품목 조사 및 구입 결정 여부
4단계	▪ 구매자와 판매자 사이의 협상
5단계	▪ 품목 사용에 따른 효율성과 경제성의 평가
6단계	▪ 구매 완료가 된 후 최상 구매행동이 이루어졌는지 실제 비용이 얼마인지 확인을 위해 품목 조사

〈그림 10-4〉 구매의 절차

5.3 검수 관리

배달된 재료를 조사하고, 그것들을 수령하거나 반품하는 일련의 행위를 검수라고 한다. 검수를 하는 이유는 구매된 식자재가 기준에 맞는가를 점검하고 수령된 자재를 제어하기 위함이다.

〈검수법의 종류〉

① 전수 검수법

일일이 검수하는 방식, 식재료가 소량이면서 고가인 경우

② 발췌 검수법

중요도가 낮은 아이템이나 대량 아이템인 경우에 몇 개의 샘플만 뽑아서

표준과 비교하는 방법

5.4 저장 관리

식자재의 손실발생을 최소화하기 위해서는 저장 관리가 중요하다. 적정한 온도와 습도 관리가 중요하며, 냉장고 · 냉동고 · 스토아룸 · 테이브 용도에 따라서 분리 · 저장한다. 또한 내외부인에 의한 도난 등에 의해서 저장된 물품들이 손실될 수 있기 때문에 관리자가 철저히 관리하여야 하며, 일정 기간이 지나면 음식이 부패될 수 있기 때문에 선입선출의 원칙을 지켜야 한다.

5.5 출고 관리

입수된 물품을 조리 부서나 실사용자에게 공급하는 일련의 과정을 출고라 한다. 출고는 직접 구매 당일 소모될 식자재를 구매가 되는 대로 비용을 기록하는 직접출고direct issue와 식자재 출고 요청양식에 따라 출고요청을 해야지만 출고가 되는 저장출고storeroom issue 방식을 이용한다.

1. 객실 관리의 정의와 기능
2. 객실의 종류
3. 객실 관리의 중요성
4. 객실 관리의 조직도
5. 객실 판매[영업] 부문[FRONT OFFICE]
6. 객실 관리[정비] 부문[HOUSE KEEPING]
7. 객실 정보시스템
8. 객실 판매의 중요성
9. 객실 판매 표준화 전략
10. 객실 수입 증대의 요소

호텔 객실 관리

Global **Hotel Management,**
ch. eleven

11

1. 객실 관리의 정의와 기능

호텔의 가장 기본적인 기능은 고객에게 식사와 객실을 제공하는 것이며 숙박은 가장 대표적인 상품이다. 호텔의 운영에는 호텔 제품의 판매활동과 제품의 재생 판매를 위한 창조적 생산 기능이 호텔수익에 직접 영향을 주는 중요한 요인이므로 하우스키핑housekeeping과 호텔 운영의 상호관계객실의 재생산 및 판매는 호텔업에 가장 중요한 업무이다.

따라서 객실 재생산을 위해 전 건물과 공공장소를 청결하고 안락하게 그리고 안전하고 또한 효율적으로 유지하고 관리하기 위해 막대한 경비를 반복 투자하는 것과 동시에 업무도 반복한다.

전 객실, 공공장소, 린넨류의 세탁과 공급, 장식품커튼, 카페트, 상데리아, 생화, 가구, 집기 등의 총괄적인 업무관리와 집행으로 호텔의 품위가 결정되기 때문에 하우스키핑의 인력 구성 및 종사원의 자질개선과 상호업무협조체제, 효율적인 운영 및 자원으로 호텔의 품위와 이미지를 높이는 데 최선을 다 하여야 한다.

객실 관리 부문은 객실정비의 보수 및 청결상태를 유지하여 판매할 수 있도록 상품화하는 곳이다. 즉 방을 생산하는 곳이다. 또한 객실 관리는 객실의 재산 관리, 유지, 정비, 고객물 세탁, 린넨 업무, 유니폼 업무, 청결 관리 등 다방면의 성격을 갖고 있어 상하관계 및 관련 부서 업무협조체제 구축에 의한 신속 · 정확한 개개인에 대한 업무의 완료와 보고로서 객실 관리의 전 업무가 통제 · 수행되는 것이다. 따라서 객실 관리 부문은 호텔의 재산 관리와 비용절감을 위해서 노력하여야 하며, 고급화된 객실 상품의 생산에 주력하여야 한다.

2. 객실의 종류

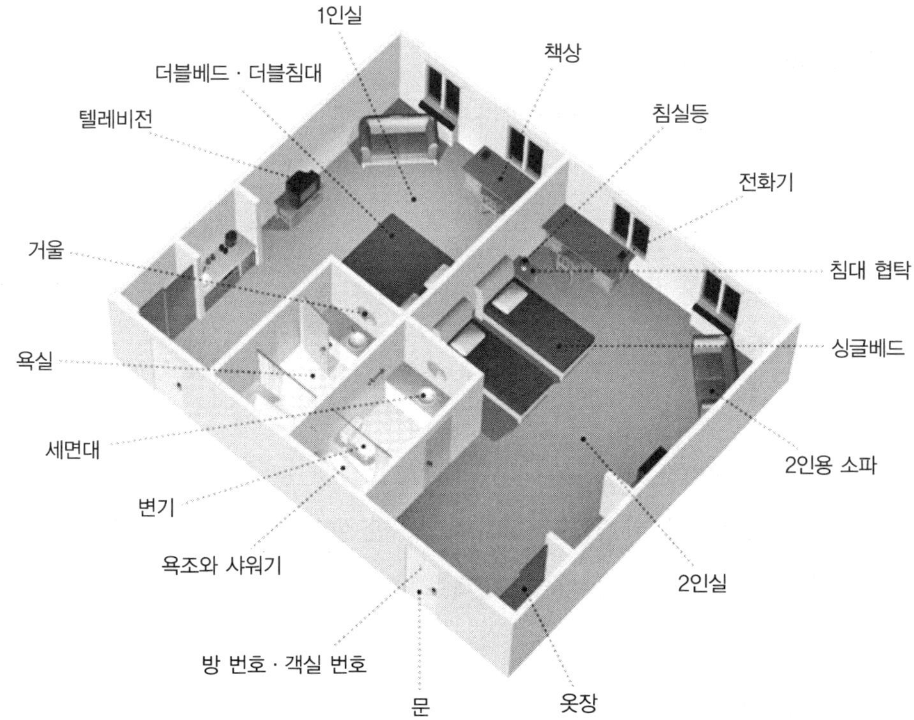

〈그림 11-1〉 객실 구성도

① Single Room[1인용 객실]

1인용 침대가 1개인 객실로 한 사람이 투숙할 수 있는 객실이다.

② Double Room

2인용 침대가 1개인 객실로 부부가 사용하기 편한 객실이다.

③ Twin Room

1인용 침대가 2개인 객실로 두 사람이 동시에 사용하기 편리한 객실이다.

④ Suite Room

침실과 응접실이 따로 설치되어 있는 객실로 보통 2개의 객실에 상당한 공간을 활용하여 침실에는 온전한 욕실이 준비된 고급스러운 객실이다.

⑤ Ondol Room

온돌방은 한국실 온돌방을 의미한다.

⑥ Triple Room

Twin Room에 한 사람이 더 합숙해서 3사람이 투숙하기 위하여 조립형 침대를 하나 더 마련해 주는 객실을 의미한다.

⑦ Studio Room

객실 내에 정규침대 외 Studio Bad를 설치한 객실로서 주간에는 소파로 사용하고, 야간에는 침대로 사용이 가능한 형태로 만들어진 객실이다.

⑧ Side Room

건물의 내부 쪽에 위치한 외부의 경관을 볼 수 없는 객실로 Mountian View Room을 의미한다.

⑨ Out Side Room

호텔 건물의 바깥 쪽에 위치한 전망이 좋은 객실로 Ocean View Room을 의미한다.

⑩ Connection Room

객실과 객실 사이에 통하는 문이 있어 서로 드나들 수 있는 편리한 객실이다.

⑪ Adjoining Room

인접된 객실로 객실 사이에 통용문이 없으며, 객실이 같은 방향으로 배열되어 있는 방식이다.

3. 객실 관리의 중요성

Global **Hotel Management,** ch. eleven

3.1 호텔수익의 증대

하우스키핑이 호텔수익에 영향을 미치는 것은 이 부문의 직무성격이 호텔의 청결 · 정리 · 정돈, 즉 편리성을 확보하는 점과 관련하여 이해할 수 있다. 고객은 자기가 지불하는 대가에 대하여 민감한 반응을 보인다. 특히 로비나 복도 등 공공 장소의 청결 및 유지에 관해서는 관용을 보이나 객실과 식당 등의 불결에 대하여는 즉각적인 불평과 불만을 표시하며, 이러한 환경을 쉽게 잊어버리지 않는 관습을 갖고 있다.

3.2 호텔의 평가

객실 부서는 호텔의 전방 부문으로 최초로 고객을 맞이하고, 투숙 기간 중 모든 서비스를 제공하며, 고객의 제반 편의를 마련해 주어야 하는 부서이기 때문에 어느 부서보다도 객실 부서가 매우 중요하게 평가된다.

3.3 호텔 객실 수입

객실 수입은 호텔 경영에 있어 가장 큰 비중을 차지한다. 근래 호텔 경영이 객실 수입 외에 식음료, 연회 등에 많은 비중을 두고 있으나 그 이익에 있어서 객실 수입의 공헌도가 가장 높다. 현재 우리나라에서 각종 식당과 연회시설을 갖춘 일류호텔의 전체 총수입을 100%로 볼 때 객실부문 수입이 40%, 식료 수입이 40%, 음료부문이 13%, 기타 7%의 비율로 나타나고 있다. 여기서 수입의 40%가 객실 수입에 의존하고 있으며, 수입률도 가장 높다. 그리고 식음료 부문에 있어서 연회 수입 외에 식당 수입은 숙박객이 많아야 그 수입이 증가된다.

객실매출은 호텔수익의 가장 큰 단일 소득원이며, 다른 모든 서비스의 매출을 합친 것보다 이윤이 더 많다. 따라서 호텔 객실의 기본적인 개념을 살펴보면 객실은 글자 그대로 손님을 위한 방이다.

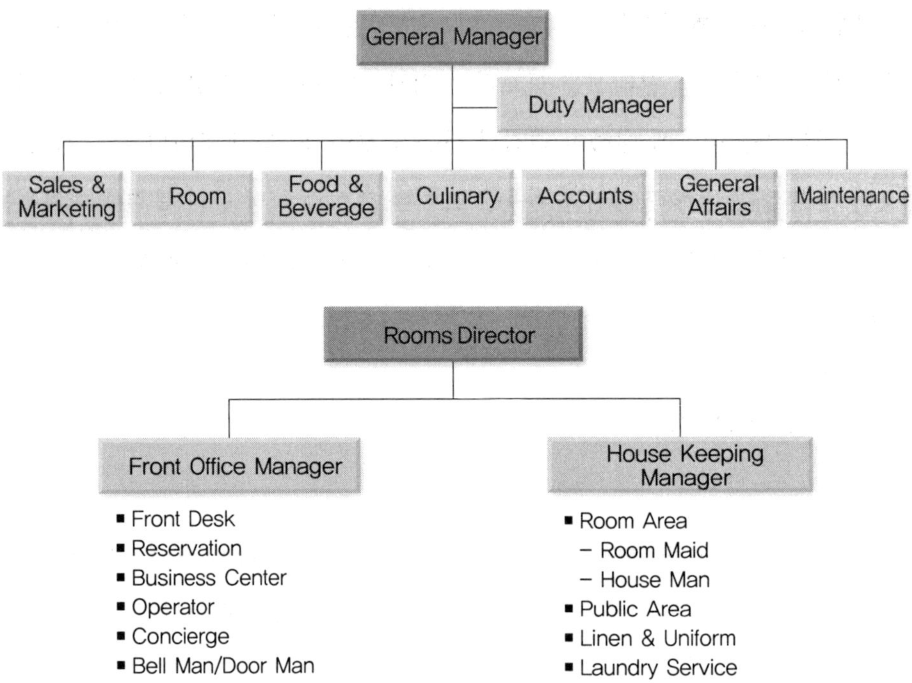

〈그림 11-2〉 Rooms Division Organization

4. 객실 관리의 조직도

Global Hotel Management, ch. eleven

객실 부서는 접객front office과 객실house keeping로 구성되며, 접객 부문은 호텔을 이용하는 모든 고객과 접하는 최초의 부서이며, 또한 마지막 장소이다. 그러므로 고객예약, 객실배정, 고객 퇴숙, 지불관계 등이 이루어지는 곳으로서 호텔의 얼굴인 동시에 모든 일의 중심이 되는 것이다.

따라서 지배인이나 각 부서의 누구를 막론하고 현관사무실을 통해 얻어진 정보나 자료를 기초로 하여 서비스를 개선하고 보완하면서 영업을 성공적으로 이끌어 나가게 된다.

그리고 객실 부문은 객실정비와 보수 및 청결상태를 유지하여 판매할 수 있도록 상품화하는 곳이다. 호텔에 있어서 접객 부문은 방을 판매하는 곳이며, 객실 부문은 방을 생산하는 곳이라 할 수 있다. 그러므로 좋은 상품을 생산해서 효과적으로 판매하려면 이 두 부문이 잘 협력해 나가야 되는 것이다.

5. 객실 판매영업 부문FRONT OFFICE

Global Hotel Management, ch. eleven

프런트 오피스는 숙박업에서 가장 가시적인 직업이다. 종업원은 직접 고객과 접촉하고 예약 · 객실배정 · 우편 · 수화물을 처리하고 호텔과 주변 지역의 오락 활동에 대한 정보를 제공한다.

잘 조직된 프런트 오피스는 숙박업의 경영에 필수적이다. 프런트 오피스 매니저의 업무는 프런트 종사원의 채용 및 교육, 직무편성과 감독, 예약업무의 관리, 고객의 불평처리, 판매촉진의 강화, 룸 클럭의 업무활동 감독, 회계처리의 감독 및 보호, 1일보고서의 작성, 고객의 접대, 현관청소의 감독, 타 부서와의 협조 등이다. 프런트 오피스의 조직으로는 현관지배인, 룸 클럭, 프런트 캐셔, 인포메이션 클럭, 예약사무원, 나이트 클럭, 레코드 클럭, 메일 클럭, 키 클럭 등의 업무가 있다.

6. 객실 관리정비 부문HOUSE KEEPING

Global **Hotel Management**, ch. eleven

최우선은 고객의 안락함이다. 대부분의 호텔은 객실 및 공공장소의 청결과 산뜻한 모습을 보이기 위해 다수의 하우스키핑 종업원을 고용한다.

하우스키핑은 고객이 사용할 호텔, 모텔 등 숙박업소의 객실을 관리하는 직업으로서 객실의 정리정돈 및 비품을 관리하여 객실을 상품의 가치가 있게끔 만드는 일련의 작업 또는 관리하는 부서를 말한다. 하우스키핑 요원으로는 하우스키퍼, 룸메이드, 하우스맨, 린넨 우먼, 인스펙터inspector, 코디 등이 있다.

7. 객실 정보시스템

Global **Hotel Management**, ch. eleven

정보시스템이란 '호텔에 근무하여 업무를 수행하는 내부 고객과 호텔을 이용하는 외부 고객에 대한 필요한 정보를 제공하여 사용자 만족과 경영 효율성을 극대화해내는 전산 시스템 및 관련된 시스템의 총체적 기술과 과정 그리고 정보의 관리 절차' 로 정의할 수 있겠다.

일반적으로 호텔 정보시스템을 다음과 같이 네 가지로 분류해 볼 수 있다.

① 객실 정보시스템Front Office System

② 일반 관리시스템Back Office System

③ 업장관리시스템 POS System

④ 인터페이스 시스템 Interface System

호텔정보화 시스템 중 주요 시스템인 PMS Property Management System는 현재 서울 소재 대부분의 특1급호텔은 외국에서 개발되어 국내에 공급되고 있는 Fidelio Opera라는 제품을 사용하고 있으며, 특2급 과반수 이상의 호텔이 국내에서 개발 공급된 WITH라는 제품을 사용하여 호텔 정보화를 이루고 있다.

다른 PMS를 사용하는 몇몇 다른 호텔들도 피델리오로의 교체 확정 및 교체 검토를 진행하고 있다.

이 객실 관리 시스템은 각 객실에 설치되어 객실 내의 전기 · 전자 기기를 포함한 전기 설비의 전원 공급 및 동작을 총괄적으로 제어하며, 해당 객실의 이용상태에 대한 정보를 중앙 관리 장치로 제공한다. 중앙 관리 장치의 제어 신호에 대응하는 동작을 수행하는 객실 관리 시스템과 상기 각 객실의 객실 관리 시스템으로부터 제공되는 해당 객실의 이용 정보를 제공받아 각 객실의 이용상태를 파악할 수 있다.

관리자의 조작 및 미리 설정된 프로그램에 의해 객실 관리 시스템은 객실의 전등의 온 · 오프 버튼과 TV의 동작 설정을 위한 버튼, VTR의 동작 설정을 위한 버튼과 에어컨 동작 설정을 위한 버튼, 난방 설정을 위한 버튼을 구비한 라이트테이블과 상기 라이트테이블에 구비된 버튼의 이용자에 의한 조작 시 발생된 키 입력 신호를 제공받아 이러한 키 입력 신호에 대응하여 해당 전등 및 기기의 동작 제어 신호를 출력하거나 동작을 제어한다.

Fidelio Opera는 객실상태에 대한 정보를 상기 중앙 관리 장치로 전송하는 객실 제어 장치를 포함하며, 상기 객실 관리 시스템은 해당 객실 이용자의 차량 대기를 지시하는 차량 대기 버튼 및 해당 호실 번호에 위치되어 상기 중앙 관리 장치의 제어에 의해 점등되는 객실 유도 등을 포함하는 것을 특징으로 한다.

8. 객실 판매의 중요성

Global Hotel Management, ch. eleven

도시 호텔은 20세기 후반부터 오늘날에 이르기까지 객실 수입과 함께 요리, 음료, 연회장 등을 비롯하여 많은 부대시설을 구비해 놓고 다각적 경영과 그에 따라 수익을 상당히 올리고 있는 것이 보통이나, 호텔기업의 경우 객실 수입은 근본이며 공헌도 가장 크다. 또한, 호텔의 실료 수입에서 지가와 건축비, 그리고 객실을 운영함에 따른 고정비 비율의 불변 경향에서 볼 때, 그 이익률에 있어서 고객이 숙박하지 않아도 이익률이 이중으로 압박받게 된다.

또한 객실은 저장할 수도, 전매할 수도, 이동시킬 수도 없는 특성을 내포하고 있으므로, 그날 판매하지 않으면 남겨 두었다가 다음 날 다시 팔 수 없는 시간적 · 장소적 제약을 받는 상품이다. 따라서 당일의 매출액을 어떻게 조정하느냐 하는 문제는 각 부문별로 매출액을 어떻게 조정하느냐 하는 가장 기본적인 것이 된다.

숙박객이 내국인일 경우는 호텔 내에서 제공하는 식사나 음료 매출액은 훨씬 저조하다. 한국의 1인당 국민소득이나 문화적으로 볼 때 호텔의 식당이나 부대시설 등을 이용할 수 있을 만큼 습관화되지 않은 점도 있겠으나 한국인의 구미에 맞는 식사가 개발되지 않은 점도 이유 중 하나이다.

9. 객실 판매 표준화 전략

Global Hotel Management, ch. eleven

객실 형태를 단순화시켜 면적의 효율성을 높여야 한다. 객실 형태를 단순화시킨다는 의미는 기존의 스위트룸과 같은 특실을 없애 면적의 효율성을 높이며, 설계와 시공이 간단하도록 하고 각종 특실을 꾸미는 데 따른 비용절감 효과를 얻고 객실의 표준화가 용이할 수 있도록 하는 데 있다.

객실의 종류를 단순화하고 투숙객에 대해서는 평등한 대접을 하기 위해 객실의 크기나 규모를 일정하게 하여 같은 요구를 하는 사람들을 대상으로 한 관리 및 서비스를 제공하는 것이다.

침대 수에 있어서는 각 객실마다 더블베드 2개를 배치하고 필요할 경우에는 여분의 침대를 첨가하여 5인이 함께 투숙할 수 있도록 한다든지, 상호 연결된 객실 connecting room을 기존 호텔보다 많이 만들어 가족 단위 여행객을 유치할 수 있는 방안도 고려해 볼 수 있겠다.

10. 객실 수입 증대의 요소

객실 수입을 최대로 증대시키기 위해서는 하우스 카운트House Count 상의 100% 즉, 전체 객실이 모두 판매되었을 때의 총매출액이 집계되어 있는 집계표에 매일매일 그 날의 승패결과를 평가할 필요가 있다.

먼저 이 목표를 공표하여 이 목표에 조금이라도 더욱 접근되도록 하려는 사회적인 기업으로서의 노력이 필요하다. 이 목표가 명시되면 이 목표에 도달하기까지 구체적인 노력의 방법도 문제이다. 여기에는 객실 수입을 증대시키는 3가지 구성요소가 있고 하나하나의 요소들을 최대한 유지하는 것이 객실 부문의 매출액 증대의 원칙적인 방법이다. 일반적으로 객실 부문의 매출액은 다음과 같은 공식에 의해서 정리될 수 있다.

$$\text{당일 객실매출액} = \text{객실 수} \times \text{수용률} \times \text{실제평균객실요금}$$

다시 말해서 객실 수, 수용률, 실제평균객실요금을 최대한으로 높이는 노력에 의해서 객실 수입을 증대시킬 수 있다.

1. 이벤트의 개념과 특성

2. 호텔 이벤트 운영 관리

호텔 이벤트 관리

Global **Hotel Management,**
ch. twelve

1. 이벤트의 개념과 특성

1.1 이벤트의 개념

이벤트마케팅 영역의 이벤트는 마케팅 믹스 수단의 하나인 프로모션과 프로모션 믹스 요소의 중요한 수단인 세일즈 프로모션의 하부구조에 위치한다.

일반적으로 이벤트라는 용어는 나라, 학자에 따라 매우 다양하고 포괄적인 의미로 사용되고 있다. 뿐만 아니라 이벤트를 주최하는 주체나 형식 또는 참가자에 따라 그 의미를 달리하기도 한다.

이벤트의 어원적 의미는 라틴어의 'evenire밖으로 나오다' 에서 유래되었으며, 사전적 의미로는 '사건, 소동, 행사, 중요 사건, 시합, 사람을 모으는 행사, 우발적인 행사, 경기 종목과 같은 것' 을 뜻한다. 이벤트는 사회를 반영하는 것이므로 동양적인 의미와 서양적인 의미로 구분해서 생각해야 한다.

한편, 우리가 지금 사용하는 이벤트의 용어는 일본에서 시작된 것으로, 서양적 의미보다는 더 포괄적이고 통합적인 의미를 갖고 있다. 동양적 의미에서 이벤트는 '사람을 동원하여 현장에서 실시하는 모든 활동 형태' 로 규정하기 때문에 투자된 비용에 대한 이익을 산출하려는 마케팅적 사고에서 벗어나서 막연한 의미로 사용되고 있다.

우리나라의 경우는 1988년 서울올림픽을 계기로 '이벤트event' 라는 용어가 친숙하게 사용되고 있다. 이를 계기로 이벤트는 국가나 지역 발전에 무엇보다도 중요한 관광 산업, 문화 산업으로 인식되었고, 여러 마케팅 활동, 문화 행사, 공공 행사, 기업 행사 등을 통틀어 이벤트란 이름으로 연구, 발전되기 시작하여 구미에서 좁은 의미의 개념으로 사용되던 용어를 점차 광의적 의미로 접근하여 사용하게 되었다. 이는 일반적으로 이벤트가 갖고 있던 경제적 목적에만 국한하지 않고 국가나 지역의 전반적인 이미지 제고와 교류를 위한 범위까지 확대 해석되어 발전하게 되었다.

한국 코래드 광고전략연구소의 『광고대사전』에 의하면 "이벤트란 판매 촉진을 위한 매체 중 행사에 의한 것을 말한다. 예를 들면 강습회, 세일즈 쇼, 시사회, 시승식, 공장 견학, 콘테스트, 견본 배포 등이다. 행사는 보여주는 행사, 참가하는 행사로 분류되며 그 주제는 교육 행사, 오락 행사로 나누어진다. 그러나 실제로는 그 양쪽의 성격을 모두 포함하기도 한다."라고 정의한다.

또한, '한국이벤트개발원[조달호, 1994]'에서는 '이벤트란 공익, 기업 이익 등 주최자가 뚜렷한 목적과 함께 치밀한 계획을 세워 대상을 난장에 참여시켜 실현하는 현장 커뮤니케이션 활동을 총칭하는 말'로 정의하며, '한국이벤트연구회[하성용, 1994]'는 '이벤트란 공익, 기업 이익 등 뚜렷한 목적을 갖고 엄밀하게 사전 계획되어 대상을 참여시키는 사건 또는 행사를 총칭하는 말'이라고 정의하고 있다. '인천광역시[김용하, 1996]'는 '특정 기간 동안 어떤 도시 또는 지역에서 주최자가 내건 목적을 달성하기 위해 시행되는 행사 또는 사업'으로 분류한다.

한편, 일본의 'JEPC[일본이벤트프로듀스협회]'가 정의한 바에 따르면 '이벤트란 목적을 가지고 특정한 기간에 특정한 장소에서 대상으로 하는 모든 사람에게 개별적이고 직접적으로 자극을 체험시키는 매체'라고 말한다. 일본의 '인터크로스[Inter Cross]연구소'는 "이벤트란 광의로는 기간, 장소, 대상을 제한하고 공통의 목적으로 이끄는 의도를 가진 일체의 행사를 지칭한다. 단, 선거, 데모 등의 정치 관련 행사 종교 의식 등은 제외된다."라고 정의한다.

이벤트에 대한 이상의 정의를 요약해 보면 "이벤트란 특정의 목적, 기간, 장소, 대상을 전제로 하여 실시되는 개별적이고 직접적이며 쌍방향적인 커뮤니케이션 매체라고 할 수 있다. 단, 정치적 · 종교적 · 부정적, 그리고 사적 목적의 이벤트는 이 범주에서 제외된다."고 할 수 있다. 다시 말해서 특정한 목적으로 해서 일정한 기간 · 장소 · 대상을 전제로 하여 실행되는 행사는 넓은 의미에서 이벤트라 할 수 있지만 이 중에서 부정적인 목적, 의미의 모임이나 정치적 캠페인, 종교적 행사와 개인적인 친선이나 사교를 목적으로 하는 행사 또는 모임[등산회, 낚시회, 기타 친목회]은 이벤트의 영역에서 제외된다고 할 수 있다.

최근에 주변에서 이벤트가 부정적인 목적의 모임 · 행사에서 사용되거나 또한 극히 사적인 곳에서도 자주 등장하는 것을 발견할 수 있다. 이벤트는 기원에서도 알 수 있듯이 축제적, 긍정적인 의미로 출발했으며, 특히 마케팅 측면에서 너무 벗어난 개인적인 범주까지도 포함하는 것은 잘못된 일이라 할 수 있을 것이다.

이렇게 정의 및 개념이 다양하게 나타난 원인은 각 나라에 따라서 이벤트의 기원과 경향이 다르기 때문이다. 일반적으로 서양적 의미에서의 이벤트는 주로 프로모션이 가깝고, 일본은 공공 이벤트의 성향이 강하며, 한국은 PR적 성향이 두드러지게 나타나고 있다.

이벤트는 목적, 시간, 대상, 내용을 모두 갖춤으로써 하나의 완전한 형태를 이루게 되는데 이벤트의 특성을 파악할 수 있는 가장 기본적인 전제는 그 매체적 특성으로 직접적Direct · 쌍방향적Two-Way · 개인적Personal 커뮤니케이션 수단이라는 점이다.

이벤트는 커뮤니케이션을 하기 위한 하나의 매체이며 그중에서도 현장에서 직접 체험하고 공감하는 매체라는 점에서 다른 매체와 구별된다. 또한 간과해서는 안 될 특성 중의 하나는 매스 미디어와는 달리 접촉 방법이 극히 개별적 · 개인적이며 현장에서의 참여가 가능하기 때문에 주최자와의 피드백Feed-back이 이루어질 수 있고 참가자의 구전 효과까지 기대되어 쌍방향적 커뮤니케이션 특징을 나타내고 있다는 점이다출처 : 이벤트 전략과 기획실무 - 김희진.

1.2 호텔 이벤트의 개념

호텔은 단순히 먹고 자는 곳이 아니라, 문화복합 공간으로서 '엔터테인먼트의 가치를 증대시키는 장소' 라고 개념화할 수 있다. 엔터테인먼트란 '남을 환대하고 즐겁게 하는 오락, 위안, 여흥, 연예, 연기 및 쇼' 라고 사전에서 정의하고 있다. 호텔 측면에서 보면 고객의 즐거움을 수익의 원천으로 하는 각종 핵심 사업을 의미하며 객실, 식음료뿐만이 아닌 종합적인 개념인 것이다. 즉 엔터테인먼트의 개념을 정리하면 '호텔과 레스토랑은 물론 문화, 레저, 여행업 등을 직접 수행하거나 활용

가능한 네트워크로 보유하는 것' 이라 할 수 있다.

호텔기업이 엔터테인먼트의 가치를 증대시키는 마케팅 수단이 이벤트인 것이다. 호텔 이벤트는 고객과의 커뮤니케이션으로 복합적인 문화의 즐거움을 제공한다. 예를 들면, 도심지의 비즈니스호텔 홍보팀에서는 데이터베이스 마케팅을 이용하여 정기적으로 주기적인 공연을 기획하고 쉐라톤 워커힐 호텔 같은 리조트 호텔은 콘서트 등의 다양한 공연 이벤트를 진행함으로써 호텔 이벤트를 더욱 구체적으로 제공하는 역할을 하고 있다.

호텔 이벤트는 호텔 로비 등의 자체적인 공연뿐만이 아니라 복합적인 이벤트를 의미한다. 현대의 호텔은 이제까지의 숙박과 휴식을 제공하는 단순한 기능에서 벗어나 호텔의 각종 이벤트를 통해 지역사회 주민의 대화와 사교의 장소, 취미와 교육, 건강증진 등 다양한 공공생활 공간을 지닌 사회적 의미를 갖는 기능과 나아가 관광측면에서 국제적인 국가의 위상으로까지 급 상승하게 되었다.

호텔은 고객에게 숙박과 음식을 제공하는 것 이외에도 새로운 시대에 맞는 다양한 이벤트를 개발하여 호텔이 사교와 오락의 장소 그리고 다양한 지식의 경합을 벌이는 장소로 발전하였다. 이는 호텔 이벤트가 단순히 판매업자를 돕는 판촉수단이 아닌 지식 경영시대의 핵심 문화를 전파하고 행동의 틀을 마련하는 촉매제 역할을 한다는 것이다. 따라서 호텔은 구매에 앞서서 고객의 심리와 행동을 이해하고 고객과의 커뮤니케이션 흡수, 명성과 이미지 구축 및 체계적인 이벤트 마케팅 계획에 의한 유기적인 프로그램의 구성을 마련해야 한다.

호텔에서 장소를 빌려주는 수동적인 연회 중심의 이벤트가 아닌 계획적이고 적극적인 엔터테인먼트가 호텔 이벤트인 것이다. 고객과 쌍방향 커뮤니케이션의 강력한 마케팅 수단으로 많은 호텔기업들이 이벤트를 활성화하는 지금, 호텔 이벤트에 대한 연구가 활발히 이루어지고 있다.

호텔의 상품과 서비스를 판매하고 활성화하고자 하는 목적으로 기획적인 이벤트를 만들어 고객들에게 제공 및 판촉하는 일체의 활동을 호텔 이벤트라고 할 수 있다. 호텔 이벤트는 호텔이 고객과 호응하여 기업의 목적이나 의도를 커뮤니케이션

하는 미디어 매체로서 다른 미디어와 비교했을 때 인간적인 교류를 통한 차별적인 마케팅 방법으로 볼 수 있다. 호텔 이벤트는 기업과 고객을 직접 연결해 주는 공간의 만남과 요구와 취향을 매력적으로 만족시켜 이벤트의 목적 및 지속적인 고객관리의 강력한 도구라고도 할 수 있다.

호텔 이벤트는 정보의 전달이나 판촉, PR을 목적으로 하는 점과 고객의 관심도를 증가시키기 위해 고객과 서비스 제공자의 상호 작용, 즉 커뮤니케이션을 중시한다는 점에서 볼 때 매우 유용한 마케팅 활동이다. 마케팅 관점에서의 커뮤니케이션은 정보 제공과 설득 또는 양자 모두를 통해 기업이 수행하고 있고, 이러한 모든 촉진적 노력이 제품과 용역에 대한 수요자를 증가시킬 수 있도록 작용되는 것이다.

호텔의 숙박, 식음료가 결합된 기존의 패키지 개념이 아닌 이벤트가 항상 창조적으로 결합되어 질적으로 다른 소프트웨어 프로그램이 지금의 호텔 이벤트 개념으로 자리 잡고 있다. 호텔 마케팅에서 가장 강력한 커뮤니케이션의 한 형태인 구전은 이벤트로 더 높은 효과를 거둘 수 있으므로 호텔기업도 고객 위주의 전략수립 시 참고해야 한다. 이제는 호텔의 마케팅 부서에 당연히 판촉 이외에 행사기획이나 이벤트 담당이 배치되어 체계적으로 활동하고 있다.

1.3 호텔 이벤트의 특징과 효과

호텔 이벤트의 목적은 호텔의 이미지를 부각시키고 조직 내부의 근로의욕을 높이며 결국 고객의 관심을 유인하여 매출과 이윤을 높이는 데 있다고 할 수 있다. 이벤트를 통해 고객의 주목과 추억의 가치를 전해줄 수 있는 유입에 대한 고민이 관건일 것이다. 호텔기업은 전사적인 호텔 마케팅 및 영업 전략을 바탕으로 호텔이 처한 위치와 상황, 특수성을 고려하여 호텔 이벤트를 개최하여야 한다. 호텔은 이벤트를 통해 고객에게 만족스러운 즐거움을 주고 엔터테인먼트 상품을 개발하여 판매촉진 효과와 문화예술 컨텐츠 영역의 확대에 기여하는 것이다.

호텔기업은 고객만족을 최우선으로 하는 기업 중의 하나로 고객과의 커뮤니케이션은 생명이라 할 수 있다. 호텔에서 고객지향적 마케팅은 고객에게 모든 초점이 민감하게 움직이고 마케팅 전략이 이런 관점에서 수립되어야 함을 의미한다. 호텔 이벤트의 특징을 설명하면 다음과 같다.

① 이벤트 마케팅 믹스marketing mix 중 촉진promotion의 주요 수단

마케팅 믹스의 촉진수단 중에서 이벤트는 고객과 커뮤니케이션하여 고객 만족을 가져오는 주요 수단이다.

② 연회장을 보유하고 있어 다양한 행사의 실행이 가능

호텔은 이벤트를 할 수 있는 장소를 보유하고 있으므로 판매, 판촉, 컨벤션 등을 개최하는 데 용이하다.

③ 문화예술공간으로서의 역할을 수행

호텔의 숙박, 식사, 판촉의 기능을 넘어 문화 활동이나 시민 휴식공간으로의 서비스를 제공한다.

④ 서비스의 차별화를 추구하는 체험산업의 특성

교통, 통신, 인터넷 등의 발달로 정보가 노출되고 호텔시설이 고급화되며 변화된 상황에 호텔은 직면해 있다. 이의 극복을 위한 최신기술의 지속적인 도입 외에 매력적이고 환상적인 체험적 산업이 되도록 호텔기업들은 많은 노력을 기울이고 있다.

⑤ 호텔 이벤트는 호텔의 소비적인 인식을 바꾸는 데 기여

호텔기업의 자체광고, PR, 기타 여러 가지 홍보방법이 미흡한 탓에 나타난 호텔의 소비성에 대한 인식을 호텔 이벤트가 변화시킬 수 있다.

⑥ 호텔 이미지 제고에 효과적

호텔 이벤트는 고객이 자발적으로 참여하도록 프로그램을 구성하여 구심적 마케팅 방법으로 적합한 수단이다.

최근 들어 고객들의 호텔 이용 경험이 많아짐에 따라 호텔기업에서 여러 가지 요구의 다양화, 요리 내용의 풍부함, 서비스 기술의 최신화가 이루어지고 있다. 시대의 변화에 적응하고 고객의 만족을 위해 즐거움을 선사하고 호텔의 이미지를 높이며 호텔 이용 고객의 문화적인 가치를 창출해 내는 마케팅 활동으로써 호텔 이벤트는 중요하다.

호텔은 상품 자체를 판매하는 것이 아니고 서비스라는 무형의 상품을 판매하는 것이므로 고객과의 커뮤니케이션이 중요하다. 호텔 이미지에 친근감과 즐거움을 유발하여 고객에게 만족을 줄 수 있는 상황을 만들어야 한다. 호텔 이벤트는 이러한 조건의 형성에 어울리는 방법으로 긍정적 효과를 가져 올 수 있다.

1.4 호텔 이벤트 사례

호텔 이벤트의 실제 사례들을 살펴보면 다양한 방법을 사용하고 있다.

가. 기념일을 활용한 이벤트

나. 가족의 띠를 활용한 이벤트

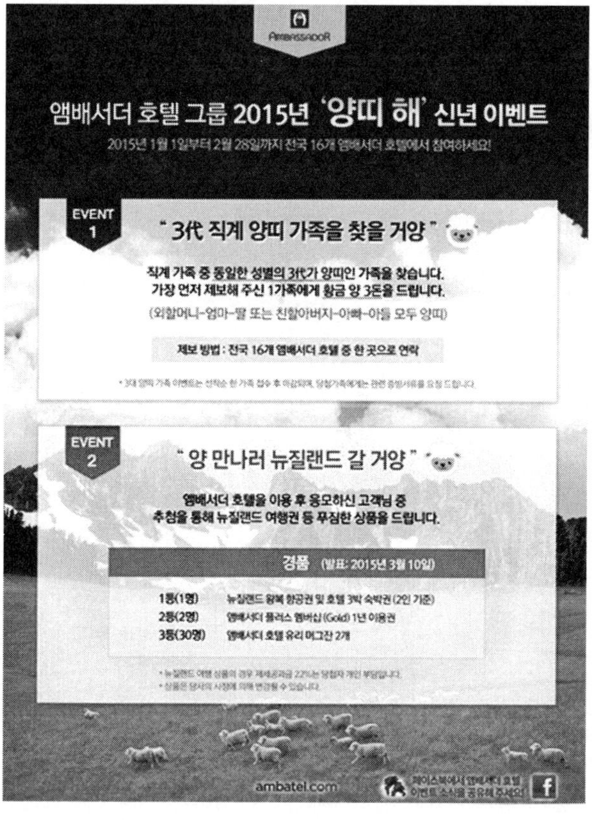

다. 패키지를 이용한 이벤트

아도니스리조트(ADONIS RESORT)

3월 골프장 & 호텔 이벤트

ADONIS COUNTRY CLUB

회원제이벤트

(대상:비회원)

구 분	Tee-Off	이벤트그린피
3월 평일 (16일까지)	8시 이전 티업	110,000원
3월 주말 (1일,3일,4일만 해당)		180,000원

★여성의날 : 월요일 여성4인 내장시 전타임 10,000원 할인(중복할인가능) -3월 16일까지

*위 이벤트는 정상적으로 18홀 종료시 적용됩니다.

☎문의: 회원제 예약실 전화 031)530-9110,9113 / 팩스 031)532-7486,7487 (당일 전화 예약 가능)

퍼브릭이벤트

(카트료포함)

구 분	Tee-Off	이벤트그린피
3월 평일(16일까지)	첫티업 ~ 8번째팀	35,000원
	9번째팀 ~ 10시이전팀	40,000원
	10시이후 ~ 막티업	45,000원
3월 주말 (1일,3일,4일,10일,11일)	8시 이전 티업	60,000원

*위 이벤트는 정상적으로 9홀 종료시 적용되며 카트사용 의무입니다.

☎문의: 퍼브릭 프론트 전화 031)530-9140 (당일 전화 예약 가능)

호텔봄패키지

•부가세 10%별도

구 분	스탠다드 더블/트윈	디럭스 트윈/온돌	온돌스위트	로열스위트 레지덴셜스위트
주 중	107,000	116,000	217,000	244,500
주 말	146,000	158,000	256,000	286,000

★제 공 혜 택

객실 1박 / 2인 조식 제공 (SUITE는 4인)
아트밸리 입장권 2매 제공 (SUITE는 4인)
실내 수영장 이용 시 50% 할인
레스토랑 이용 시 10% 할인 (조식 및 음료/주류는 할인에서 제외)
객실 내 생수 2병 무료제공
호텔 전 지역 무선인터넷 무료 이용 가능
DVD / 보드게임 / 자전거 / 공 무료대여

★패밀리코스메뉴

•부가세 10%별도

1. 바베큐코스 45,000원(1인,2인이상 주문가능)
2. 양식코스 45,000원(1인)
3. 중식코스 45,000원(1인)

ADONIS COUNTRY CLUB

ADONIS RESORT

라. 페이스북을 이용한 이벤트

마. 블로그 후기를 통한 이벤트

블로그 후기 작성 이벤트

http://blog.naver.com/paradisewed/100180298159

- **대상** : 호텔선샤인&파라다이스웨딩홀 방문자 및 방문 예정자

- **일정** : 2013년 02월 21일 (목) ~ 2013년 03월 31일 (일)

- **참여방법**

* 자신의 블로그를 이용하여 방문후기, 상담후기등을 포스팅해주세요!
예식, 호텔, 돌잔치 등 주제는 자유롭게 선택하시고 포스팅 후 URL 주소를 댓글에 남겨주세요!

* 현재 진행되는 선샤인호텔의 이벤트를 자신의 블로그에 스크랩해주세요!

- **이벤트 상품**

1등 : 고급 유모차(1명)
2등 : 헤지스 머니클립 키홀더(1EA : 5명)
3등 : 선샤인호텔 이코노믹 숙박이용권 (7명)
4등 : 가족사진촬영권(10명)
5등 : 고급 4P액자(20명)

참여하신 모든분께 TWOSOME PLACE (1만원자유이용권) 증정

2. 호텔 이벤트 운영 관리

2.1 호텔 이벤트 측면

오늘날의 호텔 개념은 숙박과 휴식을 제공하는 단순한 과거의 호텔 개념과는 많은 차이점이 있다. 호텔은 취미와 교육, 건강증진, 지역사회 주민의 대화와 사교의 장으로서의 다양한 개념을 가져야 하며 다양한 업종의 총 집합 장소며 최고의 서비스를 제공하는 곳이다.

또한 특급호텔 정도의 수준이 되기 위해서는 민간외교관이라는 사명감을 잊어서는 안 된다.

이것은 사회적 변화요, 고객의 변화와 변화된 고객의 요구이다. 이러한 요구를 수용하기 위해서는 호텔은 호텔 나름대로의 상품을 개발하고 광고해야 하는데 이것은 대부분 이벤트적 성격을 강하게 띠고 있다.

호텔은 이벤트를 개발하고 이벤트가 곧 상품이라는 것을 기억해야 한다. 어느 호텔을 가든지 라운지가 있고, 커피숍이 있고 각종 식음료 매장이 있기는 마찬가지다. 이러한 시설에서 판매되고 있는 음식의 종류가 상품일 수는 없다.

호텔 이벤트는 문화활동의 성격도 강하게 내포하고 있으므로 호텔을 잘만 활용하고 경영의 묘를 살린다면 문화활동의 장으로서도 충분한 시설과 공간을 확보할 수 있다.

호텔의 이벤트는 계절에 따라 Package를 만들 수도 있으며 사회적 행사와 연말연시, 또는 휴가철에 때에 맞는 상품을 얼마든지 개발할 수 있다. 그러나 국내 특급호텔의 이벤트 실태를 분석해 본 결과 이벤트의 개발 및 광고가 시설, 규모에 비하여 너무 미약한 상황으로 나타났다.

일년에 몇 번의 이벤트가 있지만 외국 관광객을 위한 이벤트는 거의 전무한 상태로 이러한 운영실태로는 한번 찾아왔던 외국 손님들이 다시 찾아올 리 없고 국내 손님도 고정 고객 확보가 어려울 것이다.

비수기에 편중되어 있는 호텔 이벤트를 부문별 · 계절별 · 시장세분화에 의하여 전략적으로 개발 · 운영해야만 하겠다. 또한 특별 고객에 대한 이벤트가 절실히 요구된다.

외래 관광객에 대한 이벤트 개발이 절실하고 외국의 관광매체에 광고할 필요성이 있다.

2.2 호텔 이벤트 광고 측면

이벤트 상품이 확실하지 않을 때 이벤트 광고 내용도 불성실하고 허술하게 보이는 것이 일반적이다. 내용을 보면 분명히 이벤트 광고인데도 읽어보면 이벤트에 대한 정보가 결여되어 있어 커뮤니케이션에 문제점을 안겨주고 있는 것이 연구 결과 밝혀졌다. 주제 설정에 있어서 아이덴티티가 설정되어 있지 않아서 이벤트의 성격이 불확실하다. 고로 이벤트 및 이벤트 광고가 호텔 마케팅을 지원하지 못하고 있는 실정이다.

헤드라인에서도 문제는 마찬가지이다. 내용은 없으면서도 과장된 단어의 나열에 불과한 헤드라인이 많았고 천혜의 자연 조건을 갖고 있는 호텔들도 그 장점을 살릴 수 있고 메리트가 강한 이벤트를 개발하여 광고한다면 호텔의 좋은 이미지는 물론 현대적 의미의 호텔 개념을 살릴 수 있을 텐데 그러지 못하는 점은 무척 안타까운 일이다.

보디카피의 내용도 막연하고 감상적인 내용이 많은 것으로 나타났으며 기업이미지 광고인지 이벤트 광고의 내용인지 구분이 되지 않는 카피도 발견되었다.

호텔 광고는 호텔의 특성과 지역적 특성을 고려하여 타켓이 결정되면 그 타켓의 라이프 사이클에 따라 상품을 개발하고 광고활동을 전개해야 한다.

또한 지역 주민 및 내국인은 물론 외래 손님들에 대한 특별한 문화행사의 장이 될 수 있도록 호텔 나름대로 독특한 문화를 형성하지 않으면 안 된다.

광고에서의 Illustration은 광고에 눈길을 머물게 하고 인상을 깊게 하여 오랫동안 광고를 기억할 수 있도록 해야 한다. 그 표현의 내용은 광고 내용을 집약한 가장 핵심적인 내용이 시각적 기호로 표현된 것으로 그것이 소비자들에게 전해지는 것이다. 연구 결과에 의하면 호텔 이벤트 광고의 조형감각은 Illustration뿐만 아니라 Layout 측면이나 보더라인 등 여러 측면에서 깊은 연구가 있어야 되겠다는 것이다. 사진의 활용에서도 문제는 마찬가지인데 사진을 단순히 찍는 것으로 끝나고 있다. 사진은 연출하고 표현하는 것이다. 연출이 치밀하고 표현이 빈틈없는 사진은 광고를 읽는 사람들에게 공감대를 형성할 수 있으며 공감대 형성이 바로 이벤트 행사를 성공적으로 치를 수 있는 비결인 것이다.

광고 내용은 이벤트 내용이고 사진은 풍경사진이나 호텔사진을 보여주어서는 안 된다. 식음료의 성격을 분명히 사진에서 표현하여야 하며 분위기 연출에서 필요 없는 소도구나, 소도구의 활용을 현장감 있도록 연출해야 한다.

Hand Illustration의 경우도 표현의 테크닉이 문제가 아니라 어떤 내용을 어떻게 표현하느냐가 더 큰 문제이다. 이제 우리나라의 광고도 테크닉에 문제의 역점을 두지 말고 논리적으로 어떤 내용을 어떻게 표현할 것인지, 이론과 테크닉을 같이 연구해야 할 시점에 와 있다.

대부분의 호텔 이벤트 광고 Layout이 이벤트의 내용이나 호텔이 갖고 있는 이미지와 서로 맞지 않는 것이 많았으며 광고를 제작하는 디자이너들의 프로 정신 결여에서 오는 무성의한 제작의 효과가 눈에 많이 띄인다. 광고를 제작한다는 것은 제작자 자신의 마음을 표현하는 것으로 제작자가 성실하고 사명감이 있으면 광고에도 충실한 면이 보여지기 마련이다. Layout은 이벤트의 잡다한 많은 정보를 한정된 공간 속에 커뮤니케이션의 효과를 목적으로 정리하는 작업이다. 또한 정보 내용의 중요도와 역할의 정도에 따라서 적절한 위치의 선정, 크기, 형태가 결정되고 그에 의해서 Layout이 만들어지기 때문에 깊은 연구가 따르지 않으면 안 된다.

1. 호텔 정보시스템의 의의

2. 호텔 정보시스템의 구조

호텔 정보시스템

13

1. 호텔 정보시스템의 의의

호텔 컴퓨터는 1963년에 뉴욕 힐튼New York Hilton에서 처음으로 설치되었다Sayles, 1963 : 41. 이것은 객실 경영상황을 자동으로 기록하는 소프트웨어를 가진 IBM 미니컴퓨터mini computer였다. 그러나 이 시기에 이 기술은 호텔 업무에 적절하지 않았다. 왜냐하면 프런트 데스크 클럭front desk clerks은 데이터 입력을 위해 키펀치카드key punch cards를 사용해야 했고, 일괄적으로 처리batch processed해야 했기 때문이다. 그 결과 시간지연으로 고객은 프런트데스크 앞에 길게 줄을 서야 했고 이 시스템들은

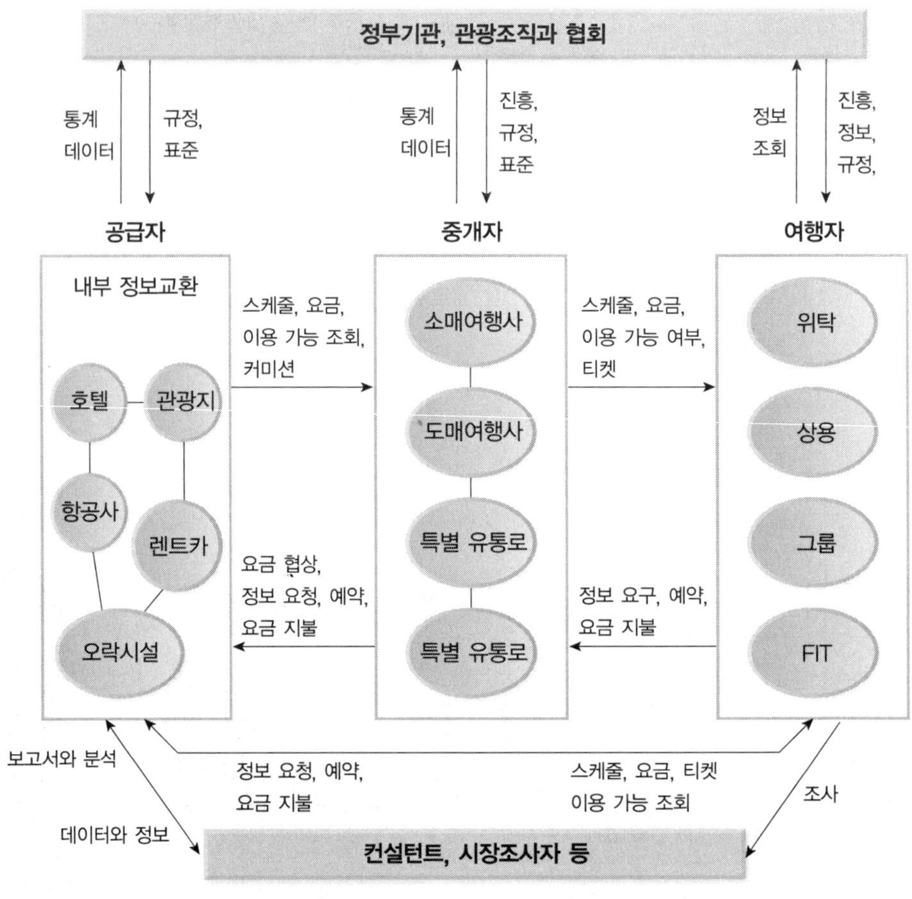

〈그림 13-1〉 관광산업의 정보 흐름

설치 후 곧 사용하지 않게 되었다. 적당한 온라인on-line 시스템이 미국에 있는 많은 대형 호텔과 세계의 여러 나라에서 성공적으로 설치되고 이용되기까지는 거의 10년이 걸렸다.

[표 13-1] **호텔규모에 따른 IT 사용**

호텔 크기(객실)	IT 사용 비율(%)	IT 필요성 정도(%)	IT의 고객만족 향상 정도(%)
100실 이하	89.4	28.9	70.2
101~300실	96.7	43.6	83.2
300실 이상	97.2	57.4	86.1

주 : 5점 척도에서 높음과 매우 높음을 비율로 나타냄.
자료 : Hoof, Collins, Combrink and Verbeeten, 1995 : 64-69.

1994년에 미국에서 실시된 숙박기업 조사에서 95.3%가 일정 부분에 컴퓨터기술을 사용하고 있다는 것을 발견했다. 반면에 1991년에 실시한 동일한 연구는 10% 이하가 컴퓨터화되어 있다고 발표했다Hoof, Collins, Combrink and Verbeeten, 1996 : 86-91. 대형 호텔들은 소형 호텔들보다 자동화로부터 더 많은 이익을 얻는 것으로 인지되고 있다. 대형 호텔들은 또한 더 쉽게 필요한 자금을 마련할 수 있다. 〈표 13-1〉에서 보듯이 대형 호텔300객실 이상의 매니저57.4% 대부분이 전체적인 기술 필요성이 '높다' 또는 '매우 높다' 라고 한 반면 소형 호텔100실 미만의 매니저들은 단지 28.9%가 필요하다고 답했다. 호텔 경영의 가장 큰 목적은 고객만족과 인적 서비스를 최대화하는 것이다.

정보기술information technology의 사용은 때때로 이러한 목적에 부합하지 않는 것처럼 보여 왔다. 그로 인해 환대산업 부분은 운영에 정보기술을 적용하는 것에 있어서 다른 산업 부분보다 뒤떨어지는 경향이 있다. 사실 정보기술은 종종 차갑고, 비인간적이고, 기계적인 환경을 조성하므로 인적 서비스에 방해요인으로 비추어져 왔다. 그러나 환대산업의 정보기술 적용에 대한 신념의 변화는 환대산업 부분에서 컴퓨터 사용이 폭넓게 이루어지기 전에 일어났으며, 그 변화는 지금도 일어나고 있다. 환대산업운영에 있어서 높은 기술high tech과 높은 접촉high touch은 상호 배타적인 것이 아니고, 높은 수준의 인적 서비스를 위한 잠재가능성과 효과, 비용절감을 가져올 수 있다Sheldon, 1997 : 109.

2. 호텔 정보시스템의 구조

호텔 자산 관리시스템property management system ; PMS은 호텔 정보시스템의 핵심 기능을 담당하는 중앙 컴퓨터를 이르는 말이다. PMS는 호텔 내부 시스템 간의 연계뿐 아니라 예약, 안내데스크, back office, 관리 기능을 모두 포함한다. PMS는 서로 다른 하드웨어적 기반 위에서나, 호텔 크기, 형태, 설치 시 요구사항 등에 따라 달라지는 소프트웨어 환경에서도 작동될 수 있다.

2.1 객실 관리 시스템

가. 하드웨어와 소프트웨어

PMS를 구동시키는 데 사용되는 하드웨어의 유형은 호텔의 크기나 용도에 따라 다르다. 객실규모가 작은 호텔이나 Guest House의 경우는 한 대의 개인용 컴퓨터로도 자료저장, 고객 관리, 객실 관리 등 관련 자료를 작성하는 데 충분하다. 100~300개의 객실을 가진 중급호텔의 경우에는 부서별로 서로 다른 전산실을 가진 LAN근거리 통신망 또는 지역네트워크이 적절하다. 모든 소프트웨어와 자료를 저장하고 있는 파일서버는 호텔이용객들이 동시에 등록, 퇴숙같은 업무를 처리할 수 있도록 한다.

500실 이상의 객실을 보유한 대형 호텔의 경우 미니 컴퓨터나 main-frame 컴퓨터가 막대한 양의 업무처리를 위해 필요할 것이다. 미국 호텔들이 사용하는 하드웨어 사양을 살펴 보면, 독립형standalone PC들이 가장 많이 사용되는데 이 PC들은

실시간 객실 상황 표시

각 객실에 설치된 컨트롤러와 통신하면서 객실의 상황을 실시간으로 표시
- 객실 출입문, 키의 삽입여부 표시
- 객실상태 표시(공실, 사용 중, 외출 중, 청소대기 중, 청소 중)
- 객실의 현재온도 및 설정온도 표시

에너지 절감을 위한 원격 제어

에너지 절감을 위하여 객실의 기기를 원격 제어
- 키 삽입 후 퇴실 시 객실 메인 전원 및 에어컨 자동 차단 기능
- 객실상태 별도 자동 온도 설정 기능
- 에어컨 동작 제어방식 설정 기능

매출 분석 프로그램

매출의 누수를 원천적으로 막아줌
- 일별, 월별 매출 레포트 조회 및 출력 기능
- 비정상적인 객실 사용 시 전원 자동 차단 및 SMS 문자메세지 자동 발송 기능
- 프로그램 시작 및 종료 시 이력 기록 및 업주에게 SMS 문자메세지 자동 발송 기능
- 객실별 모든 객실 변화를 이력으로 DB에 기록하고 확인할 수 있는 기능

다양한 화면 구성

사용자의 입맛대로 편안한 화면을 구성할 수 있습니다.
- 능률적인 작업을 위해 이미지와 전체적인 화면의 색감이 사용자의 취향에 부합
- 연령별, 성별에 따른 여러 취향을 만족시킬 수 있도록 다양한 이미지셋을 제공
- 배경 이미지도 삽입 가능

〈그림 13-2〉 객실 관리 시스템의 하드웨어와 소프트웨어

적어도 몇 개의 크고 작은 network를 갖고 있었으며, 최근에는 크고 작은 시스템의 네트워크 형태가 점점 더 일반적으로 되어가고 있다.

호텔의 PMS는 하드웨어 , 소프트웨어, 교육지원, 유지 · 관리 기능을 포함한 턴키시스템이거나 내부적으로 PMS를 포함한 독립형이다. 독립형의 경우는 매우 전문화되어 있어 매우 큰 회사에 적합하다. 하얏트 호텔의 경우 모든 체인에서 사용할 수 있는 호텔 자체의 시스템을 설계해서 사용한다. 사업장의 크기, 시설의 다양화가 내부 개발비용을 결정하게 되는데 더 일반적인 턴키시스템 PMS는 전문장비 제작회사의 프로그램 개발자들에 의해 만들어지고 있으며, 개개별 활용 정도 및 필요에 따라 변경된다.

PMS 활용제작에는 'Basic'이나 'C'와 같은 프로그래밍 언어가 사용되었다. 이런 언어들이 사용자가 직접 메뉴를 작동시키는 PMS를 탄생시켰고, 이러한 메뉴 사용방식은 컴퓨터 사용에 능숙치 못한 종업원들이 쉽게 업무를 처리할 수 있게끔 하였다.

'Basic'이나 'C'와 같은 개발용 언어가 신속한 화면이동을 가능케 하였는데, 이제는 많은 PMS가 그래픽적인 사용자화면GUI을 제공하고 생산성과 효율성을 높일 수 있는 다중사용자 접속방식을 지원한다.

UNIX에 기초한 시스템이나 SQL 데이터베이스 등은 더 광범위한 데이터접속과 휴대성을 강화하여 종전의 모뎀을 사용한 PMS 사용자에게 더 많은 인기를 얻게 되었다.

나. 예약 모듈The Reservation module

PMS는 객실 범위 내에서 예약 관리를 다룬다. 객실예약은 편지, 전화, 팩스, 호텔의 홈페이지에서 접수되는 e-mail, 또는 GDS를 통한 예약 등의 형태로 이루어진다. 각각의 경우에 예약은 PMS로 입력된다. 만약 예약을 받은 호텔이 지점이거나 여행사와 같은 예약대리점인 경우에는 그 예약정보는 중앙 CRS로부터 on-line으로 곧바로 PMS로 보내어진다.

호텔 지점에 있어서의 최근의 경향은 IPS객실 관리 시스템라 불리는 시스템 내부에 각각의 객실 관리용 PMS를 가지고 중앙컴퓨터 예약 시스템에 예약정보를 집약하고 있다. 더욱이 CRS와 PMS의 연동뿐 아니라 이러한 시스템 설비는 고객들이 그들의 객실에서 바로 다른 체인의 호텔을 예약할 수 있게 지원하고 있다.

PMS의 IPS에 의한 예약모듈은 고객예약에 대한 상세한 정보까지 기록하고 저장한다. 예를 들면 고객이 선호하는 방의 형태, 특별한 주문, 체류기간, 대금지불정보, 예약 대리점에 관한 상세한 정보 등을 기록 · 저장하고, 그들에 관한 확실한 종합된 하나의 파일을 만든다. 또한 그룹예약은 더 복잡하여 필요로 하는 객실의 수,

〈그림 13-3〉 예약 모듈

이미 예약된 객실의 비율, 예약 차단여부 등을 모두 다루고 있다. 예약모듈에 관한 데이터는 객실 관리를 하거나 수입을 미리 알 수 있는 중요한 입력 데이터이다.

호텔예약을 위해 전자적 방법을 사용하는 것이 점점 더 일반화되고 있다. 특히 호텔 CRS는 개인고객이나 여행대리점을 통한 수신자 부담전화, 여행사에 있는 GDS 단말기를 통한 on-line 예약, 인터넷을 통하여 예약 등을 접수한다.

체인호텔 CRS는 그들과 제휴하고 있는 모든 지점이나 타 호텔의 예약정보를 저장하고 처리하며, IPS의 경우는 온라인 또는 오프라인을 이용하여 특정 호텔에 각각의 예약정보를 회송한다. 체인호텔 CRS는 체인상의 모든 곳으로부터 판매 가능한 객실의 비율을 담고 있다. 종종 객실의 형태나 가동율이 저장되기도 하는데, 이는 고객 개개인의 특성을 파악해 방의 재고 관리에 여지를 두기 위해서이다.

지방의 호텔은 팩스나 전화, 또는 더 효율적인 방법으로 CRS 호스트로부터 사용가능한 방의 정보를 업데이트할 수도 있다. 예를 들어 Best Western Hotels은 위성통신을 사용해 사용가능한 방의 정보를 개개의 지점으로부터 매 순간 업데이트하여 신속한 객실예약처리를 가능하게 하고 있다. 예약 대리점들은 새로운 CRS를 갖고 각 지점의 모습이나 지도상에서의 위치를 볼 수도 있다. 다른 호텔체인들 또한 on-line을 통하여 그들 개개의 지점이 쉽고 빠르게 정보를 업데이트할 수 있도록 지원하고 있다.

다. check-in, check-out과 회계guest accounting

〈그림 13-4〉 호텔의 프런트 전경

체크인 과정에서 고객의 예약파일이 작업 중인 컴퓨터로 불려오고, 고객원장을 생성할 수 있다. 만약 고객이 예약을 하지 않았다면 체크인 과정에서 새로운 파일이 생성된다.

대부분의 PMS 메뉴에는 이런 과정을 처리하기 위해 walk-in이라는 옵션을 갖고 있다. 호텔의 PMS와 은행의 신용카드 확인 시스템과의 접목으로 고객이 체류하는 동안 카드사용 및 은행잔고가 충분한지를 확인할 수도 있다.

호텔로비의 self check-in 단말기는 고객이 체크인하는 줄을 피해 빠르게 체크인이 가능토록 하고 있다. 이러한 단말기는 PMS와 연결되어 있고, 신용카드를 넣는 것이나 고객의 접근을 감지하는 행동 감지기에 의해 작동되어진다. 단말기들은 고객들에게 인사를 하고, 고객들이 체크인 절차를 수행할 수 있도록 안내를 하며, 객실을 배정하고, 객실 키를 자동 발급하며, 고객들에게 그들의 객실로 가는 방향을 제시해 준다.

또한 단말기는 에너지 관리 시스템을 작동시켜 방 안의 전화기나 음성메일을 가동시키도록 프로그램되어 있다. self check-in 단말기는 예약을 한 고객이나, 예약하지 않은 고객 누구나 사용할 수 있다. 단말기는 터치스크린이나 키보드로 구동되는데, 원격이나 무선 체크인 단말기 또한 원격체크인을 위해 사용될 수 있다. 예를 들면, 공항에서나 또는 호텔까지 운행하는 리무진이나 택시에서 바로 체크인을 할 수 있다.

체크인을 할 때 일단 고객의 신상파일이 열리면, 체류기간과 그 동안의 사용금액이 수동으로나 자동으로 신상파일에 추가된다. 직원이 하는 수동 입력은 시간지연이나 실수를 범할 우려가 있지만 컴퓨터가 하는 자동입력은 신속하며 실수 없이 행해지며, 잘못된 요금청구도 사전에 막을 수 있다.

야간의 감시 기능 또한 자동화의 또 다른 큰 이점 중의 하나이다. 모든 재정적인 업무가 기록되고 일정한 시간마다 자동으로 정리된다.

자동화된 호텔에서의 check-out 절차는 고객이 프런트 데스크에서 지불할 것을 요구하지 않는다. 신용카드를 이용한 자동자금이체가 자동으로 체크아웃을 가능하게 한다. 신용카드를 통해서 고객의 신상파일이 확인되어지고, 만약 어떤 문제점이 없으면 자동으로 요금이 지불된다.

또한 객실의 TV가 PMS시스템과 연결만 되어있으면 고객은 객실의 TV를 통해서 그 과정을 볼 수 있다. 고객의 신상파일이 TV의 모니터에 뜨고, 어떤 문제점이 있다면 투숙객은 그 자리에서 바로 문제를 해결할 수 있다.

체크아웃 역시 원격 리모콘을 사용할 수도 있다. 일단의 TV에서는 프린터 기능도 갖고 있어서, 고객은 자신의 신상파일을 출력하거나 팩스로 보내거나 받을 수도 있다. 또한 명세표를 다양한 언어로 번역해주는 PMS용 소프트웨어가 거대한 국제적인 호텔에서 사용되고 있다.

라. 고객기록 guest history

고객기록 데이터베이스는 PMS의 종요한 기능 중의 하나이며, 아주 강력한 상업 도구이다. 호텔에서 고객기록 데이터베이스의 이행과 가치는 1989년 비버 Bieber 에 의해 논의되었다. 퇴숙 후에 고객의 정보는 PMS 내의 고객기록 데이터베이스에 저장된다. 고객이 체류하는 동안 그들의 소비 형태나 선호하는 것의 상세한 목록이 세 가지 목적을 위해 기록된다.

① 직접적인 메일 마케팅과 같은 장래의 마케팅활동을 위해서이다.
② 고객이 예약을 할 때 주소, 신용카드 번호 등과 같은 데이터를 중복해서 입력할 필요가 없도록 미래의 예약을 효율적으로 하기 위함이다.
③ 고객의 재방문 시 각종 서비스를 그들에게 맞추기 위함이다. 이것은 서로 다른 부서에서 일하는 직원들이 고객의 필요와 선호도를 공유할 수 있도록 데이터베이스에서 보고서를 뽑아내는 것에 의해 행해진다.

고객기록 데이터베이스의 분야에는 다음과 같은 것이 있다. 선호하는 객실의 형태, 객실번호, 주소, 전화, 신용카드번호, 여행대리점, 지난번 투숙 시 요구한 서비스의 종류, 그리고 그 밖의 개인적인 정보 등이 있다.

마. 객실 관리 room management

PMS의 또 다른 중요한 구성요소의 하나는 객실 관리 모듈이다. 이것은 객실의

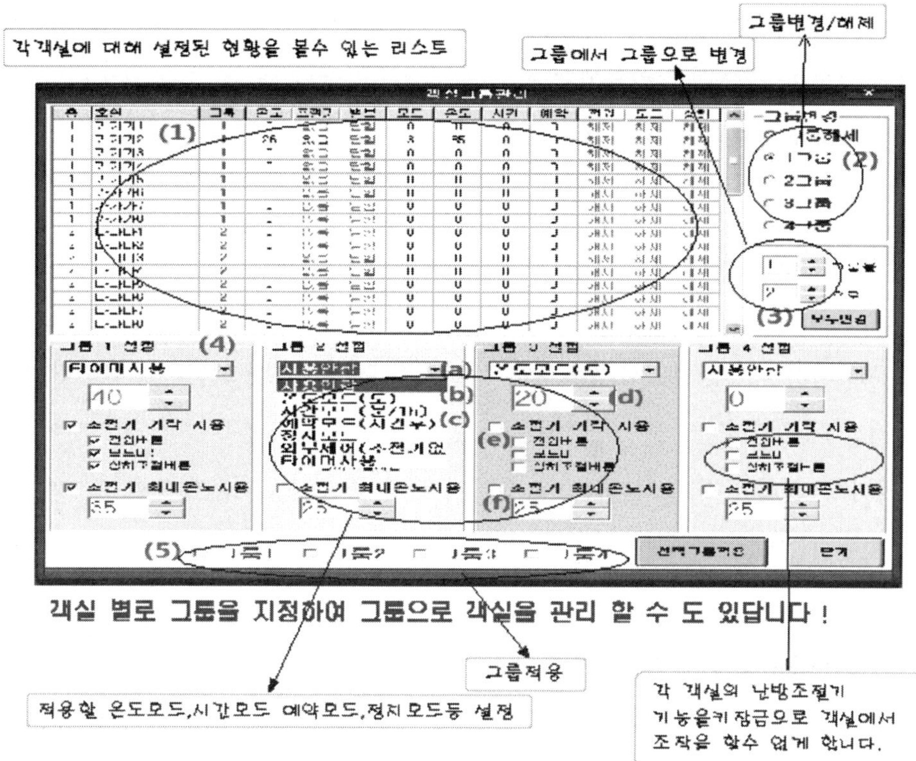

〈그림 13-5〉 객실 관리 상황도

상태를 항상 알 수 있게 하며, 객실 관리부의 업무를 지원할 수 있다. PMS의 객실마스터는 각 객실의 정보를 담고 있는데, 예를 들면, 객실번호, 객실의 형태, 객실의 특징침대 형태, 쾌적도 등, 위치, 객실의 상태 등이 있다.

PMS에서 보여지는 전형적인 객실의 상태는 사용 중, 비어 있음, 지저분함, 깨끗함, 점검됨, 점검요망 등이다. 체크인과 체크아웃이 행해질 때마다 객실의 정보가 변하며, 이러한 정보는 객실이 정리가 되자마자 고객이 사용가능하도록 해주는 데 중요한 역할을 한다.

객실의 상태에 대한 정보는 객실부 직원이 프런트 데스크로 전화를 한다거나, 주기적으로 보고를 하는 방식으로 변경될 수도 있다. 이러한 방식 또한 객실부에 설치된 PMS 단말기를 경유하여 전자적으로 보내지게 되어 있다. 만약 이러한 시스템이 PMS와 연결이 되어 있다면 객실의 전화를 통해서나, 자동 잠금장치를 통해서 더 빠르게 객실의 상태에 대한 정보갱신이 가능하다. 직원들의 생산성 또한 이 시스템으로 추적할 수 있는데 직원들에게 청소를 시작하고 끝날 때마다 타임레코더로 시간을 기록하게 함으로써 가능하다.

바. PMS의 추가 기능

PMS는 여러 시설 단위의 필요성에 따라 많은 다른 특정한 모듈을 포함한다. 여행대리점 회계 관리travel agent accounting, 객실 일정 관리 기능function room scheduling, 골프, 테니스, 그리고 다른 시설들의 사용일정 관리, 시 분할 관리time-share management 등의 모듈이 있다.

1) 여행대리점 회계 관리travel agent accounting

여행대리인으로부터 예약을 받는 호텔의 경우 각각의 여행대리점에게 지불해야할 수수료를 관리하여야 한다. 이것을 수작업으로 한다면 매우 지루한 일이 될 것이다. PMS는 예약 시의 정보를 갖고 대리점 수수료를 파악할 수 있다. 매달, 매주말에 자동으로 수표가 발행되어 신속하게 대리인들에게 보내지므로 호텔은 여행대리점들과 더 좋은 관계를 유지할 수가 있는 것이다.

호텔이 많은 여행대리인들에게 지불하는 수수료 수표의 발행을 돕기 위해서 THISCO가 HCC라 불리는 중앙 컴퓨터에 의해 관리되는 clearing house를 설립하였다.

2) 객실 일정 관리 기능function room scheduling

연회, 미팅, 세미나, 사회적 행사 등에 사용될 연회장이나, 다수의 가능성 객실을 보유한 호텔은 다가오는 행사나 활동들의 상세한 정보를 저장하고 그러한 일을 진행해야 한다. 각각의 객실 예약, 룸의 세팅, 장비, 음료, 음식의 수요가 자세히 구성되고 기록되어야 한다. PMS는 호텔에서 미팅이나 연회를 계획하는 사람들이 사용할 수 있다.

3) 골프, 테니스 및 설비 관리

스포츠시설이나 다른 위락시설을 가진 호텔에 있어서 PMS는 부가적인 작용을 필요로 한다. 골프나 테니스 코트의 경우 티샷을 하는 타임이나, 코트의 스케줄을 조정할 필요가 있다. 게다가 그런 시설들은 사용료를 받고, PMS에 저장된 손님들의 신상파일에 사용내역을 전송해야만 한다.

4) 시 분할 관리time-share management

다수의 사람들에 의해 소유되어지는 숙박시설들은 변화된 자산 관리 시스템이 필요하다. 소유자들의 상세한 정보와 지불수단 등을 추적할 수 있어야 한다. 이러한 것들을 PMS 모듈로 해결할 수 있다.

2.2 지원 관리시스템

가. 관리정보 제공

PMS 데이터베이스는 관리자가 그들의 운영상황을 더 잘 이해할 수 있도록 하기 위해서 많은 양의 실시간 정보를 제공한다. 통계학적으로도 온라인을 이용한 통찰이 관리자들에게 그들의 상황에 대한 더 나은 통제력과 더 강력한 결정을 하도록 지원하는 것으로 나타나 있다. 객실의 점유율, 평균 객실요금, 영업이익, 객실비용은 호텔 관리자들이 가장 중요하게 여기는 4가지 통계수치이다. 호텔의 전체적인 관리분석을 위해서 PMS에서 많은 자료들을 추출할 수 있다. 예를 들면, 마케팅 보고서, 도착과 출발에 관한 보고서, 야간의 감사보고서 등이 있다.

이상적으로는 PMS는 데이터베이스에서 가져온 다양한 자료들을 이용해서 특별보고서를 출력할 수 있는 보고서 작성능력을 갖고 있다. 또한 PMS의 데이터는 관리자들이 자료를 분석하거나 이용할 수 있도록 관리자들의 PC에 있는 스프레드 시트나 그래픽 도구로 다운로드 받을 수 있다. 이것은 관리자들의 컴퓨터 능력을 요하는 것이기도 하다.

관리자들의 요구는 일반적인 정보로부터 효율적인 결정을 할 수 있는 임계정보를 수집하는 것이다. 수입 관리와 이윤 관리에서 이용되었던 EIC와 DSS가 호텔환경에서 요금을 적용해야 하는지, 언제 과다한 예약을 받았는지, 어떤 비율이 이윤을 최대로 할 수 있는지를 결정할 수 있도록 한다.

예측 모듈은 수입 관리 시스템의 최고의 구성요소이다. 수입 관리 시스템은 다양한 품목의 수요를 분석하고, 시장상태를 조사하고, 수요를 예상할 수 있는 예측 모듈을 발생시키는 데 PMS에 저장되어 있는 일련의 데이터를 사용한다. 그러고 나면 예상된 수요량은 재고품과 현재 사용 가능한 품목들과 비교되어지고, 예약시스템이나 PMS에 그 결과를 통보한다. 이윤과 수입을 관리하는 패키지는 일반적으로 독립된 PC상에서 운영되기 때문에 결과를 PMS에 통보하는 것만큼이나 PMS로부터 PC로 일련의 자료를 다운로드 받는 것도 중요하다.

2.3 인터페이스 시스템

컴퓨터 시스템들을 이용한 호텔 정보시스템은 호텔 정보를 수월하게 처리해 줄 뿐 아니라 이러한 시스템들과 PMS와의 연결은 많은 이익을 가져오고, 특히 고객평가의 영역에서 많은 정보를 얻을 수 있다. 공유된 시스템으로부터 PMS까지 수동 작업 없이 정보가 빠르게 전달될 수 있다. 그러므로 상당량의 인건비가 감소하고, 정확도가 증가하며, 데이터 전송에 시간이 거의 들지 않고, 체크아웃 전에 정보가 전달되지 않은 상황에서 발생되는 미지불 고객의 수를 최소화할 수 있다. 예를 들어, 식당에서의 POS Point-of-sale 시스템은 고객의 신상파일에 부과된 요금을 기록하기 위해 PMS와 공유될 수 있다. 만약 PMS와 공유되어 있다면 보안을 강화하기 위한 전자잠금장치electronic locking system가 더욱 효율적일 수 있다. 객실 전자장비와 호텔전화 시

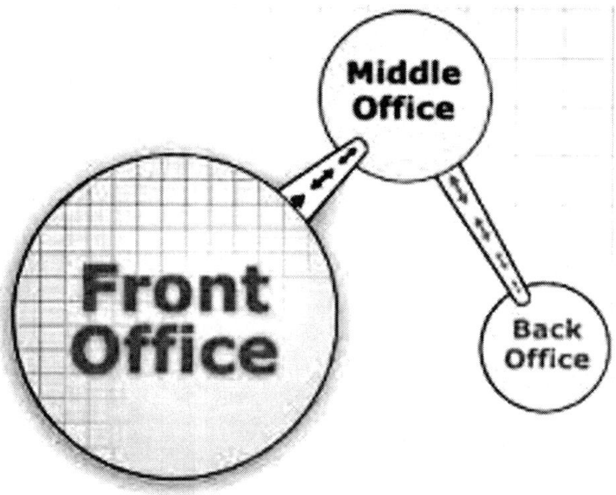

〈그림 13-6〉 인터페이스 시스템

스템, 에너지 관리 시스템, back office 시스템, 신용카드 확인 시스템, 그리고 관리자의 PC의 공유는 PMS가 가진 또 하나의 가치 있는 공유의 예가 될 것이다.

공유는 또한 호텔에 기술적인 복잡성을 가져온다. 양립할 수 있는 하드웨어와 소프트웨어가 설치되어야만 하고, 통신용 하드웨어와 소프트웨어, 공유를 할 수 있도록 해주는 케이블이 설치되어야만 한다. 각각의 공유설비는 하드웨어 자체뿐 아니라, 연결 면에서도 비용이 든다. 독립적인 공유 프로세서는 다양한 시스템에서부터 PMS와 연결되어야만 한다.

또한 매일매일 운영상태를 점검하기 위해 호텔 내의 MIS의 직원들에게는 고도의 기술수준이 요구된다. 순조로운 운영을 위해서 PMS 시스템과 공유된 시스템 간의 협력이 필요하다. 특별히 데이터 전송문제에서는 더욱 그러하다. 호텔에서 다양한 시스템을 다뤄야만 할 때에는 복잡·복합적인 문제들이 발생할 수 있다. 최근 발생하고 있는 PMS 시스템과 다른 호텔 시스템 간의 공동병합은 소수의 시스템으로 공동작업을 함으로써 MIS[경영정보시스템] 부서의 일을 단순화시켰다.

2.4 식음료 분야에서의 컴퓨터 활용

식음료 서비스에 있어서 독립적이든, 호텔이나 클럽의 한 일부이든, quick service이건 table service이건, 상업적이건 제도적이건 간에 특별한 호텔 정보시스템의 사용을 필요로 한다. POS 시스템은 가장 일반적으로 활용되면서, 배달의 효율성을 증가하거나, 판매량을 추적하고 분석하는 데 사용되어지고 있다. 또한, 식당 관리 시스템은 전체적인 통제와 음식생산을 모니터하고 분석하는 데 도움을 주는 back office 업무 처리 시스템이다.

1. 프랜차이즈의 의의

2. 프랜차이즈의 형태

3. 프랜차이즈 호텔의 개요

4. 프랜차이즈 호텔의 장점 및 단점

5. 프랜차이즈 호텔의 경영전략

6. 프랜차이즈 호텔의 사례

글로벌 호텔 프랜차이즈

Global **Hotel Management**,
ch. fourteen

14

1. 프랜차이즈의 의의

1.1. 의의

FRANCHISING이란 프랜차이저FRANCHISOR가 프랜차이즈를 사는 사람FRANCHISEE에게 프랜차이즈 회사의 이름, 상호, 영업 방법 등을 제공하여 상품과 서비스를 시장에 판매하거나 기타 영업을 할 수 있는 권리를 부여하며 영업에 관하여 일정한 통제 · 지원을 하고, 이러한 포괄적 관계에 따라 일정한 대가를 수수하는 계속적 채권관계를 의미한다.

[FRANCHISING 단어 유래]

원래 프랑스에서 왔으며, 'FREEDOM FORM SERVITUDE' 라는 뜻으로 노예상태로부터 해방이라는 의미다.

① **프랜차이저**FRANCHISOR

- 가맹사업 관련 권리를 부여해 주는 자
- '가맹사업자' 또는 '가맹본부' 라 함

② **프랜차이지**FRANCHISEE

- 동 권리를 부여받은 자
- 가맹점주라 함

2. 프랜차이즈의 형태

2.1 본부직영 체인점 형태

체인 본부가 직접 점포마다 투자를 하고 직원들을 파견하여 관리해 나감으로써 브랜드의 이미지를 보다 강력하고 일관되게 통제하여 소비자에게 좋은 이미지를 심어주면서 경영하는 다점포 방식이다.

자본이 너무 많이 든다는 단점이 있으나, 전국 어디서나 같은 색깔을 확실하게 낼 수 있다는 장점을 갖고 있어 주로 대기업에서 많이 활용하고 있다. 그러나, 봉급생활자인 종업원들에 의해 모든 것이 이루어진다는 측면에서 볼 때 100% 이상의 효과를 올리기는 어렵다는 한계를 갖고 있다. 이러한 형태는 주로 외국의 기업과 체인 계약을 맺은 국내의 대기업이 패스트푸드, 패밀리 레스토랑에 많이 적용하고 있다.

예를 들자면 피자헛, 버거킹, 맥도널드, KFC 등이 있다. 이런 브랜드의 경우 개인이 자기만의 장사를 해볼 수 있는 기회는 주어지지 않는다.

2.2 프랜차이즈 체인점 형태

우리가 알고 있는 일반적인 체인점이다. 프랜차이즈란 특허, 특권을 지칭하는 말로서 우리나라에서는 일본에서처럼 가맹사업이라고 풀이하고 있다

이 형태는 개인에게 사업의 기회를 주는 방식을 채용하는데 정확히 정의하자면 사업지원형 가맹사업이다. 이 프랜차이즈 가맹사업은 가맹본부가 우선 개점 및 경영에 관한 노하우를 구축해 놓고 계약을 맺은 가맹점주에게 여러 가지 노하우와 상호, 상품 공급권, 지역 독점권 등을 주고 영업을 지원하는 시스템으로 운영된다. 그러므로, 개인은 가맹본부와 가맹계약을 맺음으로써 여러 가지 지원을 받아 손쉽게

자기 사업을 할 수 있다. 체인 본부는 가맹점주를 지원한다는 명분으로 개점 시에 대가를 받으며 개점 이후에는 로열티 등을 받아 수입을 올린다. 또한 최종적으로 자기자본을 들이지 않은 다점포에서 상품을 대량 소비하여 점주는 소매마진을, 본부는 도매마진을 지속적으로 확보한다. 즉, 획기적인 본부투자 절약형 유통사업 전개 방식이라 할 수 있다.

그러나 이 프랜차이즈 체인방식은 계약에 따라 개인을 교육시킴으로써 전국적으로 통일화 작업을 해야 한다는 단점이 있다. 다시 말해, 한 점포에서 실수를 하게 되면 한순간에 같은 브랜드를 사용하는 점포들 전체의 이미지가 흔들릴 수도 있는 것이다. 때문에 체인 본부에서는 강력한 통제와 관리를 해야 하고, 점주는 본부에 절대적으로 순응하는 것이 절대 중요하다. 반면, 이 방식은 개인이 직접 투자하여 자기만의 사업을 하는 것이므로 점주들이 자신의 역량을 150～200% 이상을 발휘할 수 있다는 장점도 갖고 있다.

그래서 선진국에서는 프랜차이즈 사업이 유통의 꽃으로서 소매업 매출액의 반 이상을 점유하고 있을 만큼 주요한 사업으로 급속히 발전하고 있다.

2.3 임의 가맹형 자율 체인점 형태

이것은 단독점포와 프랜차이즈의 중간 형태로서 특히 공동 브랜드나 동일 업종을 조합하여 전개해 나가는 체인방식이다.

체인 본부는 최소한의 기능만 하고 점포주가 자기만의 특성을 살려 융통성 있게 경영해 나갈 수 있다. 그래서 지역형 점포 이미지를 만들어 갈 수 있고, 가격고정이나 상품취급 등의 한계를 극복할 수 있다.

하지만, 자율은 있으나 체인 본부의 강력한 통제 때문에 브랜드 이미지를 만들어 갈 수 없다는 단점이 있고 실제 성공한 사례도 찾아보기 힘들다.

3. 프랜차이즈 호텔의 개요

3.1. 의의

프랜차이즈 호텔은 보통 체인호텔chain hotel 혹은 전문 호텔 경영기업management companies과 특정 호텔 간의 위탁경영 계약management contract에 의해서 성립된다. 위탁자인 호텔 소유주는 수탁자인 체인호텔에 전문적인 호텔 경영을 의뢰하는 조건으로 일정한 대가를 지불하며, 보통 이러한 경영방식의 계약기간은 약 25～30년간의 보증계약으로 이루어진다. 1946년 초에 Intercontinental Hotel이 식당판매계약을 시작한 데서부터 비롯되었다. 현재 국내 대부분의 외국 체인호텔들이 이 경영방식에 의해 운영되고 있다.

소유회사와 경영회사 간 위탁경영 계약을 통해 소유회사는 자산 관리에만 전념하고 경영회사가 호텔 경영에 관한 전권을 행사하는 '소유와 경영의 분리' 를 이룰 수 있다. 이러한 소유와 경영의 분리는 철저한 계약에 의해 성공적인 결실을 맺게 되는데, 예를 들어 세계 최고의 호텔체인이며 1,500개 호텔에 150,000개 이상의 객실을 체인시스템에 보유한 메리어트 그룹은 자사가 직접 소유하고 있는 호텔이 불과 6개뿐이다.

메리어트 그룹은 대부분 프랜차이즈 계약 혹은 위탁경영 계약을 통해 체인을 확대하는데, 이는 90여년에 걸친 호텔 경영의 노하우를 통해 '호텔 경영에 관한 한 어떠한 소유회사보다 이윤을 보장한다' 라는 이미지를 구축했기 때문이다.

3.2 프랜차이즈 호텔의 성장요인

국제적으로 호텔 영업을 수행하고 있는 미국의 호텔 경영회사들은 그들의 위험부담을 최소화시키면서 국외에서 업무를 확대하고자 하였으며, 1950년대부터 위탁경영 계약을 채택하였다. 미국 숙박회사들의 대부분의 주요 체인 경영회사들은 전통적인 소유권, 합작, 임대, 프랜차이즈 협약을 보완하는 위탁경영 계약을 이용하기 시작하면서 전 세계적으로 발전하였다.

위탁경영 계약 채택을 주도하고 있는 것은 주요 시장성, 경제성 그리고 경영정책이다. 각각의 요소들은 1970년대 후반과 1980년대 초반에 미국 경제에 큰 영향을 끼친 부동산 경기등락 사이클 등의 압박 요인이 되었다. 이러한 요인들은 호텔 소유회사들과 경영회사들이 위탁경영 계약을 하게 하는 목적과 기대를 형성하게 되었고 위탁경영 계약 이용은 계속적으로 확장되었으며, 재무적, 경영적, 법적인 관련 문제를 해결하기 위해서 과감하게 해외로 성장을 추구하게 되었다. 해외로 성장을 추구하게 되면서, 국내와 국제 등 여러 호텔기업들은 기업의 이미지 제고를 위하여 프랜차이즈 호텔을 지향하게 되어 프랜차이즈 호텔의 시스템이 성장하게 되었다.

3.3 프랜차이즈 호텔의 발전과정

국내에서 행해지고 있는 체인 형태는 합작투자JointVenture, 프랜차이즈Franchises와 위탁경영 계약Management Contract으로 구분할 수 있다. 최초, 우리나라의 위탁경영 계약 형태는 1967년 7월 24일 미국 호텔기업인 웨스틴Westin사와 주식회사 조선 호텔이 25년간 계약을 체결하여 운영된 것이 효시라고 할 수 있다.

이러한 해외체인과 투자호텔들은 국내의 빈약한 호텔기업을 공략하기 위하여 우수한 기술과 자본을 바탕으로 시장 우위를 점유하기 위한 노력을 계속하고 있다. 아울러 우수한 브랜드력과 시장 침투전략을 앞세워 운영을 통하여 경영이익을 취해가는 위탁경영 계약 전략은 해외 체인호텔들의 고도로 발전된 전략이다. 우리나라에서는 소유회사가 경영상 위험도Risk가 적고, 선호하는 계약 형태이기 때문에 시장 여건, 건설, 운영과 자본력이 취약한 점을 이용하여 위탁경영 계약 형태로 국내에 계속 진출하고 있다. 그러나 국내의 법적인 제도 미비와 기업들의 협상력 부족으로 인하여 이러한 계약 형태가 증가함에 따라 막대한 로열티 지불, 소유회사의 경영간섭 배제, 인사권, 계약의 종료권, 구매권, 기타 조항들 등 다양하게 문제가 나타나고 있다.

3.4 국내호텔에의 도입배경

현대 호텔은 세계화와 국제화로 진행되면서 이제는 국경 없는 기업들과 경쟁이 치열하게 전개되고 있다. 위탁경영 계약 형태는 1960년대 후반 미국의 호텔 모텔 운영업자들에 의하여 소개되었으며, 이러한 운영 형태가 급속도로 현재까지 성장하게 되었다. 국내 숙박산업에 위탁경영 계약이 도입된 것은 비교적 최근이다. 국내 숙박산업의 성장기라고 볼 수 있는 1970년대 국내 최초로 조선호텔이 체인호텔로 소개가 되었으며, 그 후로 현재 국내에 수많은 체인호텔이 외국 유명호텔과 프랜차이즈 방식과 위탁경영 계약 방식으로 경영되고 있다. 이것은 호텔을 경영하려는 국내기업들에게는 잠재적으로 높은 이윤을 회수할 수 있는 이점을 제공하며, 선진 기법의 경영과 국제화에 맞는 위탁경영 계약은 국내 숙박산업에 서비스 경영기법을 완벽하게 제공하여 기업의 최대 목표인 경영이익을 창출할 수 있었기 때문에 숙박 산업에서 급속도로 퍼져나갔다.

3.5 국내 프랜차이즈 호텔위탁경영, 체인경영 현황특급호텔 기준

[표 14-1] 국내 프랜차이즈 호텔 현황

경영회사	호텔명	기술 제공자	계약기간	인가일자
조선호텔	웨스틴 조선	웨스틴	25년	1967. 7. 24.
미라마 관광	하얏트	하얏트	15년	1978. 4. 1.
동우개발	힐튼	힐튼	20년	1977. 12. 23.
렌사	스위스그랜드	스위스 항공	20년	1986. 9. 8.
남우관광	르네상스	라마다 퍼시픽	10년	1986. 12. 6.
한무개발	인터컨티넨탈	인터컨티넨탈	개관 후 21년	1987. 6. 4.
해운대개발	메리어트부산	메리어트	20년	1975. 4. 16.

신남개발	하얏트 부산	하얏트	개관 후 15년	1987. 5. 1.
남주개발	하얏트 제주	하얏트	15년	1982. 8. 5.
동우개발	경주힐튼	힐튼	20년	1990. 7. 2.

자료 : (주)HTC 홈페이지(htc21.co.kr).

규모의 경제를 통한 이득을 얻기 위하여 대형화, 전문화, 표준화

- **대형화**
  - 미국 호텔의 60% 이상이 체인호텔과 연계
  - 리젠트, 니꼬 등 지역별 자생 체인 영향력 증대
  - 강력한 브랜드 파워로 신생 호텔 흡수(매수합병 활발)
- **전문화**
  - 다양한 고객 욕구에 부응하기 위하여 전문 호텔 또는 복합화, 세분화
- **표준화**
  - 규모의 경제를 통한 이득을 얻기 위하여 운영시스템 네트워크 구축

〈그림 14-1〉 세계 호텔산업 추세

운영회사와 투자회사의 분리 운영, 전문화 유도

구분		투자회사		운영회사
MARRIOTT	→	Host Marriott	→	Marriott International Inc.
STARWOOD	→	Starwood Hospitality Co.	→	Westin, Sheraton
ACCOR	→	Tourism Asset Holding Ltd.	→	Sofitel, Novotel, IBIS, Fomule 1
CHOICE	→	Sunburn Hospitality Inc.	→	Choice Hotels International

〈그림 14-2〉 선진 호텔의 일반적 구조

4. 프랜차이즈 호텔의 장점 및 단점

4.1 경영회사의 장점

가. 투자비용이 적고 체인 확장이 용이하다.

전형적으로 프랜차이즈 계약은 경영회사의 입장에서 자본, 투자 금액과 계약된 기간과는 거의 상관이 없다. 그래서 경영회사들은 가능한 자본투자를 하지 않으려 하며 아주 적은 투자를 실시해서 급속히 체인을 확장하려는 계획을 갖고 있다. 자산 소유권이나 총자산 임대와는 달리 프랜차이즈 계약은 거의 경영회사에게 운영상 부족액의 참여를 요구하는 경향이 있다. 그러나 이와 같은 추가적 위험요소는 결과적으로 소유회사가 책임을 지며 경영회사와는 무관한 일이다.

나. 재무적 위험부담이 적다.

프랜차이즈 계약 하에서 호텔 소유회사는 재무적으로 운전자본, 운영비용, 채무지불상환 금액과 같은 모든 비용을 책임져야 한다. 경영회사는 재무적으로 위험 노출은 없으며 소유회사가 부족한 운영자금을 지원하지 않으면 상호 이미지 손상이 일어날 수밖에 없다. 경영회사는 반드시 운영비용을 보전하고 기본 수수료로부터 소규모 이익을 창출하고 인센티브 수수료에서 큰 이익금을 수령해 갈 수 있어야 한다. 물론 영업상 손해를 당했어도 경영회사는 소유회사와 상호 합의한 금액이나 요율은 반드시 수령해 가기 때문에 별다른 손해를 보지 않는다.

다. 규모의 거대화가 가능하다.

특급호텔 경영회사란 프랜차이즈계약 하에서 40~50개의 전형적인 호텔을 운영하는 회사를 말한다. 2급 호텔 경영회사의 범위는 일반적으로 10~15개 호텔을 운영하는 회사를 말하는데 컨벤션 회의와 같은 유사한 거대 그룹과 마케팅 요구는 비즈니스 여행자들을 위해 일차적으로 소규모 체인 호텔보다는 큰 규모 호텔을 요구한다. 이러한 규모의 거대화는 경영회사의 대외 신뢰도에 안정성을 제공한다.

라. 질적인 통제가 가능하다.

잘 알려진 특급호텔 체인들은 항상 우호적인 대중적 이미지를 유지시키려 노력한다. 어렵게 확보한 브랜드 이미지는 물질적 · 운영적으로 실추되면 빠르게 손상될 수가 있다. 그래서 프랜차이즈 계약은 경영회사가 필요한 질적 통제를 지속적으로 실시해야 한다.

마. 투자수익이 높다.

프랜차이즈 계약 시 경영회사에서 직접 경영할 때보다 순익이 적을 수 있지만 투자액에 비하면 투자수익이 높다.

바. 경영권 장악이 가능하다.

호텔 경영회사는 자사의 직원을 파견하여 건축기술, 영업권, 인사권, 구매권, 광고 홍보, 임대 유치 및 관리 등의 모든 권한을 갖고 자사 호텔처럼 모든 경영이념과 경영방침을 적용하여 경영권을 행사한다.

사. 우수 종사원 훈련양성과 자산 매각 시 이익 확보

소유회사의 자금으로 경영회사가 제공한 교육훈련 매뉴얼에 따라 훈련시킴으로써 우수한 종사원을 양성·확보할 수 있다. 이들은 경영회사의 종사원이기 때문에 우수한 종사원을 타 체인호텔로 전직시키기도 한다. 호텔을 위탁받아 경영을 실시한 후 기존 자산을 매각하거나 상표를 매각할 때 투자 수익을 높일 수 있는 잠재적인 효과를 얻을 수 있다.

4.2 경영회사의 단점

가. 소유회사의 재무능력에 대한 의존도가 크다.

소유회사가 호텔 운영으로 발생한 자금 흐름이 운영비용과 채무 원리금의 변제를 보충하기에 불충분하다면, 호텔 경영회사는 전체적으로 필요한 자금을 공급할 것을 소유회사에게 요구한다. 이런 사태를 방지하기 위해 경영회사는 계약 체결에 앞서 철저하게 호텔 소유회사의 신용평가를 조사하지 않으면 안되며, 반대 상황에서는 조속히 누군가가 재무적으로 지원해야 할 것이다. 호텔 경영회사의 위험은 운영 자본이나 필요한 가구류, 대체 지연 등의 불충분한 부분을 간과하지 못한 데서 나타난다.

궁극적으로 이러한 파산이나 저당물의 반환권 상실에 따른 부족한 자금 등으로 프랜차이즈 계약을 종료하게 되고 이는 경영회사의 수입과 명성에 피해를 끼친다. 이처럼 법적인 파산이나 저당물의 반환권 등과 같은 문제가 발생할 경우, 그리고 소유회사가 법적인 소송으로 발전이 되면, 경영회사는 재무적으로 수수료를 지급 받는 것이 어렵게 된다. 원칙적으로 경영회사는 경영에 대한 운영과 기술지원을 실시하고 자문에 대한 수수료만 받는다. 때문에 소유회사의 자본 지원여력이 충분치 못할 시에 경영에 있어서 올바른 경영과 과감한 투자가 불가능하며 경영변화에도 적절히 대응하지 못한다.

나. 일방적 계약종료의 위험이 있다.

호텔 프랜차이즈 계약은 계약 조건을 불이행하거나 취소 시 수수료 지불을 요구하는 협상을 시도하며 계약종료 조항 부분에 소유회사가 허용하는 범위 내에서 취소 조항을 포함시킨다. 경영 중에 소유회사가 계약을 일방적으로 종료하려고 한다면 경영회사의 입장에서는 향후에 미칠 여러 가지 문제점을 고려해야 한다. 만약 경영이 중단되어 계약이 종료되면 일반 고객, 단골 고객 및 특급호텔 경영회사들에게 손해를 끼칠 수 있으므로 일반적으로 호텔 경영회사들은 이러한 사건이 발생할 경우를 가정하고 보상 조항을 요구한다.

다. 소유회사와 법적인 분쟁 가능성 있다.

소유회사가 요구하는 경영기술과 매출액을 만족시키지 못할 경우 소유회사는 계약의 파기를 요구하며 경영회사에 법적인 소송 절차를 진행시킬 위험성이 있다. 이로 인하여 호텔의 이미지를 실추시키는 결과가 초래되며 신규 호텔 진입 시 많은 부정적 요인으로 작용한다.

라. 자산평가상의 손실을 볼 수 있다.

경영회사가 운영하는 호텔 성과가 성공적이라면 호텔 자산의 가치는 증가하지만 결국 경영회사의 자산이 아니기 때문에 자산의 부가가치는 소유회사에게 귀속되는 결과를 가져온다. 이러한 결과로 경영회사에서 신규 체인호텔을 평가할 시 제3자가 자산을 평가할 경우 불이익과 손실을 감수해야만 한다.

4.3 소유회사의 장점

가. 운영기술을 습득할 수 있다.

호텔 프랜차이즈 계약에서 경영회사는 소유회사에게 투자한 만큼 장기간 이익을 보장하고 설정하여 기본적으로 필요한 운영기술부분을 제공한다. 동시에 프랜차이즈 계약은 소유회사에게 현금흐름, 감가상각 공제, 세제 혜택, 가치상승, 재무적 기회, 계약종료 후 자산의 소유와 소유권 혜택을 유지시켜 준다.

나. 브랜드 이미지에 의한 조기상승효과를 볼 수 있다.

체인 가입을 시도하는 호텔은 프랜차이즈 계약을 이용할 수 있다. 특급호텔 경영회사와의 프랜차이즈 계약은 소유회사에게 호텔의 국제화나 지역인식이 즉시 진행되는 효과를 가져다 준다. 즉 소유회사 호텔은 경영회사의 명성, 이미지, 상호 등을 직·간접적으로 사용해 조기상승효과를 볼 수 있다.

다. 경영 관리 지식을 습득할 수 있다.

최근에 투자자들은 숙박산업에 대해 경영회사로부터 많은 지식을 습득하고 있으며 이렇게 증가된 지식은 신규로 진입한 호텔의 성공경영에 핵심 요소로 자리 잡는다. 또한 국제적으로 지명도가 있는 경영회사와 계약을 함으로써 투자자들의 투자결정에 우호적인 영향을 미친다.

라. 호텔 경영의 효율성을 갖게 된다.

경영회사가 갖고 있는 경영기술과 체계적인 시스템을 이용함으로서 빠른 기간

내에 손익분기점에 도달할 수 있는 경영상의 효율성을 얻는다.

마. 자산가치 증진 및 자금조달이 용이하다.

효율적인 경영으로 자산가치를 증진시키며 부족한 자금 조달 면에 있어서도 경영회사에 대한 경영의 신뢰성으로 자금 조달이 용이해진다.

바. 인적자원 지원효과

호텔 경영에 있어 우수한 인적자원을 확보할 수 있으며 호텔 운영상 발생되는 재무적 문제, 세무적 문제, 회계적 문제, 보험문제, 기타 관리 운영 문제가 발생할 때 풍부한 경험과 충분한 조언을 경영회사로부터 받을 수 있다.

4.4 소유회사의 단점

가. 운영통제권을 상실하게 된다.

프랜차이즈 계약은 호텔에 대한 전체적인 운영 통제권을 경영회사가 소유하고 있다. 프랜차이즈 회사가 완벽한 방법으로 호텔을 운영한다면 이러한 통제권 상실은 문제가 되지 않는다. 그러나 호텔 경영이 잘못 수행된다면 소유회사는 무능력한 경영회사를 제거하는 데 대단한 어려움이 있다.

최근에는 프랜차이즈 계약을 체결한 많은 경영회사들이 확실한 업무수행 수준을 달성하지 못한 경우에는 계약 종료권을 소유회사에게 허용한다는 표준규정을 포함시키고 있다. 그러나 엄격한 업무수행 표준화조차도 부족한 경영회사와 계약하였을 경우 적절한 계약 해제 조항은 반드시 검토해야 한다.

나. 모든 운영비용의 지불의무가 있다.

재무적으로 프랜차이즈 계약 하에서 호텔 소유회사는 고정 비용과 채무원리금 변제액을 포함한 모든 운영비용과 자금을 부담해야 한다. 이것은 경영회사의 태만하거나 불안전한 경영이 실제적으로 재무적 손실을 가져온 근본적인 원인일지라도 소유회사는 최종적으로 부족한 현금흐름을 보충해야 할 책임이 있다.

또한 소유회사는 경영에 필요한 운전자금을 공급하는데 소유회사가 기대하는 만큼의 영업이익이 발생하지 않고 부진이 계속되더라도 운영자금을 지원해야 하는 문제점이 있다.

다. 일방적인 계약종료가 어렵다.

대부분 프랜차이즈 계약은 소유회사가 계약을 종료하는 것이 매우 어렵다. 특급호텔 경영회사들은 특별한 시장 내에서 일반대중들로부터 인지도에 대한 손실을 보호하기 위해서는 일반적으로 15년 동안 계약을 취소할 수 없다는 내용의 규정을 요구한다. 특급호텔보다 한 단계 낮은 호텔 경영회사들은 보통 단기간 계약관계를 요구한다. 그러나 초기에 종료할 경우 소유회사의 종료 부분에 대한 제한규정을 요구한다. 경영회사의 부족한 업무수행으로 프랜차이즈 계약의 일방적인 계약종료가 필요할 때 소유회사의 무능력은 점차 재무적 손실부분을 증가시킨다.

마. 자산 매각 시 어려움이 있다.

기존 프랜차이즈 계약과 관련하여 호텔자산을 매각해야 한다면 상당한 어려움이 발생한다. 호텔회사들은 다른 회사에 의해 운영되고 있는 호텔을 매입하는 경우가 거의 없다.

또한 호텔의 매각 선택권은 소유회사에 부여되지만 경영회사는 호텔을 매각하려고 할 경우 매각에 대한 선택권을 소유회사에게 부여하지 않으려고 협상을 하며 이와 관련된 기타 조항을 첨가시키려고 한다.

바. 높은 손실 위험이 있다.

소유회사는 호텔 운영에 필요한 높은 고정비용으로 인해 높은 손실 위험에 노출되어 있다. 점유율이 떨어지면 손실은 급속도로 상승한다. 왜냐하면 호텔 고정비용은 줄일 수가 없기 때문이다. 자산임대를 사용하는 경우 소유회사에게서 경영회사에게로 이러한 손실 위험이 이동한다. 그러나 프랜차이즈 계약 하에서는 어떤 부정적 현금흐름은 소유회사가 책임을 져야 한다.

사. 과다한 수수료와 추가 비용이 발생한다.

호텔의 영업이 부진하여 소유회사가 손해를 보더라도 총매출액의 일정 비율을 지불해야 하고 고용된 직원들의 사소한 지출비용도 소유회사가 부담해야 한다. 그리고 파견된 직원들의 급여와 간접비용까지도 소유회사가 지불하기 때문에 경영 수수료 및 추가 비용이 발생하므로 계약 시 최대한 최소비용을 지불하기로 계약해야 한다.

5. 프랜차이즈 호텔의 경영전략

Global **Hotel Management**, ch. fourteen

5.1 글로벌 경영 호텔의 전략

가. 글로벌 경영전략의 의의

세계를 하나의 시장으로 보고 범세계적 차원에서 사고하고 기업 활동을 계획 · 집행하는 것을 말한다.

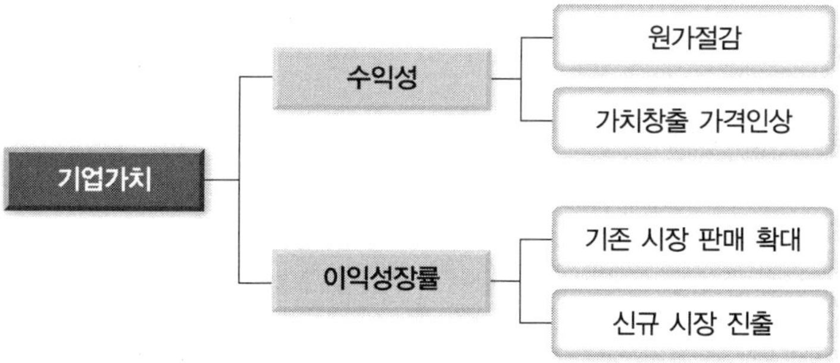

〈그림 14-3〉 글로벌 경영전략의 의의

나. 글로벌 경영전략의 목적

국가 간의 생산요소 차이를 활용하고 각국 자원의 요소부존도 측면에서의 차이를 이용한 전략이다.

다. 통합-적응 모델프라할라드-도즈 모델

통합-적응 모델의 의의 : 국제적으로 경쟁하는 기업이 범세계적 압력과 현지

적응 압력이라는 두 가지 압력을 동시에 직면할 경우를 가정한다.

라. 프라할라드 도즈 모델

① **범세계적 통합 전략** : 범세계적 통합 압력은 높게, 현지화 필요성은 낮게 평가하여 본사가 직접 지휘하고, 중앙집권적 구조를 유지한다.

② **현지 적응 전략** : 현지화 필요성을 높이 평가하고 주로 분권적 구조를 가진다. 현지 소비자의 요구에 신속 대응이 가능하다.

③ **다초점 전략** : 범세계적 통합 압력과 현지화 필요성을 동시에 인식 · 평가하는 전략이다. 집권적이며 분권적인 구조를 가졌다.

마. 바렛-고샬 모델

국제적 전략 : 글로벌 통합이나 현지 적응으로부터 아무런 이득이 없는 산업에 적용되는 전략이다. 본사의 전략 · 조직구조를 해외 자회사에 그대로 이전시킨다.

6. 프랜차이즈 호텔의 사례

Global **Hotel Management**, ch. fourteen

6.1 Intercontinental Group

여러 호텔 브랜드를 운영하고 있는 다국적 회사이다. 55만 6,000개[2007년 기준]의 객실을 가진 세계 최대 규모의 호텔회사를 운영하고 있으며, 본부는 영국 그레이터 런던[Greater London] 외곽 윈저[Windsor]에 있다.

- 인터콘티넨탈호텔 그랜드, 코엑스인터컨티넨탈이 있다. LG그룹 운영
- 크라운 프라자 현재 제주에 있으며, 리츠칼튼을 운영하는 전원산업이 운영
- 인디고, 홀리데이 익스프레스. 스테이브릿지, 캔들우드
- 홀리데이인 가든호텔이 프랜차이즈 계약 맺어 운영

6.2 StarWood Hotel & Resort

- 웨스틴 웨스틴 조선호텔. 신세계에서 운영
- 쉐라톤 쉐라톤 워커힐 호텔. SK에서 운영
- W 호텔 SK에서 운영
- The luxury collection, ST.Regis

6.3 Marriott Hotel Group

세계적으로 고급호텔과 숙박시설 및 프랜차이즈체인을 운영하는 업체이다. 1927년 5월 J.윌라엄 매리엇J. Willard Marriott 부부가 워싱턴에서 연 음식점이 모체가 되었다. 1992년 메리어트 인터내셔널이 창립하면서 호스트 메리어트사Host Marriott Corporation과 양사 체제가 되었고, 1998년 호텔 체인업체인 리츠 칼튼 호텔사Ritz-Carlton Hotel Company를 인수하였다.

- JW 메리어트호텔
- 리츠 칼튼 호텔 전원산업이 운영
- 르네상스호텔 테헤란로에 위치
- 부산 메리어트호텔

6.4 Hilton Hotel Group

힐튼 그룹Hilton Group이 미국 내에서 운영하는 호텔을 '비스타 인터내셔널 호텔Vista International Hotels', 미국 이외의 국가에서 운영하는 호텔은 '콘래드 호텔Conrad Hotels'이라 불렸다. 비스타 인터내셔널 호텔의 체인은 사라졌지만, 콘래드 호텔의 체인은 힐튼이 운영하는 럭셔리 호텔 브랜드로 변경됐다. 소비자들의 혼란을 줄이기 위해서 미국과 영국의 힐튼 회사들은 1990년부터 동일한 로고를 사용하고, 동일한 홍보와 예약 시스템을 공유하기 시작했다.

- 국내에 9개의 호텔과 리조트 계열이 있음.
- 밀레리엄 힐튼남산 위치. IMF 이후 외국계 회사가 인수 후 운영

6.5 Hyatt Hotel

전세계에 200여 개의 호텔과 리조트를 운영하는 하얏트 호텔 앤드 리조트Hyatt Hotels & Resorts의 체인 호텔이다.

- 파크 하얏트현대가 운영
- 그랜드 하얏트남산에 위치
- 하얏트 리젠시인천공항에 위치하고 있으며 한진 운영

6.6 Ambassadors Hotel

전세계 137개 국에 2,260여 개의 호텔체인을 거느린 프랑스 아코르 그룹Accor Group과 호텔 합작 및 경영에 관한 제휴를 맺고 호텔 소피텔 앰배서더까지 3개의 특급호텔을 운영하고 있는 앰배서더 그룹의 계열회사이다.

- 앰배서더호텔, 소피텔 앰배서더
- 노보텔 앰배서더 강남, 노보텔 앰배서더 구로, 이비스 서울

6.7 Paradise Group

파라다이스 그룹 계열의 갬블링 및 베팅 업체이다. 1972년 파라다이스투자개발(주)로 설립하여 1987년 콘티넨탈관광(주)와 남문면세점(주)을 흡수 · 합병하였고, 1997년 지금의 상호로 변경하였다. 주요 사업은 카지노와 스파 및 호텔 사업이다.

6.8 롯데호텔

- 특1급 롯데호텔 서울 · 월드 · 제주 · 울산 · 부산 · 모스크바
- 특2급 롯데시티호텔 마포, 롯데시티호텔 김포공항

6.9 현대호텔

- 경주, 울산, 경포대, 목포, 러시아 블라디보스토크.

〈프랜차이즈 호텔 관련 기사 모음〉

호텔신라, 프랜차이즈 사업 진출
올 연말 경기도 동탄 1호점 개점
2015년까지 20개 이상 가맹점 확보 목표

호텔신라가 본격적으로 프랜차이즈 호텔 사업에 진출한다.

▲ 호텔신라 동탄점

호텔신라는 올 11월 동탄점 오픈을 시작으로 오는 2015년까지 20개 이상 프랜차이즈 호텔 계약 체결을 목표로 하고 있다고 밝혔다.
호텔신라 프랜차이즈 호텔들은 본점과 달리 중저가 호텔로 운영되며, 수도권에 집중적으로 출점할 계획이다.
회사 측은 프랜차이즈 호텔 영업이 정상화될 경우 1곳당 연간 10억원 내외의 영업 이익을 기록할 수 있을 것으로 보고 있다.
호텔신라는 지금까지 다양한 호텔 경영방식 중 프랜차이즈 경영을 제외한 직접경영 · 위탁경영 · 임대경영 방식 중 한 가지로만 호텔 경영을 하고 있었다.
김기영 SK증권 연구원은 "올해 말 동탄 1호점을 시작으로 중국인 관광객을 노린 수도권 중저가 프랜차이즈 호텔사업은 사업 전망이 아주 밝다"고 말했다.
지난 4월 글로벌 프랜차이즈 컨설팅 회사인 프랜차이즈 다이렉트가 발표한 '2013 글로벌 100대 프랜차이즈' 중 상위 10위권 안에도 윈드햄 호텔 그룹이 7위, 인터컨티넨탈 호텔이 10위를 차지하고 있다.
프랜차이즈 다이렉트가 발표한 '2013 글로벌 100대 프랜차이즈'는 사업의 안정성과 성장률, 브랜드 진출 시장 확대 추이, 본사 지원 및 교육 실태 등 다양한 분야의 엄선된 기준을 통해 평가됐다.

자료 : 창업경영신문(http://www.sbiznews.com).

日 5성급 '르와지르 호텔' 서울 명동에 국내 최초로 선봬

전 세계 75개 호텔 체인을 보유한 일본 솔라레 호텔 & 리조트 그룹의 르와지르 호텔이 지난 31일 그랜드 오픈에 앞서 기자 간담회를 진행했다.

▲ 르와자르 호텔 서울명동

르와지르 호텔 서울명동은 서울 최대의 역세권인 명동에 새롭게 선보이는 호텔이다. 명동 지역이 최대의 교통과 관광 요지임에도 불구하고 인근에 고급 브랜드 호텔이 부족한 만큼 관광객의 발길을 대거 흡수할 것으로 보인다. 특히 고급 숙박시설을 찾는 일본 관광객의 니즈를 충족시킬 것으로 예상된다.

일본 5성급 체인 브랜드인 르와지르 호텔은 프랜차이즈로서는 한국 첫 진출이다. 르와지르 호텔 서울명동은 호텔 · 레저 분야 전문운영사인 ㈜산하에이치엠과 프랜차이즈 계약 체결을 통해 향후 10년간 위탁 경영을 받게 된다.

자료 : 쿠키뉴스.

佛 글로벌 호텔 체인 루브르 호텔 그룹, 제주 상륙 … 골든튤립, 2017년 개관

프랑스 글로벌 호텔체인 루브르 호텔이 제주도에 상륙한다.

▲ 루브르호텔

루브르 호텔 그룹은 제주의 강남이라 불리는 노형동에 자사 브랜드의 호텔을 선보인다고 발표했다.

루브르 호텔 그룹은 (주)시티아일랜드(공동대표 최광혁 · 최장원)와 4성급 업스케일 브랜드 골든튤립(Golden Tulip)의 브랜드 계약을 체결했다고 20일 밝혔다. 골든튤립은 루브르 호텔 그룹의 호텔들 중에서도 상위 클래스 브랜드로, 50년이 넘는 역사와 함께 전 세계 40여개국에 걸쳐 140여개의 호텔을 보유하고 있다.

골든튤립 제주노형호텔은 제주 노형동 917-2번지 일대에 지하 4층 지상 18층, 전용 면적 23~28m^2 총 352실을 갖춘 최상급 호텔로 들어서며, 대지면적 1171.10m^2, 건축면적 867.57m^2 규모로, 2017년 2월 준공 예정이다. 시티아일랜드는 골든튤립 제주노형호텔의 운영을 맡게 되며, 시행사는 엔에이치산업개발, 책임준공은 경림종합건설이 담당한다.

자료 : 매일경제신문.

1. 위탁경영 계약의 의의 및 배경

2. 인터컨티넨탈의 역사와 진출 실태

3. 그랜드 인터컨티넨탈 호텔의 현재

호텔 위탁경영

Global **Hotel Management**,
ch. fifteen

15

1. 위탁경영 계약의 의의 및 배경

1.1 위탁경영방식의 의의

위탁경영은 호텔 소유주owner가 호텔 경영의 전문지식과 기술을 가진 경영회사와 문서화된 상업상의 계약을 체결하는 것을 말한다. 즉, 고용주employer로서의 소유주와 고용인employee으로서의 경영자operator 사이에 체결하는 계약이다. 고용인은 소유주의 대리인agent으로서 호텔을 경영해 운영비operating pays를 받으며, 고용주로서의 소유주는 다음과 같은 사항을 준비한다. 즉, 토지, 건물, 가구, 비품, 장비, 운영비용 등을 준비하고 경영에 대한 모든 재무상의 책임financial responsibility과 법적인 책임을 진다. 다시 말해서 경영회사는 자본을 투자하지 않으며 어떠한 위험과 손실에 대해서도 책임지지 않는다. 그러나 최근에는 이러한 계약 형태가 단순히 두 회사 간의 계약보다는 특정한 프로젝트의 개발과 운영을 목적으로 협력관계partnership로 이루어지는 경우가 많다.

1.2 위탁경영 계약의 채택배경

1970년대 미국의 10대 체인에서는 위탁경영방식의 체인을 22개 소유했으나, 1979년 말에는 299개를 운영하고 있다. 그리고 500개가 넘는 위탁경영방식은 호텔을 소유하지 않는 새로운 형태를 취하고 있다. 1970년대 중반 이러한 방식의 호텔이 급속도로 늘어감에 따라 위탁경영에 대한 표준양식standard provision이 성립하였다. 위탁경영방식을 채택하는 호텔이 크게 성장한 이유는 다음의 6가지 요인 때문이라고 생각한다.

첫째, 시장집중과 경쟁력강화를 통해 수입의 원천을 확대하기 위해서이다.

둘째, 1960년대 말부터 1970년대 후반까지 부동산투자를 위해 호텔사업에 경험이 없는 소유주들이 이 사업에 진출하였기 때문이다.

셋째, 새로운 숙박산업에서는 호텔의 규모가 커지고 새로운 디자인과 적합한 입지, 대규모의 투자가 요구된다. 그러므로 호텔산업에서 초기의 고정자산은 감당하기 어렵고, 높은 서비스 의존도를 따르기 때문이다.

넷째. 자본을 빌려주는 금융업자들lenders은 그 호텔을 운영하는 경영자가 전문적인 호텔 지식을 갖출 것을 요구한다. 그래서 체인회사들은 위탁경영의 기회가 많아졌다.

다섯째, 호텔에 대한 전문지식을 갖춘 전문인력이 부족하므로 경영회사에 의뢰하게 된다.

여섯째, 1970년대 중반의 경기후퇴로 소유주와 경영자의 관계가 긴장되었다. 그 결과 위탁경영에 관한 규정조항은 좀더 융통성 있게 발전시킨 것 등을 들 수 있다.

1.3 호텔 위탁경영의 장 · 단점

[표 15-1] 호텔의 위탁경영 장 · 단점

	경영회사	소유회사
장점	① 투자비용이 적고 급속한 체인확장이 가능 ② 재무적 위험부담이 감소 ③ 호텔 규모의 거대화를 통한 규모의 경제를 실현 ④ 브랜드 및 서비스에 대한 지속적인 통제가 가능	① 호텔 경영에 필요한 운영기술과 경영 관리 지식을 습득 ② 빠른 시기에 브랜드 이미지를 상승 ③ 자산가치 증진 및 자금조달이 용이 ④ 호텔 경영에 우수한 인적자원을 확보
단점	① 소유회사에 재무적으로 의존 ② 소유회사의 일반적인 계약종료 시 위협이 발생 ③ 매출액 감소와 경영기술부족에 대한 소유회사의 법적인 분쟁의 가능성이 존재 ④ 성공적인 호텔성과로 생기는 자산의 부가가치에 대한 무소유권	① 경영통제권이 상실되어 확실한 업무수행을 달성하지 못함 ② 고정비용과 채무원리금 변제액을 포함한 모든 운영비용과 자금을 부담 ③ 과다한 위탁경영 수수료와 추가비용이 발생 ④ 고정비용으로 인해 점유율이 떨어질 경우 높은 손실위험에 노출

1.4 계약교섭 시의 관계규정 및 교섭력의 결정요인

가. 계약교섭 시의 관계규정

계약교섭 시 협약의 기초가 되는 서비스 계약 형식은 주로 경영자에 의해 제공되고, 규정은 경영자 입장에 영향을 미치는 경향이 있다. 경영자는 계약기간 동안 호텔의 경영에 대하여 최대한의 통제권을 행사하고 계약기간 중에는 소유주로부터의 간섭에서 벗어날 것을 원한다. 한편, 소유주가 희망하는 권한은 다음과 같다.

경영자의 직무 수행에 대한 감독권, 계약기간 중에 경영자의 영향력과 변경에 대한 허가권, 경영자가 직무 수행을 충실히 하지 않았을 때 계약을 종료시킬 수 있는 권한을 갖기를 원한다. 그러므로 당사자들 상호 간의 원만한 계약교섭은 소유주와 경영자가 상대평가와 자기평가, 제시된 계획에 대한 평가, 재무평가, 계약조건 등을 분석하여 서로의 이해관계가 부합될 때 계약이 이루어진다.

나. 교섭력의 결정요인

교섭력이란 소유주와 경영자 사이의 협상의 기본으로써 주어진 계약조건을 자신들의 입장에 유리하게 적용할 수 있도록 상호 간의 협상을 통해 바꿀 수 있는 능력을 말한다. 그러므로 교섭력은 위탁경영 계약을 성공적으로 체결하기 위해 가장 필요한 능력이며, 계약상 자신의 위치를 높일 수 있는 원동력이기도 하다. 그래서 소유주와 경영자들은 자신들의 교섭력을 높이기 위해 다음과 같은 사항에 의해 상대방에 대한 평가와 분석을 한다. 즉, 다음과 같은 사항이 계약교섭 위치를 향상시키기도 하고, 계약 채택에 영향을 미치기도 한다.

1) 경영자의 교섭력에 영향을 미치는 요인

소유주가 위탁경영 체결을 위해 경영자와 경영회사를 평가하거나 선택할 때는 다음과 같은 기준에 의거한다.

첫째, 경영자의 명성과 상표의 친숙성이다. 호텔시장에서의 경영자의 명성과 브랜드 이미지는 매우 중요하다.

둘째, 경영회사가 운영하고 있는 호텔의 수와 위치를 고려한다.

셋째, 경영회사의 경험을 고려한다. 경영자는 소유주가 목표로 하는 호텔과 유사한 조건의 호텔을 경영한 경험이 있는지 살펴본다. 또, 경영회사 직원 · 간부의 경영에 대한 실적과 경험도 고려한다.

넷째, 경영회사의 성장기록으로 경영회사의 안정성과 계속성을 평가하며 현재 호텔의 자산운영은 어떻게 하고 있는지 현재의 성과를 분석한다.

다섯째, 경영회사가 제공하는 서비스의 품질과 범위를 고려한다.

여섯째, 교섭기간 중 경영회사 교섭조건의 융통성을 고려한다.

2) 소유주의 교섭력에 영향을 주는 요인

다음은 경영회사가 소유주를 선택할 때 고려할 사항이다. 이것은 소유주의 교섭력을 결정하는 중요한 요인으로, 계약 시 유리한 위치로 향상시켜 주는 요인들이다.

첫째, 소유주의 소유권 유지 의도이다.

둘째, 소유주의 호텔 소유 경험 및 경영능력이다.

셋째, 소유주의 자금부담 능력과 안정성을 고려한다. 즉 재무적 구조와 채무에 관하여 분석한다.

넷째, 소유주의 사업상 유형을 고려한다. 이것은 개인경영자인지 법인경영자인지를 파악하는 것이다.

다섯째, 경영자에 의해 수익목표를 달성시킬 수 있는 시설 또는 재무적 잠재력 정도를 파악한다.

1.5 경영계약교섭 시의 주요 사항 및 계약조건

위탁경영을 이해하기 위해서는 계약조건 및 주요 현안 사항을 분석해 보아야 한다. 그러나 계약규정은 소유주와 경영회사 간의 극히 개인적인 일이므로 규정에 대한 일반적인 내용을 발견하기란 어렵다.

그러므로 [표 15-2]에 나타난 규정은 계약교섭 시에 반드시 고려해야 할 사항이지만, 그것이 반드시 필수적인 사항은 아니며, 이런 사항이 계약과정에 모두 포함되는 것도 아니다. 다만, 전형적인 위탁경영 계약의 일반적인 현안사항이다.

[표 15-2] 위탁경영 계약의 일반적인 현안사항

	일반적인 사항
1	경영자의 책임과 의무
2	경영 수수료와 대출금 상환 방법
3	명칭(trade name)
4	통고, 통지(notices)
5	양도인(successors)과 양수인(assigns)
6	계약 종료조건
7	개업일자
8	개업전 경영서비스
9	종업원의 모집 및 인사
10	은행업무, 회계, 채무보고서
11	각종 해결방안

위에서 제시한 일반적인 규정을 재무 · 운영management · 운영operating · 마케팅 부분으로 나누어 각 항목에 있어서 적절한 특성과 주요 규정을 살펴보면 [표 15-3]과 같이 소유주와 경영자 사이에 매우 복잡한 과정을 갖는다는 것을 알 수 있다.

위에서 살펴본 규정 조항 중 소유자와 경영자 모두에게 계약교섭 기간 중 가장 중요한 사항은 [표 15-2]에서 제시한 계약상의 성격, 계약기간, 경영수수료, 계약

[표 15-3] 위탁경영 계약의 주요 규정

주요 규정	각 항목에 필요한 특성
재무	■ 경영회사에 의해 부과되는 수수료 ■ 소유주의 재무적 목표 ■ 누가 자금개선에 책임을 지는가 ■ 예산준비와 재무 계획 ■ 진행에 필요한 운전자금 ■ 보험과 위험방지 ■ 임대협상 그 외의 고정채무
관리	■ 회계제도 유형, 보고, 회계감사 빈도 ■ 모집, 고용, 선발, 이동, 승진, 훈련, 해고 ■ 법적 승인과 자격증 ■ 계약기간과 종료날짜
운영	■ 가격설정 ■ 재료 외 구매 ■ 서비스 계약의 협상 ■ 표준(standards)의 품질과 제품 서비스믹스에 관한 보장
마케팅	■ 마케팅, 광고, 판매촉진을 위한 책임 ■ 예약시스템

종료조건 등이며 이러한 사항이 모두 해결된 다음에 나머지 사항을 해결해야 한다. 물론 실질적인 교섭은 간단한 일이 아니며, 많은 사소한 여러 가지 규정까지도 양자 간의 일치를 보아야 하므로 매우 복잡하고 많은 교섭과 토론이 필요하다. 그러므로, 성공적인 계약관계는 양자의 기대와 이해관계를 주의 깊게 규정지은 계약에 달려 있다고 본다.

다음은 위의 [표 15-2], [표 15-3]에서 제시한 주요 현안 사항을 하나하나 구체적으로 살펴보겠다.

가. 계약상의 합의된 주요 내용

첫째, 위탁경영 계약에 있어서 경영회사는 소유주에 의해 고용된 대리인agency

이다. 경영자는 오로지 소유주의 이익을 위해 행동하고 대리인으로서 행동해야 한다. 이것은 경영자가 모든 부채와 채무발생에 책임을 지지 않는다는 것을 의미한다. 또, 소유주는 경영자에게 채무상의 어떠한 손실에 대해서도 피해가 가지 않도록 보장을 해 주어야 한다.

둘째, 소유주는 자산의 경영과 유치에 필요한 비용을 지불해야 한다. 즉 인건비, 유지비, 부채에 대한 모든 비용을 지불하고 자산을 감독해야 한다.

셋째, 위탁경영 계약은 동업partnership이나 합작joint venture이 아니다.

넷째, 경영자의 독점적 권한을 보장한다. 이것은 경영자가 자산운영에 대해 소유주로부터 간섭받지 않는다는 것을 의미한다.

나. 경영자의 지분참여도

대부분의 위탁경영 계약에서는 소유주가 최초의 재고opening inventories와 운영자금을 책임진다. 이것은 경영자가 재무적 책임을 지지 않는다는 계약이다.

다. 계약기간

계약기간은 최초의 계약기간과 계약갱신기간이 있으며 이것은 소유주가 자신의 재산권을 보호하려는 의도에서 기간을 두는 것이다. 즉, 계약 종료 후 소유주는 권리를 회복하려고 한다.

라. 경영수수료management fee

경영수수료 지급에 대한 내용은 크게 기술지원에 대한 수수료와 개업 전 서비스, 그리고 운영수수료로 나누어 생각해 보겠다. 다음 [표 15-4]는 경영수수료의 분류별 내용이다.

[표 15-4] 경영수수료의 분류별 내용

기술지원에 대한 수수료	개업 전 서비스에 대한 수수료	운영수수료
디자인 건축 실내장식 조명 기계장치 집기류의 주방배치 설비, 보안, 재무	창업계획 예산 개업준비감독 인사훈련 운영시스템의 설치	마케팅 자산의 경영과 감독에 대한 것 체인 상표 수수료 예약시스템 사용

위에서 살펴본 항목에서 수수료 지급방법은 매우 다양하고 복잡하다. 그러므로 교섭과정에서 유리한 교섭력을 발휘하여 수수료 지급에 있어서 양측에게 모두 적합한 방법을 찾는 것이 무엇보다 중요하다.

위탁경영 수수료 지급방법은 크게 4가지로 나누어 볼 수 있다. 첫 번째 방법은 기본 수수료로 지급하는 방법이고, 두 번째는 기본 수수료에 인센티브 수수료를 합한 것이다. 세 번째는 기본 수수료에 인센티브 수수료를 합한 것이고, 네 번째는 인센티브 수수료로만 지급하는 방법이다.

여기서 첫 번째의 기본 수수료는 총 수익에 대한 비율 또는 객실과 식음료 판매액에 따른 일정 비율로 결정되거나 고정된 절대 액수로 결정된다.

두 번째 인센티브 수수료는 호텔의 관리운영에 따라 발생되는 이익에 대한 일정 비율로 결정된다. 즉 총 영업수익에 대한 일정 비율로서, 감가상각비, 지급이자, 재산세, 보험료, 추가적인 투자비용, 인센티브 수수료를 제외한 금액이다. 단, 기본 수수료는 포함한다.

1.6 계약을 성공적으로 체결하기 위한 조건

계약을 성공적으로 체결하기 위해서는 소유주와 경영자가 사전에 다음과 같은 준비를 해야 한다. 즉, 자기평가, 상대평가, 제안된 계획의 금융 면의 평가, 계획의 평가 및 계약교섭에 도움이 되는 업적 감응도를 분석한다.

첫째, 자기평가란 소유주와 경영회사 측에서 자신들의 위치를 평가하는 것을 말한다. 먼저 소유주는 투자를 위한 재무적 사항들을 평가한다. 즉, 계약기간 설정에 있어서 단기 또는 장기를 평가하고, 위탁경영으로 인해 현금흐름을 극대화시킬 수 있는지, 또 세금우대를 받을 수 있는지 조사한다.

둘째, 상대평가는 소유주의 경영회사 평가방법과 경영회사의 소유주 평가방법에 의하여 분석한다.

셋째, 제안된 계획의 금융자산을 평가한다. 즉 자본, 투자분석, 지분참여도 등을 분석하고, 경쟁업계의 시장조사도 함께 실행한다.

넷째, 계획을 분석 및 평가하고, 계약교섭에 도움이 되는 업적 감응도를 분석한다.

〈그림 15-1〉는 위탁경영 계약의 교섭과정을 나타낸 것이다.

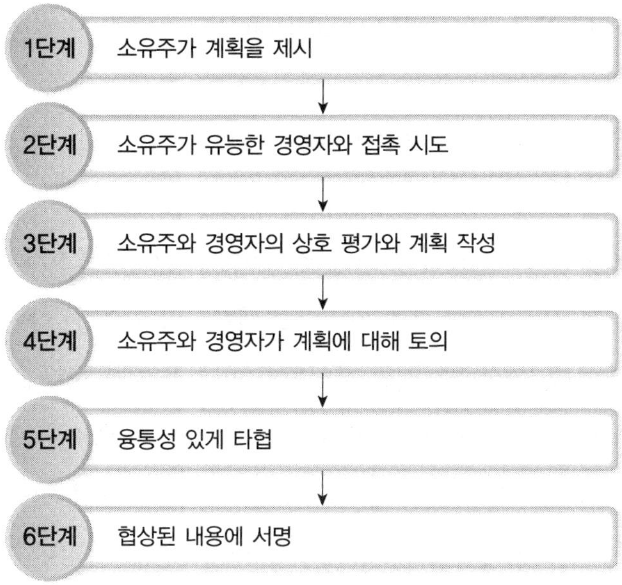

〈그림 15-1〉 위탁경영 계약의 협상과정

2. 인터컨티넨탈의 역사와 진출 실태

Global **Hotel Management**, ch. fifteen

2.1 인터컨티넨탈의 역사

Bass Group은 1777년에 William Bass에 의해 설립된 세계 최대의 양조회사이며 칼스버그 맥주, 펩시콜라 등 주류와 음료 분야의 유명 브랜드를 보유하고 있는 회사이다. Bass Group은 1991년에 중저가 브랜드인 Holiday Inn Express를 출범시켰고, 1994년에는 상급 브랜드인 Crowne Plaza를 선보였다.

이후 Bass Group은 1997년에 Staybridge Suites를 개발하였으며, 1998년 3월에는 Intercontinental Hotel 체인을, 그리고 2003년 12월에는 Candlewood Suites 체인을 인수 · 합병하였다.

2001년 10월 1일 Bass Group의 Six Continents사는 호텔 부문과 음료 부문으

로 분사가 되었는데 각각 Intercontinental Hotels Group과 Mitchells & Butlers로 명명되었다.

이 분사작업은 2003년 4월 15일에 완료가 되었으며 지금은 영국과 미국에 등록되어 있다.

현재 Intercontinental Hotels Group은 100여 개 나라에 3,500여 개의 호텔과 535,000여 실의 객실을 보유한 세계 최대의 호텔체인이 되었다. 아시아 지역의 본부는 싱가포르에 있다. 한국에는 서울 삼성동의 인터컨티넨탈호텔 2개와 제주도의 크라운 프라자, 서울 마포의 홀리데이인 서울, 그리고 홀리데이인 성북 서울 등 5개의 계열 호텔들이 있다. 각각 소유주는 다르지만 서로 긴밀한 협조관계를 유지하고 있다. 그리고 현재 인터콘티넨탈이 진출해 있는 나라는 다음과 같다.

2.2 인터컨티넨탈의 진출 현황

가. North America

① USA미국

- Washington D.C
- San Francisco
- New York
- New Orleans
- West Miami
- Huston
- Dallas
- Chicago
- Stephen F. Austin
- Atlanta Buckhead

② Mexico 멕시코

- Vallarta Puerto
- Monterrey
- Mexico City
- Guadalajara

③ Canada 캐나다

- Toronto
- Montreal

나. Africa & The Middle East

① Bahrain 바레인

- Bahrain

② Egypt 이집트

- Cairo

③ Gabon 가봉

- Libreville

④ Israel 이스라엘

- David Tel Aviv

⑤ Jordan 요르단

- Jordan

⑥ kenya 케냐

- Nairobi

⑦ Lebanon[레바논]

- Lebendome Beirut
- Phoenicica Beirut

⑧ Qatar[카타르]

- Doha

⑨ Rwanda[르완다]

- Kigali

⑩ Saudi Arabia[사우디아라비아]

- Abha
- Al Ahsa
- Al Jubail
- Jeddah
- Madinah[3개 소유]
- Makkah[성지순례]
- Riyadh
- Taif

⑪ South Africa[남아프리카 공화국]

- sandton
- Johannesburg

⑫ Sate of Eritrea[에리트리아]

- Asmara

⑬ Oman[오만]

- Muscat[2개 소유]

⑭ Arab Emirates[아랍에미리트]

- Abu Dhabi
- Dubai

다. Latin America

① Argentina[아르헨티나]

- Buenos Aires

② Brazil[브라질]

- Rio

③ Chile[칠레]

- Santiago

④ Colombia[콜롬비아]

- Bogota
- Cali
- Medllin

⑤ Costa Rica[코스타리카]

- Costa Rica

⑥ Dominican Republic[도미니카 공화국]

- Santo Domingo

⑦ El Salvado[엘살바도르]

- San Salvador

⑧ Guatemala[과테말라]

- Guatemala

⑨ Honduras온두라스

- San Pedro Sula
- Tegucigalpa

⑩ Nicaragua니카라과

- Metro Centro Managuo

⑪ Panama파나마

- Miramar Panama

⑫ Venezuela베네수엘라

- Caracas
- Guayana
- Maracaibo
- Valencia

라. Asia-Pacific

① Cambodia캄보디아

- Phnom Penh

② India인도

- Marine Drive
- New Pelhi2개 소유
- Sriragar

③ Indonesia인도네시아

- Midplaza Jakarta

④ Japan[일본]

- Yokohama

⑤ China[중국]

- Hong kong
- Shanghai
- Shenyang

⑥ Philippines[필리핀]

- Manila

⑦ Singapore[싱가포르]

- Singapore

⑧ Thailand[태국]

- Bang Kok

마. Europe

① Austria[오스트리아]

- Wien

② Czech Republic[체크 공화국]

- Praha

③ England[영국]

- London

④ France[프랑스]

- Cannes
- Paris[2개 위치]

⑤ Germany독일

- Berlin
- Frankfur
- Hamburg
- Hotels Koln

⑥ Greece그리스

- Athens

⑦ Hungary헝가리

- Budapest

⑧ Italy이탈리아

- Roma

⑨ Kazakhstan카자흐스탄

- Astana

⑩ Malta몰타

- Malta

⑪ Uzbekistan우즈베키스탄

- Tashkent

⑫ Netherlands네덜란드

- Amsterdam

⑬ Romania루마니아

- Bucharest

⑭ Turkey터키

- Istanbul

⑮ Scotland[스코틀랜드]

- Edinburgh

⑯ Slovak Republic[슬로바키아]

- Bratislava

⑰ Spain[스페인]

- Madrid

⑱ Switzerland[스위스]

- Geneve
- Zurich

바. Australasia & Oceania

① Australia[오스트레일리아]

- Sydney

② New Zealand[뉴질랜드]

- Wellington

3. 그랜드 인터컨티넨탈 호텔의 현재

3.1 기업의 사명

고객, 직원, 주주 삼자를 만족시키는 최고의 호텔이다.

3.2 기업의 목표

① 한국 최고의 호텔

② 강남 지역 최고의 호텔

③ 최고의 비즈니스호텔

3.3 상황 분석

가. 기업자원 분석

① **소유권** : LG 계열의 한무개발

② **경영 형태** : Intercontinental 체인의 위탁경영의 체인호텔

③ **개관** : 그랜드 인터컨티넨탈 서울은 1988년 개관

④ **위치** : 서울특별시 강남구 삼성동 159-8

- 주변 건물 · 시설 : 무역회관트레이드타워, 종합전시장코엑스 : COEX, 도심공항터미널, 쇼핑센터코엑스 몰 · 현대백화점, 아셈타워

⑤ **자본비율** : 내국인 자본 비율 94%, 외국인 자본비율 6%

나. 호텔환경 분석

[표 15-5] **호텔환경 분석**

구분	내용
정치 · 법적 환경	■ 호텔산업의 기존의 정부규제 완화 ■ 종사원 의무고용제 폐지(인건비 절감, 서비스 질 저하 우려) ■ 서비스 시장 개방에 따른 선진경쟁업체 시장 진입(W- hotel 개관) ■ 인천국제공항의 개항 ■ 미 9.11테러 이후 전 세계 전쟁 분위기 확산 ■ 미 · 이라크 전쟁으로 불안한 세계 정세 ■ Sars의 여파로 인한 2003년 수익률 저하
경제환경	■ 전세계 경제성장률 둔화와 생산 및 소비 성장율의 저하 ■ 1997년 IMF 국가외환위기로 인한 국가신용도 하락과 경제적 불안감 ■ 달러화, 엔화의 가치상승 ■ 달러환율에 대한 중국화폐 환율의 평가절상 예상 ■ 원유의 불안정한 가격 ■ 일본 · 중국 · 대만 등 아시아권 관광객의 증가
인문 · 사회적 환경	■ 여가시간의 증대와 노인시장확대(Silver marketing, WINE세대 공략) ■ 여가인식확산으로 인한 국민관광 증대 ■ 주 5일 근무제 확산으로 휴일일수 증가에 따른 관광수요 증대 ■ 인터넷 활성화로 인한 여행정보 제공 활성화 및 예약시스템 구축 ■ 생활환경의 개선으로 인한 웰빙, 건강, 문화 등 자기실현 욕구 증대
입지적 환경	■ 코엑스 인터콘티넨탈 오픈으로 인해 FIT고객 중심 마케팅 전개 ■ 코엑스 인터콘티넨탈과 연계된 경영전략구사의 용이성 ■ 테헤란벨리를 비롯 무역센타, ASEM 센타 등 비즈니스고객 확보 유리 ■ 공항터미널의 인접으로 김포 · 인천공항으로 접근성 편리(리무진 출발) ■ 일일 생활권의 전개로 기타 휴향지로의 관광 증가 ■ KTX의 개통으로 인한 다양한 교통이용의 증대 ■ 지하철연결로 대중교통 접근성이 용이 ■ 현대백화점과 연결 쇼핑이 용이 ■ 코엑스 몰의 쇼핑이 용이(아쿠아리움, 메가박스 등) ■ 전문 음식점의 높은 근접성(TGIF, 베니건스, 마르쉐 등)

3.4 SWOT 분석

강점	약점
■ 지리적 위치 ■ 높은 국내외 인지도 ■ 그랜드 코엔스와의 연계 ■ 탄탄한 자본력 ■ 더블 초이스, 30Days initial Training 프로그램 ■ 서울 시내에서 가장 넓은 객실 보유 ■ 비즈니스 여행객을 위한 최첨단 시설 ■ 한국 특유의 멋이 가미된 실내 디자인	■ 부실한 홈페이지 운영 ■ 그랜드와 코엑스의 차별성 부족 ■ 아르바이트 고용으로 서비스의 질 저하 (아웃 소싱의 문제점)
기회	**위기**
■ 국제회의 유치 증가 ■ 호텔웨딩시장의 활성화 ■ 벤처기업들의 밀집(테헤란로) ■ 한류 열풍 등으로 인한 아시아권 관광객의 증가	■ 벤처기업의 불황 ■ 지자체의 컨벤션 센터의 건립과 국제회의 유치 경쟁 심화 ■ 다수의 경쟁 업체 및 더 좋은 호텔들의 등장 ■ 경제 불황으로 인한 국내 소비시장의 위축 ■ SARS로 인한 외국 관광객의 감소

〈그림 15-2〉 인터켄티넨탈 호텔의 SWOT 분석

3.5 인터컨티넨탈 체인의 공동 촉진활동

가. Priority Club Rewards

투숙할 때마다 포인트나 마일리지를 얻고 가장 쉬운 방법으로 상환받는다. 전 세계 3,200여 개 이상의 호텔에서 하나의 카드로 이용 가능하며 인터넷이나 전화를 통해 다양한 보상 혜택 프로그램을 선택 가능하다. 무료 숙박, 항공 마일리지, 식사, 쇼핑권 및 기타 다양한 혜택에 대한 포인트를 상환한다.

나. Dual member's special package

전 세계 인터컨티넨탈 호텔의 엠배서더 멤버와 프라이어리티 클럽 리워즈 멤버쉽을 모두 소지한 고객들을 위한 특별한 패키지이다.

다. CRM customer relationship management

① 효과적인 고객 관리를 위해 과거 부서별 고객 관리에서 회원들을 통합 관리
② 객실을 이용하는 고객은 본사에서 피델리오를 통해 고객 History를 갖고 관리 및 운영
③ VIP 또한 본사에서 관리 - 장관 및 다국적 CEO 등 호텔 자체 평가 기준에 따라 등급을 나눔
④ 식음료, 피트니스 이용 고객 등 국내 고객의 비중도가 높은 부분은 세분화된 고객 관리

라. 식스 컨티넨츠 호텔의 마케팅

모회사인 식스 컨티넨츠 호텔이 공급 · 운영하는 경영전략 및 마케팅 전략

① 공동 배너 광고
② 인터넷 사이트 연결
③ 공동 예약 서비스
④ 여행사 및 항공사에 카탈로그 비치로 수익 창출기대
⑤ 유럽, 미주 지역의 여행 및 비즈니스 잡지에 광고
⑥ 모회사의 Image - Up으로 인한 체인사의 Image - Up 창출

1. 비즈니스호텔의 개념

2. 비즈니스호텔의 실태

비즈니스호텔

Global **Hotel Management**,
ch. sixteen

1. 비즈니스호텔의 개념

일반적으로 통용되는 '비즈니스호텔' 이라는 용어는 법적으로 정의된 업태는 아니며, 광의로 관광호텔 중에서도 특2급에서 2급까지 중저가형 호텔을 전반적으로 아우르는 용어로 사용되기도 하였으나, 최근 개발이 진행 중인 비즈니스호텔들의 경우 특2등급 ~ 1등급 수준의, 특1등급 대비 가격경쟁력을 갖추고 다양한 고급 서비스보다는 관광 및 주요 시설과의 연계성이 높은 입지 및 특화된 서비스를 장점으로 한 관광호텔을 지칭하는 경우가 많으며, 이 글에서는 이러한 최근 경향에 의거하여 특2등급 및 1등급 호텔을 비즈니스호텔로 정의하였다.

[표 16-1] 근거법에 따른 숙박시설 분류별 정의

근거법	대분류	소분류	비고
관광진흥법	관광숙박업	관광호텔업	특1급~3등급의 등급 부여 통상 비즈니스호텔은 관광호텔 범주에 포함됨
		수상관광호텔업	수상건물 혹은 선박을 이용한 관광숙박업
		한국전통호텔업	한국 전통 건축물을 이용한 호텔업
		가족호텔업	취사시설이 구비되고 가족단위 관광객에 알맞은 설비가 갖추어진 호텔업
		호스텔업	샤워, 취사장 등의 시설을 갖춘 배낭여행객 등을 주 수요층으로 한 관광숙박업
공중위생관리법	숙박업	일반숙박업	여인숙, 여관 등
		생활숙박업	취사시설을 포함한 숙박시설

주 : 관광진흥법상 관광숙박업의 일종인 휴양콘도미니엄업은 주 수요층이 호텔과 차이가 있어 상기 표에서 제외하였음.

또한 비즈니스호텔은 연회장, 식당 등 부대시설 및 객실 크기, 룸서비스 등 불필요한 서비스는 줄이고 꼭 필요한 서비스만을 제공하여 합리적인 가격을 제공하는 호텔로 비즈니스맨이 출장이나 작업에 사용하는 필요 최소한의 공간과 기능을 갖춘 호텔이다. 비즈니스호텔은 일반 호텔보다 요금이 비교적 저렴하고 부대시설의 영업 이익이 거의 없는 호텔이며 휴양지가 아닌 중심 도심 안에 위치하여 숙박의 기능을 하는 호텔이다.

1.1 한국의 비즈니스호텔

비즈니스호텔의 개념은 나라에 따라 좀 다르다. 서구권에서 비즈니스호텔이라고 하면, 한국이나 일본과는 달리 비즈니스 경영자쯤 되는 사람이 이용하기 편리하도록, 넓은 회의실 등 비즈니스 설비와 피트니스 클럽 등이 설치된 대형 호텔을 일컫는 경우가 많다.

〈그림 16-1〉 이비스 앰배서더 호텔 객실 내부

한국에서 비즈니스호텔은 여행이나 관광용의 특급 호화호텔이 아닌, 저렴한 객실료와 간소화된 서비스를 특징으로 하는 특2급4성이나 1급3성의 도심형 호텔을 지칭한다.

호텔 그룹의 포트폴리오 상에서 고급화 정도를 나타내는 표현의 단계로서,

Luxury-Upper Upscale-Upscale-Upper Midscale-Midscale-Economy 중 Upscale 내지는 Upper Midscale 이하부터 이러한 형태를 띄게 된다. 예를 들어, Accor-앰배서더 그룹의 포트폴리오에서 Luxury에 해당하는 SOFITEL현재는 그랜드 앰배서더은 일반적인 관광 호텔로서 고급 스위트룸, 예식장 등의 부대시설을 포함한 형태로 경영하지만, Economy에 해당하는 ibis나 ibis style은 화려한 고급 서비스를 최소화한 비즈니스호텔을 표방하게 된다.

그러나 무조건 가격의 저렴함만을 갖고 2급 · 3급 호텔들을 비즈니스호텔이라고 표현할 수는 없는데, 이는 비즈니스호텔이라는 개념 안에 '어느 정도의 신뢰성 있는 객실 품질' 도 요구조건으로 포함되어 있기 때문이다. 비즈니스호텔의 1박 숙박료는 일반적으로 10만원대 초중반으로, 적어도 모텔보다는 높은 가격으로서 절대적으로 싼 가격은 아니라는 점에 주의할 필요가 있다. 즉 비즈니스호텔은 '호텔이라는 공간의 고급스러움과 편안함은 누릴 수 있되, 간소화된 서비스와 부대시설을 통해 어느 정도 합리적인 가격대로 이용 가능한 호텔' 이라고 볼 수 있다.

2. 비즈니스호텔의 실태

Global **Hotel Management,** ch. sixteen

관광진흥법에 따른 관광숙박업을 중심으로 보면, 2010년 말 기준 서울 시내 호텔 중 특1등급의 경우 객실 수 9,320실, 객실비중 38.7%를 기록했으며, 특1등급과 특2등급을 합산할 경우 객실 수는 15,424실, 전체 관광호텔에서 차지하는 비중은 64.1%로, 서울 시내 관광호텔에서 특급호텔이 차지하는 비중이 60%를 초과하는 현상이 지속되고 있다. 최근의 서울 시내 관광호텔 등급 및 구분별 객실가동률 추이를 보면, 관광객 증가로 인해 가동률 또한 지속적인 성장세를 보이며, 서울 시내 관광숙박업 객실의 약 40%를 차지하는 특1등급의 경우도 높은 평균 객실 이용요금에도 불구하고 2010년 기준 80% 수준의 높은 객실가동률을 기록하고 있다.

[표 16-2] 서울 시내 관광호텔 등급별 객실 수 추이

구분	소계	특1급	특2급	1등급	2등급	3등급	등급 미정	가족호텔
2010	24,076	9,320	6,105	3,832	1,356	666	1,461	1,336
구성비	100.0%	38.7%	25.4%	15.9%	5.6%	2.8%	6.1%	5.5%
2009	23,509	9,399	5,816	3,764	1,356	666	1,303	1,205
구성비	100.0%	40.0%	24.7%	16.0%	5.8%	2.8%	5.5%	5.1%
2008	22,699	9,399	5,532	3,456	1,245	666	1,206	1,195
구성비	100.0%	41.4%	24.4%	15.2%	5.5%	2.9%	5.3%	5.3%

자료 : 한국관광공사.

2.1 서울 시내 비즈니스호텔 신축 현황

서울시는 2012년부터 2017년간 총 88개, 약 2만 2천실의 호텔 객실이 추가로 공급될 것으로 예상한다. 관광객을 대상으로 하는 숙박시설 확충 수요에 발맞춰 비즈니스호텔 신축 사업이 활발하게 이뤄질 것으로 예상된다.

[표 16-3] 서울 지역 호텔 연도별 공급 전망

구분	2011	2012	2013	2014	2015	2016	2017	계
신축 호텔 수	-	32	21	19	12	8	5	88
신규 객실 공급 수	-	4,132	2,762	4,782	3,635	5,008	1,918	22,237
객실 수(전망)	25,160	29,292	32,054	36,836	40,471	45,479	47,397	-

주 : 2012년 10월 현재 건립 추진 중이거나 건설 중인 호텔의 준공연도를 반영.
자료 : 서울지역 관광숙박시설 건립추진 현황(서울시).

이와 같이 서울 지역의 비즈니스호텔 신축이 활성화된 가운데 기존 서울의 주요 특1급 호텔 운영기업의 비즈니스호텔 사업 진출이 활발히 진행되고 있다. 과거에 고급화된 호텔 브랜드 인지도 유지를 중시하는 영업 전략을 견지하였으나, 최근에는 차별화된 객실 서비스를 제공하는 비즈니스호텔 사업을 성장성 확보의 중요한 동력으로 인식하고 투자를 강화하고 있는 것으로 파악된다.

국내에서 제일 유명한 비즈니스호텔은 서울 명동과 강남, 인사동 및 부산, 수원에 각각 위치한 'ibis 앰배서더' 이며, 동시에 제일 먼저 자리를 잡은 비즈니스호텔 브랜드이기도 하다. 특히 명동과 강남 두 곳은 국내 호텔 전체를 통틀어서 경이적인 객실 가동률을 보이는 성공적인 사례로 평가받고 있다. 이후 Accor-앰배서더 그룹은 ibis에 테마를 도입해 약간의 고급스러움을 더한 'ibis styles 앰배서더' 와, 더 저렴한 객실료와 콤팩트한 서비스의 'ibis budget 앰배서더' 브랜드를 런칭하여 현재 개관 준비 중에 있다.

국내에서 현재 운영 및 개관 준비 중인 비즈니스호텔 브랜드 및 운영 그룹은 다음과 같다.

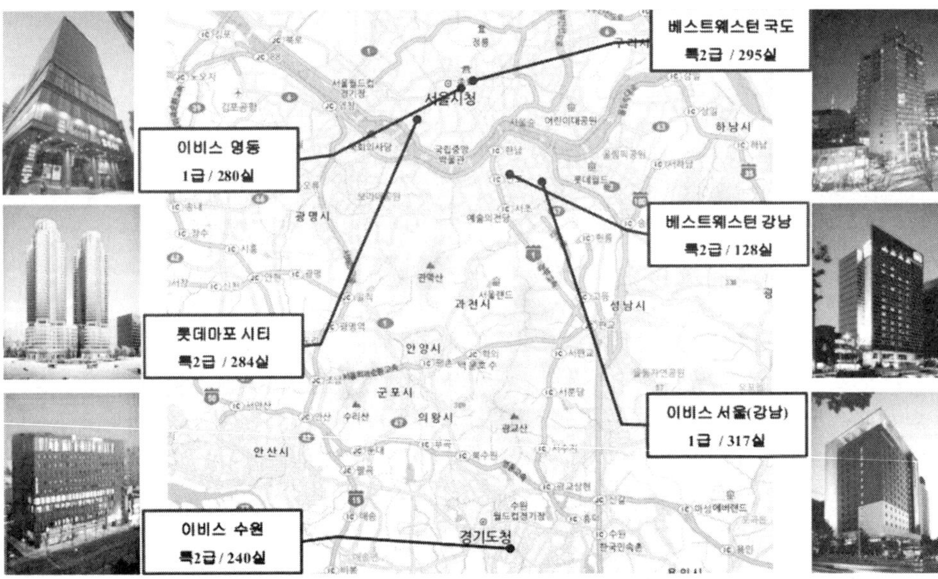

〈그림 16-2〉 수도권 지역 대표 비즈니스호텔 현황

- Holiday Inn Express[IHG]
- ibis[Accor-앰배서더]
- ibis Styles[Accor-앰배서더]
- ibis buget[Accor-앰배서더]
- Four Points by Sheraton[Starwood]
- Aloft[Starwood]
- Hyatt Place[Hyatt]
- 신라스테이[호텔신라]
- 롯데시티호텔[호텔롯데]
- 나인트리호텔[파르나스호텔]

2.2 세계 주요 비즈니스호텔 사업 진출 현황

비즈니스호텔은 비교적 저렴한 가격에 불편하지 않을 정도로 하룻밤 묵을 수 있는 호텔만을 말하는 것이 아니다. 비즈니스 타운에 인접한 지리적 이점과 신속한 업무처리가 가능한 편의시설은 물론, 남부럽지 않은 휴식을 취할 수 있는 호텔들을 세계 주요 도시별로 선정해 보았다.

가. 서울

〈그림 16-3〉 콘래드 서울

콘래드는 '힐튼 월드 와이드' 계열사의 호텔 브랜드로 한국 금융의 중심지인 여의도에 들어선 만큼 비즈니스 미팅과 대규모 회의를 위한 공간을 마련하는 데 심혈을 기울였다. 연회 · 미팅 장소로만 총 3개 층을 구성하였으며 많은 인원을 수용할 수 있는 파크 볼룸과 그랜드 볼룸을 갖추었다. 그 외에도 중 · 소규모 미팅과 연회를 위한 스튜디오, 비디오 콘퍼런스 시스템을 갖춰 최고급 비즈니스호텔의 면모를 자랑한다. 모든 비즈니스 룸에는 스크린과 프로젝터 등 멀티미디어 시스템을 구비하여 원활한 회의 진행이 가능하다. 그 밖에도 스마트 기기를 연결해 사용할 수 있는 정보기술시설도 구축해 놓았다.

나. 싱가포르

〈그림 16-4〉 더 풀러튼 베이 호텔

더 플러튼 베이 호텔은 도심에 위치해 어디로든 교통이 편리하며, 공항에서 환승 서비스를 이용하면 25분 정도밖에 걸리지 않는다. 비즈니스 센터는 따로 없지만 세 종류의 미팅 룸은 비즈니스 미팅을 하기에 무리 없는 수준이다. 호텔 옥상에서는 싱가포르의 스카이라인을 바라보며 칵테일과 타파스를 즐기는 이색적인 경험을 할 수 있다.

다. 베이징

자오양구의 비즈니스 중심가에 자리 잡은 '더 리츠 칼튼 파이낸셜 스트리트 호텔' 은 2008년 베이징 올림픽의 VIP를 겨냥해 설립하였다. 리츠 칼튼 호텔의 명성에 걸맞은 고급 서비스로 유명한데, 특히 풀 서비스 스파에서는 여행으로 지친 심신

〈그림 16-5〉 더 리츠 칼튼 파이낸셜 스트리트 호텔

에 활력을 불어넣는 각종 트리트먼트 서비스를 제공한다. 비즈니스 방문객을 위해 소규모 회의실, 비서 서비스, IT 기술지원 등을 하고 있다.

라. 상하이

페어몬트 피스 호텔은 1929년 설립 후 오랜 시간 동안 상하이의 랜드마크였던 '화평반점'의 전통을 이어 받은 호텔로 2010년 재개장해 제2의 전성기를 누리고 있다. 황포 강변에 위치하여 전망이 뛰어나며 상하이 최고의 번화가인 남경로와도 가깝다. 찰리 채플린, 라빈드라나트 타고르 등 많은 저명인사가 들른 호텔로도 유명하다. 8층에 위치한 '드래곤 피닉스'에서는

〈그림 16-6〉 페어몬트 피스 호텔

정통 상하이 요리를 복원해 옛 향수를 불러일으키는 메뉴들을 제공하고 아르데코풍 객실 역시 이 호텔의 자랑거리다. 특히, 각기 다른 아홉 국가의 스타일로 꾸민 '나인 네이션스 스위트룸' 은 방마다 인테리어가 달라 특색이 넘친다.

마. 홍콩

〈그림 16-7〉 LKF 호텔 롬버스(란 카이 퐁)

LFK 호텔은 홍콩에서 가장 활기 넘치는 홍콩 센트럴, 수엥 완 지역에 위치한 호텔이다. 공항에서 가까워 여행객이 쉽게 접근할 수 있으며 쇼핑의 도시 홍콩의 호텔답게 인근에 쇼핑몰들이 즐비하다. 국제금융센터가 불과 1킬로미터 이내에 있어 비즈니스 여행객에게도 인기가 높다. 수준 높은 편의시설과 룸서비스 등으로 쾌적한 여행을 보내기에 제격이다.

2.3 비즈니스호텔의 부정적 실태

가. 치열해진 비즈니스호텔 경쟁

일본 서일본 철도그룹이 운영하는 특1급 호텔 '솔라리아 니시테쓰 호텔 서울'이 명동에 새로 문을 열기로 했다. 명동 쇼핑몰 엠플라자 7~22층에 들어서는 이 호텔은 총 315실 규모로 2015년 10월 오픈할 계획이다. 일본계 특2급 호텔 '도미인호텔' 이 우리나라에 들어온 적은 있지만 일본계 특1급 호텔이 문을 여는 건 이번이 처음이다.

그러나 잘 될지는 의문이다. 외국인 관광객이 늘어났지만 이들이 숙박비용이 저렴한 게스트하우스나 모텔급 숙박업소만 찾아가면서 명동 주요 비즈니스호텔마저도 공실에 시달리는 분위기이기 때문이다. 한때 서울 비즈니스호텔은 물론 전체 호텔 객실 점유율이 90%를 넘나들면서 오피스빌딩, 대형 쇼핑몰까지 잇따라 비즈

〈그림 16-8〉 2015~2016년 문을 여는 서울 도심 호텔

〈그림 16-9〉 최근 명동에 오픈한 이비스 스타일 앰배서더 호텔

니스호텔로 리모델링했던 것과는 사뭇 다른 풍경이다.

국내 대기업에 일본계 호텔도 뛰어들어 경쟁이 더 치열하다. K팝, 한국드라마 등 한류 열풍으로 외국인 관광객이 급증하면서 최근 몇 년 새 비즈니스호텔 건축 붐이 일었다. 외국인이 많이 찾는 쇼핑 명소인 명동 일대뿐 아니라 남대문시장, 동대문쇼핑센터 인근에 비즈니스호텔이 속속 들어섰다.

국내 업체 중에선 롯데호텔이 일찌감치 비즈니스호텔 시장에 뛰어들었다. 2009년 4월 서울 마포구 공덕동에 롯데시티호텔 마포를 개장한 이래 김포공항, 구로동 일대에도 비즈니스호텔을 선보였다. 서울 중구 장교동에 롯데시티호텔서울 명동435실을 오픈하는 데 이어 충무로 세종호텔 인근에도 '라이프스타일호텔 명동가칭'을 개장할 예정이다. 라이프스타일호텔 명동은 총 255실 규모로 옥상에 스파, 바 등 젊은이들이 선호하는 부대시설을 만들어 20~30대 중국, 동남아 관광객을 유치한다는 계획이다.

호텔신라도 경쟁에 가세했다. 호텔신라는 서울 서대문구 미근동에 비즈니스호텔 브랜드인 '신라스테이 서대문'을 2015년 5월 개장했다. 9월에는 마포구 도화동에도 '신라스테이 마포'를 오픈했다. 두 호텔 모두 300실 내외 규모다. 호텔신라는 이미 서울 역삼동과 경기도 동탄에 신라스테이 비즈니스호텔을 운영 중인데 향후 비즈니스호텔 사업을 계속 키울 것으로 보인다.

신세계조선호텔은 2015년 5월에 첫 비즈니스호텔인 '포 포인츠 바이 쉐라톤'을 서울역 앞에 개장했다. 쉐라톤, 웨스틴, W호텔을 운영하는 스타우드 호텔앤드 리조트 브랜드의 포 포인츠 호텔은 서울 트윈시티타워 지상 19~30층에 342실 규모로 들어선다. GS그룹 파르나스호텔은 2012년 '나인트리 명동' 호텔을 오픈한데 이어 서울 중구에 '나인트리 명동시티센터호텔'을 개장할 예정이다. 서울 중구

[표 16-4] 비즈니스호텔 공급에 나선 업체들

구분		호텔	개관 시기	객실 수(실)
롯데호텔	운영 중	롯데시티호텔 마포	2009년 4월	284
		롯데시티호텔 김포공항	2011년 12월	197
		롯데시티호텔 제주	2014년 2월	262
		롯데시티호텔 대전	2014년 3월	312
		롯데시티호텔 구로	2014년 7월	288
	예정	롯데시티호텔 울산	2015년 상반기	354
		롯데시티호텔서울 명동	2015년 12월	435
		라이프스타일호텔 명동(가칭)	2015년 12월	255
호텔신라	운영 중	신라스테이 동탄	2013년 11월	286
		신라스테이 역삼	2014년 10월	306
		신라스테이 제주	2015년 3월	301
	예정	신라스테이 서대문	2015년 5월	319
		신라스테이 마포	2015년 9월	300
		신라스테이 울산	2015년 중	338
		추가 4개 오픈 예정	2016년 중	미정
파르나스호텔	운영중	나인트리 명동	2012년 12월	144
	예정	나인트리 명동 2호점	2016년	408
신세계조선호텔	예정	포 포인츠바이 쉐라톤	2015년 5월	342
하얏트호텔	예정	하얏트 플레이스	2016년 상반기	204

영락교회 옆엔 '이비스스타일 앰배서더' 호텔이 문을 열었다. 이 호텔 운영업체인 아코르앰배서더는 2014년 10월 동대문디자인플라자 인근에 '이비스 버젯195실' 을 개장했다.

대형 건설사와 여행업체들도 비즈니스호텔 경쟁에 뛰어들었다. 대림산업은 여의도 국회의사당 앞에 '글래드 호텔' 을 오픈했고 하나투어는 서울 회현동 대한전선 사옥을 매입해 576실 규모의 비즈니스호텔로 리모델링하는 공사를 진행 중이다.

한국관광공사에 따르면 2010년 189만 명이였던 중국인 관광객 수는 지난해 613만 명으로 급증했다. 2015년에는 700만 명을 넘어설 것이란 관측이다. 덩달아 한국을 찾은 관광객 수도 2010년 880만 명에서 2014년 1,400만 명으로 급증했다.

하지만 공급이 우후죽순 늘면서 시장에선 벌써부터 공급과잉 우려가 커진다.

서울시는 2015년 55개 호텔, 총 8,255개 객실이 신규 공급될 전망이라고 밝혔다. 지난해 신규 호텔 객실 수3,883실보다 무려 2배 이상 늘어난 규모다. 내년에도 23개 호텔에서 4,166실이 추가로 오픈할 예정이라 공급 물량이 넘쳐난다. 서울 시내 관광호텔 수만 놓고 봐도 2011년 146개에 불과했지만 2017년에는 무려 300개를 넘어설 전망이다.

'무늬만' 비즈니스호텔이 쏟아지는 것도 문제다. 공식 허가를 받지 않고 오픈한 뒤 반값 수준으로 객실 요금을 책정해 중국 패키지 관광객을 모객하는 숙박시설이 부쩍 늘었다. 그렇다 보니 기존 정식 '관광호텔' 객실이용률은 오히려 줄어드는 상황이다.

중국인 관광객이 급증하곤 있지만 엔저 여파에다 혐한 분위기가 겹치면서 일본인 관광객 수가 점차 줄어드는 것도 악재다. 사실 중국 관광객보다는 일본 관광객이 비즈니스호텔을 더 많이 찾는다. 주로 저가 패키지 여행객인 중국 관광객은 서울 도심 비즈니스호텔보다 훨씬 저렴한 수도권 인근 숙박지를 이용하는 경우가 많기 때문이다. 일본인 관광객 수는 2012년 352만 명에서 2014년 235만 명으로 급감했다.

이런 악재 탓에 비즈니스호텔 객실 점유율이 점점 떨어지는 분위기다.

심지어 강남 일대는 점유율이 절반에도 못 미치는 곳이 수두룩하다. 객실 점유율이 80～90%는 넘어야 수익이 나는데 상당수 비즈니스호텔이 적자를 내고 있다는 의미다.

따라서 조만간 경영난을 이기지 못한 비즈니스호텔들이 줄줄이 경매 시장에 매물로 쏟아질 것이란 전망이 팽배하다. 명동 한복판에서도 문을 닫는 비즈니스호텔이 속출할 것이란 예상마저 나온다.

사실 삼부토건이 2013년 5월부터 매각을 추진해온 강남구 역삼동 르네상스호텔이나 현대그룹이 내놓은 서울 남산 반얀트리 호텔이 좀처럼 주인을 찾지 못하는 것도 이 같은 현상과 깊은 연관이 있다. 비즈니스호텔업이 무너지면서 호텔업 자체에 대한 전망이 어두워지고 있기 때문이다.

비즈니스호텔이 불황을 겪는 건 정부 잘못도 크다. 정부는 2012년 7월 서울, 수도권 호텔 객실난 해소를 위해 '관광숙박시설 확충을 위한 특별법' 을 도입했다. 외국인 관광객이 급증하는 만큼 앞으로 호텔 객실이 턱없이 부족해질 거란 우려에서다. 호텔을 건립할 때 각종 규제를 풀어주고 상업지역 용적률을 대폭 높이겠다는 내용이 담겼다. 서울시도 부랴부랴 비즈니스호텔 규제를 푸는 등 숙박업소를 늘리는 데 팔을 걷어붙였다. 서울 중구는 2012년부터 관광호텔 사업 승인을 원스톱으로 처리하는 '관광숙박지원센터' 를 열기도 했다.

정부가 비즈니스호텔 규제를 대폭 푼 건 그만큼 수요가 넉넉하다고 판단했기 때문이다. 정부의 호텔 수요 예측 기반이 된 한국문화관광연구원 자료를 보면 2016

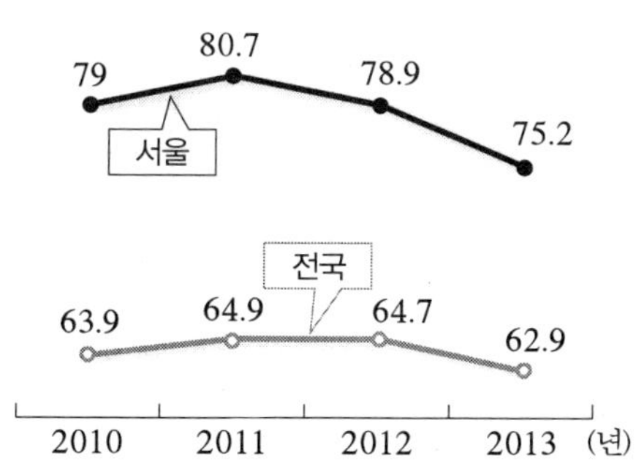

자료 : 문화체육관광부 관광지식정보시스템.

〈그림 16-10〉 갈수록 떨어지는 호텔 객실 점유율 (단위 : %)

년 서울시 호텔 수요는 3만 7,561실에 달한다. 공급 예측치3만 1,362실와 비교하면 여전히 6,000여실이 부족할 것이란 예상이다.

실제로 금융권에서 조사한 호텔 수요 · 공급 예측치는 정부 조사와 조금 다르다. 우리은행의 '서울 호텔시장 동향 및 수급전망' 보고서에 따르면 2015년 객실 수요가 3만 1,900여 실인 데 비해 공급은 3만 2,300여 실로 공급이 수요를 초과할 전망이다.

비즈니스호텔 시장이 안착하기 위해서는 규제 완화로 리츠펀드를 활성화해야 한다. 해법은 '무늬만' 비즈니스호텔을 철저히 걸러내는 한편 호텔개발업체에는 보다 과감한 규제 완화를 해줘 서비스 질을 높여야 한다는 의견이 나온다.

비즈니스호텔업체 입장에서는 호텔신라처럼 부동산펀드를 통한 위탁운용 방식을 활용하는 것도 방법이다. 다행히 정부가 호텔개발 리츠펀드 활성화 방안을 내놓은 점은 긍정적이다.

향후 비즈니스호텔 시장 재편의 관건은 차별성을 바탕으로 한 경쟁력이다. 비즈니스호텔 공급이 늘어난 만큼 위치가 좋거나 차별화된 킬러 콘텐츠를 보유한 곳만 살아남는 등 생존경쟁이 더욱 치열해질 수밖에 없다.

1. 서비스 레지던스 호텔의 개념

2. 서비스 레지던스 호텔의 출현 배경

3. 서비스 레지던스 호텔의 특성

4. 서비스 레지던스 호텔의 실태

서비스 레지던스 호텔

Global **Hotel Management,**
ch. seventeen

17

1. 서비스 레지던스 호텔의 개념

〈그림 17-1〉 레지던스 호텔 전면

레지던스 호텔이란 호텔 경영방식의 시설과 서비스에 일반 체류용 집과 같은 편안함을 주기 위한 요소를 더한 장기주거공간이다. 호텔의 공간 대신 평수와 방의 수를 늘려 방을 나누고, 거실과 주방을 두어 장기체류자에게 아파트와 같은 평온함을 주도록 설계된 것이다. 부대 식음료장을 최소화하고, 레스토랑도 체류객과 그 고객정도만 이용할 수 있도록 하는 경향이 강하다.

어린이를 동반한 고객을 위해 고객의 요구 시 방 하나를 어린이방으로 꾸며주는 등 개별적인 서비스도 가능하다. 또한 메이드 서비스와 세탁 서비스까지 가능하기 때문에, 한국에 있는 외국계 기업 종사자들과 대사관직원 등 한국에 장기 체류하는 외국인들에게 환영받고 있다. 이처럼 서비스 레지던스 호텔은 호텔과 아파트의 틈새시장을 공략하고 있으며, 시대가 거듭될수록 이런 유형의 체류공간을 요구하는 고객이 증가하고 있는 추세이다.

〈그림 17-2〉 레지던스 호텔 내부

실질적으로 현재 국내에 들어온 전문 레지던스 경영업체의 경우, 시설 측면에서는 특급 비즈니스 룸과 비교하여 볼 때 크게 뒤쳐지지 않지만 가격은 절반 정도의 수준이다. 또한 취사가 자유로우며, 부대시설 대신 객실 공간과 투숙객 간의 커뮤니티 공간을 갖추었고 투숙객의 편의를 제공하기 위한 맞춤형 서비스가 가능하다.

현대사회에서 도심에 위치한 호텔들은 관광객에게 숙박시설을 제공하는 것 외에도 비즈니스의 편리성과 주거성을 강조하고 있는데, 그것은 대부분의 비즈니스가 대도시나 그 주변에서 이루어지며, 이에 따른 업무를 목적으로 장기간 체류하는 투숙객이 꾸준히 증가하고 있기 때문이다. 국내 상황만 보더라도 비즈니스를 목적으로 한 외래 방문객은 지속적으로 증가추세에 있고, 이들은 장시간 국내에 머물기 때문에 숙박시설을 선택할 때 가격을 우선 고려하며, 비즈니스를 함에 있어 편리성까지 추구한 숙박시설에 큰 관심을 갖고 있다. 이러한 틈새시장을 파고든 것이 '레지던스' 라고 할 수 있다.

서비스 레지던스의 정의

a. 호텔식 서비스와 함께 이용자의 편의에 따라 Self-service 방식의 주거, 취사 등이 가능하며, 업무용 공간으로 제공되는 부수적인 시설을 함께 이용할 수 있는 Multi-Purpose 형태의 다용도 사업장을 의미함.

b. 아파트 + 근생시설(상가) + 오피스의 업무 및 주거의 총체적 기능에 적합한 시설을 갖춘 Hard-ware는 임대형 주상복합이나, Soft-ware인 제공 Service적 차원에서는 호텔 서비스를 포함한 공급자 위주의 One-Stop Service가 가능한 편의시설임.

c. 최근 라스베이거스, 뉴욕 등지의 고급호텔(MGM, Ritz-Carlton, Plaza 등)들이 시장 확충의 필요성에 따라 장기 투숙자들을 위하여 별도의 Apartment를 만들어 운영하는 주거공간도 Serviced Residence의 한 형태임.

d. 이용자별 동선 분리, 안전요원의 24시간 근무 등 철저한 보안을 제공하고, 호텔식 프런트 데스크와 비즈니스 센터, 커뮤니티 공간이 완비되어 있으면서도 호텔보다는 저렴한 가격에 체류할 수 있다는 장점이 동일 시장 내 유사업종 사이의 Advantage로 작용함.

e. 이러한 레지던스 시장은 외국에서는 상당히 광범위하게 활성화되어 있으나 월세보다는 전세를 선호하며, 소유 자산적 가치를 우선시하는 우리나라 주거환경의 특성으로 인하여 국내에서는 2000년 이전에는 접하기 힘들었던 형태임.

f. 최근 원룸 및 임대 오피스텔 시장의 확대와 함께 다국적 체인 브랜드가 알려지는 한편, 확정 수익률을 보장하는 자산적 가치가 투자자들 사이에서 깊게 인식되며 Service Residence Market은 계속적 성장 추세에 있음.

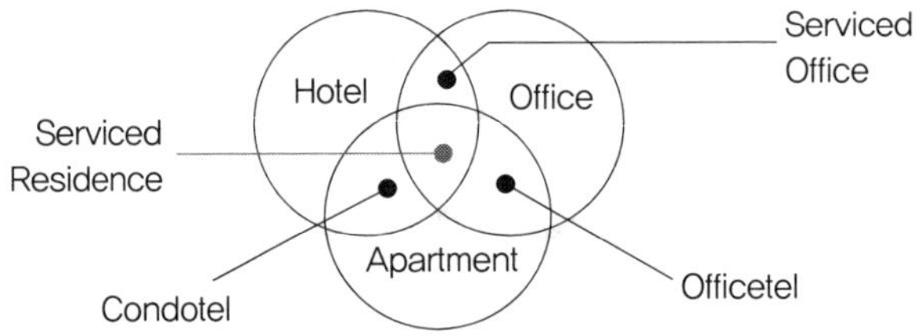

〈그림 17-3〉 서비스 레지던스 호텔의 정의

레지던스는 주요 비즈니스 컨셉의 주거시장과 숙박산업 사이의 틈새시장을 공략한 상품으로, 주거환경보다는 입지적 접근성, 경제성을 중요시하며 중장기 거주자를 위주로 한 서비스와 부대시설 및 그에 가장 효율적인 운영 관리 모델을 구축한다.

서비스 레지던스 호텔은 일반적인 관점에서 일반 주택 형태를 응용한 호텔이라 볼 수 있으며, 체류기간은 다소 차이가 있다 하더라도 적어도 일주일 이상의 체류자를 대상으로 한다. 서비스 레지던스 호텔이 일반 아파트와 다른 점은 호텔에서 제공되는 서비스 형태로 객실 시트교환과 청소 서비스가 제공된다는 점이다. 또한 최소한의 식사와 음료를 제공하는 식당이나 바도 있다. 객실료의 지불 방식은 월 단위로 지불하는 것이 일반적이다.

다시 말해 서비스 레지던스 호텔은 저렴하면서도 1급 호텔 수준의 시설을 갖추고 있으며, 장기 투숙객이 전체 투숙객의 대다수를 이루고 있어 일반호텔과는 다른 주거성을 강조하고, 또한 장기 투숙객 위주로 객실 판매에 치중한다는 것을 알 수 있다. 그리고 차별화된 맞춤형 서비스가 가능하므로 일반 호텔과는 다른 점이 많다는 것을 알 수 있다. 따라서 서비스 레지던스 호텔은 '관광 및 비즈니스를 목적으로 하는 장기 투숙객을 주요 대상으로 하는 가정과 같은 주거의 편의성을 보장하며 1급 호텔 서비스를 제공하는 객실 판매 위주의 숙박산업의 한 분야' 라고 할 수 있다.

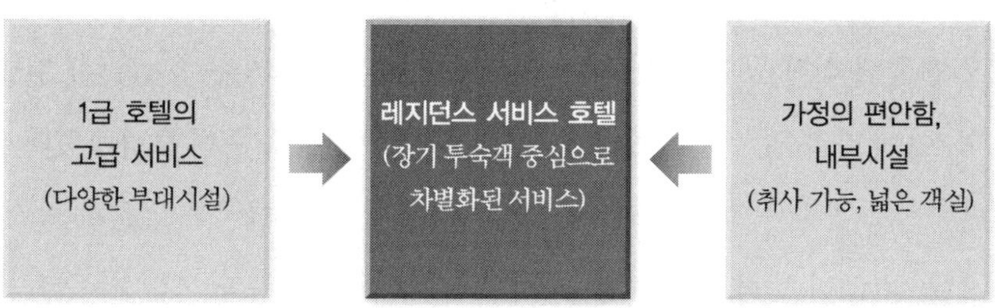

〈그림 17-4〉 서비스 레지던스 호텔의 개념

2. 서비스 레지던스 호텔의 출현 배경

서구화된 현대사회에서는 점차 다양한 계층의 고객이 호텔을 찾고 있으며, 객실을 기본으로 다양한 서비스와 부대시설을 제공하는 특급호텔에서부터, 가족 중심의 리조트 호텔 등 많은 호텔산업에서 꾸준한 변화가 일어나고 있다. 국내에는 1988년 서울 올림픽 이후 많은 호텔이 등장하였으며, 호텔에 대한 인식의 변화 등으로 국내 호텔의 발전을 가져오는 계기가 되었다. 그에 따라 기존의 특급호텔 위주의 건설에서 벗어나 다양한 등급들의 호텔이 전국적으로 건설되게 되었다.

하지만 대부분의 호텔들은 특급호텔급 서비스를 제공하고자 했으며 이로 인해 호텔의 본래 목적을 상실하는 경향이 나타나 가격과 인건비의 증가를 가져오는 원인이 되었다. 저등급호텔의 서비스에는 고객이 만족하지 않고, 특급호텔의 서비스와 가격은 대체로 부담스러워 한다. 때문에 이러한 비교적 일반적이고 대중적인 고객을 주요 대상으로 객실 위주의 서비스를 저렴한 가격으로 손님들에게 제공하여 운영의 효율성과 가격의 합리성을 중요시하는 호텔들이 나타나게 되었다. 또한 국제적으로 한국에 대한 긍정적인 인식의 증가는 많은 해외기업들을 한국에 진출하게 하였으며, 이에 따라 외국인 비즈니스맨들의 한국 방문은 꾸준히 증가하였다.

일반적으로 관광 목적의 외래 방문객은 3～5일 정도 한국을 방문하는 것이 보통이었으나, 비즈니스 목적으로 방문하는 외래 방문객들은 단시간 머무르는 것이 아니라 짧게는 1개월에서 길게는 몇 년 동안 한국에서 생활하게 되므로 장기간 국내에서 생활할 수 있는 숙박공간을 찾게 되었다. 기존 국내의 특급호텔의 호텔체계는 이들이 장기간 국내에서 생활하는 데 경제적인 부담을 갖게 하는 원인이 되었으며, 국내의 중저가 호텔들은 외국의 중저가 호텔과는 서비스와 시설적인 면에서 많은 차이가 있었다. 또한 한국의 일반주택들은 외국인이 편하게 사용하기에는 주택구조와 생활 방식에 많은 차이점이 있어 이들이 국내에서 생활하는 데 많은 불편함을 갖게 되었다.

1980년대 국내에 처음 들어온 오피스텔은 주거생활과 업무를 한곳에서 할 수 있는 혁신적인 주거공간으로 획기적인 투자분야로 떠올랐다. 오피스텔은 주택과 아파트 일색의 주거생활에서 벗어나 현대의 사회인들에게 출퇴근의 부담을 감소시키면서 문화생활을 가능하도록 하였다.

1990년대 부동산 불황기 이후 도심 내의 집중화현상과 높은 임대비와 관리비 등의 문제점들로 인해 투자가치가 크게 위축되었으나 오피스텔에 대한 규제는 완화되어 고객의 욕구를 만족시킬 수 있는 다양한 상품이 개발됨에 따라 현재까지 지속적인 발전을 이루어 왔다. 오피스텔의 장점과 호텔의 장점을 포함하는 서비스 레지던스 호텔은 1998년 이후 국내에 처음 도입되면서 획기적인 투자 상품으로 인식되었다.

〈그림 17-5〉 레지던스 호텔의 복합기능

레지던스 서비스 호텔은 상당수가 오피스텔 분양 형식으로 공급됐기 때문에 투자자는 자신이 분양받은 객실의 운영 수익을 배당받는 조건으로 '수익배분형' 공

■ **서비스 레지던스의 유형**

구분	직영형	분양형	
유형	프랜차이즈형	수익보장형	수익알선형
내용	▪ 관리회사가 소유권 보유 ▪ 객실이용료로 자체 수익과 시설관리비용 충당	▪ 투자자가 소유권 보유 ▪ 위탁관리사는 수익 및 시설 관리 담당, 분양자의 추가 부담은 없음	▪ 투자자가 소유권 보유 ▪ 위탁관리사는 시설 관리 담당, 수익 대비 부양자에 변동수익 지급
투자성	×	◎	△
선호도	○	◎	○
수익성	?	◎	?
사례	프레이저스위트, 오크우드 외	서머셋펠리스, 휴먼터치빌 외	바비엥, 코업레지던스 외

■ **서비스 레지던스 사업의 성장**

a. 1988년 Grand Hilton Regidence를 시작으로 2002 월드컵 이후 서비스 레지던스 시장은 성장기에 접어 듬.

b. 2002년 및 2003년의 경우 각각 119.6%와 205%의 객실 증가율을 보이며 높은 성장률 기록.

c. 2007년 현재 영업 중인 레지던스는 전국 약 30여 개 사업장으로 추산(문화관광부).

d. 이 중 다국적 체인이 위탁운영을 실시하고 있는 레지던스는 총 5개(최근 Marriott Executive Apartment 포함)로, 선진 운영기법과 전 세계적 예약망을 통하여 국내 운영업체 대비 매출 우위를 점하고 있는 실정임.

구분	1988년	1999년	2000년	2001년	2002년	2003년	2006년
업체 수	1	2	4	7	17	25	30
증가율(%)	–	100	100	75	142.9	47.1	–
객실 수(개)	105	124	1,087	1,749	3,841	5,734	7,000
증가율(%)	–	18.1	777.6	60.9	119.6	49.3	–

〈그림 17-6〉 서비스 레지던스 호텔의 수익성

급방식으로 계약한다. 일부 업체는 '확정수익률' 이란 표현으로 수익률을 제시하기도 하며 서머셋 펠리스는 3년간 평균 8.5%의 확정수익률을 제시하는 등 부동산 펀드의 투자 상품으로도 레지던스 호텔이 각광받을 것이라고 예측되고 있다.

3. 서비스 레지던스 호텔의 특성

레지던스 호텔의 가장 큰 특징은 특급호텔과 비교해 시설이나 서비스의 수준에서는 크게 뒤떨어지지 않지만, 가격은 저렴하다는 것이다. 또한 조식과 피트니스 센터, 수영장 등의 부대시설의 사용과 편리한 비즈니스 서비스의 제공은 서비스 레지던스 호텔의 합리적인 가격을 제시하는 역할을 하고 있다. 서비스 레지던스 호텔의 투숙객은 기본적으로 한 달 이상 투숙 시 30% 정도의 가격 할인 혜택을 받게 되고, 투숙 기간이 늘어날수록 할인의 폭이 크다.

현재 서울 종로구에 위치한 프라이져 스위트는 투숙객의 평균 투숙일수가 70일 정도로 2년에서 3년까지 장기계약을 하고 숙박을 하는 고객들도 있으며, 이들이 객실비용에서 할인받는 혜택은 최대 60% 이상이다. 레지던스 호텔은 최초 설립 단계에서부터 호텔과 다르게 부대시설을 최소화하여, 이에 투자되는 인테리어 비용이나 공간을 최소화할 수 있었고 그 결과 호텔과 시설 투자비용이 특급호텔에 비하여 상대적으로 적게 들어 낮은 가격으로 객실을 제공할 수 있다.

부대시설의 감소에 따라 인건비의 지출이 낮아진 것도 전반적인 레지던스의 상품가격을 낮추는 데 기여하였다. 레지던스 호텔은 건축 이전에 분양을 통해 건설자금은 물론 수익금을 사전에 확보할 수 있기 때문에 레지던스 호텔의 객실임대에 대한 초기자본 확보로 특급호텔 설립의 단점인 초기자본금 투자비용에 대한 문제점을 해결함과 동시에 가격의 우월성까지 확보할 수 있다.

서비스 레지던스 호텔의 객실은 기본적으로 주거와 사무실의 기능을 동시에 수행할 수 있으며, 직접 세탁 및 음식을 만들 수 있는 모든 시설이 갖추어져 있다. 또한 호텔의 스위트룸과 같이 침실과 생활공간을 따로 분리하여 객실 안에서도 고객에게 업무와 생활에 대한 최대한의 공간 활용을 할 수 있도록 객실 구조를 형성하고 있다. 일반 호텔의 객실은 보통 10여 평 안팎이지만 레지던스 호텔은 대부분 20평 이상으로 침실 1개부터 4개까지 다양한 형태의 객실을 갖추었으며 가족규모나 개

〈그림 17-7〉 파리 레지돔오페라 레지던스 호텔

인의 취향에 맞는 공간 연출이 가능하다.

또한 주방이 있어 기호에 맞는 음식을 직접 조리할 수 있으며, 집기나 가구를 매입해야 하는 번거로움이 없다. 게다가 서비스 레지던스 호텔은 엘리베이터의 특수 키를 이용함으로써 고객의 사생활과 보안을 적극적으로 지켜준다. 이처럼 레지던스 호텔의 객실은 생활의 공간과 업무의 공간을 통합하여 생활의 효율성을 극대화하였으며 기존의 중저가 호텔이 시설 투자비용의 절감을 위한 노력을 한 것과는 달리 고객 중심의 시설과 고객을 위한 세련되고 고급화를 추구한다.

또한 레지던스 호텔은 바쁜 업무 및 스케줄을 가진 고객의 불편함을 해소하고자 고객을 위한 편의시설 제공에 중점을 두고 있다. 식음료 업장은 호텔과 같이 많은 메뉴를 제공하지는 않지만, 바쁜 아침 일정을 위한 고객에게 아침식사를 제공하기 위한 공간으로 주로 사용되고 퇴근 시간 이후에는 투숙객들 사이에서 커뮤니티 공간으로 주로 사용된다.

프런트 오피스는 비즈니스 센터와 투숙객을 위한 정보제공이나 각종 예약 등의 고객업무를 지원하는 공간이며, 업무의 최적화를 위해 객실에 설치된 인터넷 서비

〈그림 17-8〉 비바가든 레지던스 호텔 식당

스 이외에도 비즈니스 룸을 제공하기도 한다. 이와 같이 각종 업무 대행과 고객이 업무를 최대한 효율적으로 진행할 수 있도록 모든 서비스를 제공하고 있으며 고객의 가족들의 편의를 위하여 어린 자녀들을 대신 맡아주는 놀이방과 베이비 시터를 제공하는 레지던스 호텔도 있다. 프런트 서비스는 기본적으로 호텔의 프런트 오피스에서 제공되는 서비스와 같으며 모닝콜 서비스, 전화메모리 서비스, 외환대행 서비스, 리무진이나 렌터카의 예약, 셔틀버스 운행 등이 있다.

또한 외국인 관광객들을 위한 야간 셔틀버스 운행 등이 있다. 비즈니스 서비스는 주요 고객인 외국인 사업체 근무자들을 중점으로 제공되는 서비스로 비즈니스 센터가 제공되며 팩스 송수신, 복사 및 제본, 우편 대행업무, 사무실 대여기능, 노트북 또는 데스크탑의 대여, 휴대폰 등의 제공이 있다. 최근에는 장기 투숙객의 가족들을 위해 각종 취미생활을 할 수 있도록 사교모임을 제공하는 서비스도 증가하고 있으며 오크우드는 매주 외국인 주부들을 위한 한국요리 강습, 한국어 강좌, 가든에서의 티타임 등 다양한 서비스를 제공하고 있다.

〈그림 17-9〉 서비스 레지던스 호텔의 다양한 서비스

이 밖에 피트니스 센터, 골프 연습장, 수영장 등을 무료로 제공하며, 편의점, 미니슈퍼마켓을 운영하여 손쉽게 생필품을 구입할 수 있도록 배려하고 최대한 고객 중심 편의시설을 제공한다.

〈그림 17-10〉 서비스 레지던스 호텔의 각종 편의시설

이러한 서비스 레지던스 호텔의 고객은 외국인 장기 투숙객이 주를 이루고 있지만, 그외에도 다양한 고객층을 확보하고 있다. 이사나 집의 보수를 위해 잠시 집을 비워야 하거나 계약기간 등으로 틈이 있어 레지던스를 찾는 국내 고객과 가족단위로 해외여행을 하는 외국이나 국내에 가족이 있는 외국인 교포들도 호텔보다 레지던스를 선호하는 경향이 증가하고 있다. 최근에는 장기간 투숙하는 고객 외에도 단기간 숙박을 목적으로 호텔보다 레지던스 호텔을 선호하는 사람이 증가하는 추세이다. 호텔에서는 장기간 투숙객의 개인생활을 최대한 보장하기 위하여 단체 관광객과 장기 투숙객과의 객실을 층으로 분리하여 양쪽 모두 배려하고 있다.

현재 국내 레지던스 호텔의 운영방식은 크게 두 가지로 구분할 수 있다.

가. 직영체제 운영

건물주와 운영업체가 동일하여 객실의 판매 · 운영을 별도의 위탁업체가 아닌 직영화로 운영하는 방식을 말한다. 시공부터 운영까지 직영의 시스템으로 초기비용이 크지만, 일반적으로 호텔식 서비스와 주거공간의 결합 형태인 서비스 레지던스는 직영 운영체제일 때 가장 적합하다는 평가를 받고 있다.

나. 분양 후 위탁운영

부동산 개발업체들이 주상복합이나 오피스텔을 분양한 뒤 수익을 돌려주는 것이 분양 후 위탁방식인데, 이는 일반적으로 수익 보장형과 수익 알선형으로 나뉜다. 수익 보장형은 운영업체가 위탁 관리와 수익 배분을 직접 해주는 것이고, 수익 알선형은 수익을 낼 수 있도록 임차인을 알선해 주는 것이다. 다시 말해 중개인의 역할을 하는 것이다. 수익 배분형은 임대 · 운영 · 분양을 관리하는 운영업체가 소유주에게는 위탁 관리와 수익 배분을, 임차인에게는 운영 관리와 서비스를 제공하게 된다. 수익 배분에 있어서도 일정 비율의 수익을 고정적으로 배분하는 확장형과 임대관리 실적에 따라 배분하는 실적형이 있기 때문에 유동적일 수 있으므로 확정형과 실적형을 절충한 실적연동제가 바람직하다.

〈그림 17-11〉 레지던스 호텔의 위탁, 임대차 관계도

4. 서비스 레지던스 호텔의 실태

국내에 레지던스 사업이 처음 등장한 것은 1990년대 후반으로 다국적 기업이나 금융회사들이 급증하면서 본격적으로 모습을 드러내 아직은 낯설다고 할 수 있다. 초기의 국내 레지던스는 일반 오피스텔과 큰 차이가 없었으나, 차츰 오피스텔과는 차별화된 하나의 숙박시설로써 정착하고 있다. 또한 레지던스 사업은 기업이 국제화 · 세계화되기 시작하면서 특급호텔과 중저가 호텔 사이에 자연스럽게 생긴 하나의 틈새사업이라고 할 수 있다.

선진국에서는 꽤 오랜 역사를 갖고 있음에도 불구하고 국내에 레지던스 사업이 하나의 사업으로 인식된 것은 불과 몇 년 전이다. 1998년에 스위트 그랜드 호텔이 국내에서는 최초로 비즈니스 및 장기 투숙을 대상으로 하여 레지던스 호텔을 운영하여, 타 레지던스 호텔 사업체가 출현하기 전까지 독점적 시장을 확보하였고, 이후 외국의 전문 레지던스 업체 및 국내의 레지던스 업체의 출현으로 현재는 시장이 점차 확대되고 있다.

국내에 서비스 레지던스가 널리 알려지게 된 계기는 외국계 레지던스인 오크우드 프리미어, 프레이져 스위트 서울과 국내 유일의 개인사업자 운영의 한 스위트 서비스 레지던스가 완공되며 본격적으로 알려지게 되었다. 2005년 5월에는 일본과

[표 17-1] 외국계 서비스 레지던스 호텔 현황

국가별	상호	설립	위치	객실	특징
싱가포르계	프레이져 스위트	2002	인사동	213	장봐주기 서비스 등 차별화된 마케팅 전략과 서비스
미국계	오크우드	2001	삼성동	280	상업과 금융의 중심지 위치
일본계	도미인	2003	논현동	195	현대해상화재의 보상보험 가입으로 투자자 신뢰도 상승
싱가포르계	서머셋 팰리스	2005	수송동	438	입주자 전용 엘리베이터 설치, 한국어클래스 과정 도입

싱가포르 등에서 시작된 세계적으로 유명한 서머셋 팰리스가, 2006년 7월에는 서울에서 프레이져 플레이스 센트럴이 영업을 시작하였고 부산에서는 씨클라우스가 처음으로 서비스 레지던스의 영업을 도입했다. 외국계 레지던스 호텔과 현황은 [표 17-1]과 같다.

또한 레지던스 호텔의 가격은 국내 특급호텔과 비교하여 볼 때 20~25% 이하 저렴하게 형성되어 국내 레지던스 호텔의 경우 1일 객실가격이 최저 40,000원 정도로 국내 일부 모텔의 1일 숙박료보다 저렴하다. 또한 투숙 후 15일 이후부터 가격할인 혜택이 주어지고, 장기 투숙 고객은 50% 이상의 가격할인을 받을 수 있다. 시설의 경우에도 호텔과 큰 차이가 없으나, 부대시설의 유무와 규모에 따라 차이를 보인다. 객실위주의 운영을 하는 특성이 있어 레지던스 호텔의 시설 대부분은 고객 편의 위주 시설로 구성되어 있다. 호텔마다 차이는 있으나 일반적 시설은 다음과 같다.

[표 17-2] 서비스 레지던스 호텔의 주요 시설 및 서비스

주요 시설 및 서비스		세부 내용
객실 구성	객실시설	독립된 거실, 침실 및 주방
	주방시설	전자레인지, 오븐, 냉장고, 전기밥솥, 유리그릇, 조리기구세트, 식기세트, 커피메이커 등
	서비스시설	드럼세탁기, 다리미, 헤어드라이어, 케이블(DVD), 오디오, 광대역 인터넷, 개인금고
서비스		무료 셔틀버스, 보안, 외부의료기관, 친목, 베이비 시팅 서비스, 도서관 서비스, 통역/관광안내, 리무진 서비스, 우편물보관 서비스, 배달 서비스, 장보기 서비스, 문화체험 프로그램 준비 등
편의시설		어린이 놀이방, 골프연습장, 사우나, 비즈니스 센터, 피트니스 센터, 수영장, 사우나, 식음료시설, 편의점 등

서비스 레지던스 호텔의 사례들 중 오크우드의 운영 사례를 볼 수 있는데 오크우드는 1962년 미국에서 최초로 편의시설을 갖춘 주거공간을 만든 것을 시작으로 현재 전 세계에 2만 2천여 개의 호텔식 주거공간을 보유한 세계 최고의 레지던스 전문 기업이다. 북미, 아시아, 유럽에 3만여 개 객실을 보유한 오크우드 월드와이드

소속으로 전 세계에 3,000여 명의 직원을 두고 연간 6억 달러 이상의 매출을 기록하는 대표적인 레지던스 체인으로 손꼽힌다. 세계적인 규모를 자랑하는 오크우드 월드와이드는 1995년 아시아 진출 확정 이후 방콕, 베이징, 마닐라, 광저우, 도쿄와 서울에 걸쳐 아시아에만 1천 5백여 개 이상의 서비스 레지던스를 운영하고 있다.

Oakwood®
Premier

오크우드 프리미어 코엑스 센터는 2001년 11월 임시 오픈을 시작으로 건물의 소유주인 (주)한무컨벤션이 오크우드 월드와이드와 위탁 경영 계약을 맺었으나 3개월에 걸쳐 나타난 미흡함을 보완하여 2002년 2월 그랜드 오픈을 하였다. 오크우드는 국내에서 가장 먼저 자리를 잡은 외국계 직영 레지던스 업체이다. 오크우드의 가장 큰 특징은 상업과 금융의 중심지인 삼성역에 위치한 지리적 여건이다. 한강 가까이에 위치하기 때문에 경관 또한 뛰어날 뿐만 아니라 국내 대기업과 세계적인 다국적 기업들이 위치한 테헤란로의 무역센터, 코엑스 컨벤션 및 도심공항 터미널을 갖춘 코엑스 단지 내에 자리하고 있기 때문에 국제적인 비즈니스 센터의 이용과 교통 모두 편리하다는 이점을 갖고 있다.

1층과 2층까지는 라운지와 레스토랑, 바 등의 서비스공간을 갖추고 있고, 별관에 피트니스 센터와 수영, 골프, 사우나, 선탠 등 다양한 실내 운동공간을 제공한다. 3층에는 최첨단 사무 기기와 가구를 갖춘 3개의 회의실과 6개의 임대사무실이 있으며 최고급 업무환경을 조성할 수 있다. 5층 라운지는 투숙객만이 사용할 수 있는 전용공간으로 조식 뷔페와 최상의 식사를 제공하고 있다. 6층부터 27층까지는 스튜디오와 베드룸 타입의 숙박공간이 주를 이루고 있으며 14평의 스튜디오에서 120평의 펜트하우스까지 총 10개의 평형으로 구성되어 고객의 필요 공간과 취향에 따라 선택할 수 있다.

오크우드는 장기 투숙고객이 많은 만큼 보안에 더욱 철저한 신경을 썼다. 한 예로 5층 이상의 객실 부분은 모든 투숙객에게 제공되는 카드키를 이용하지 않으면 엘리베이터가 운행되지 않는다. 또한 카드키에는 자신이 머무는 객실의 층수가 입력되어 있기 때문에 카드키 삽입과 동시에 그 층의 버튼이 자동 입력되고 다른 층은 눌러지지 않는다. 메이드의 청소 서비스도 다른 호텔과는 달리 문을 닫고 진행하며, 각 객실의 문과 문 사이에 두툼한 프레임을 설치하여 사람들의 출입이 잘 보이지 않도록 배려했다. 현관 도어는 닫음과 동시에 문 아래로 차단막이 내려와 차음과 함께 틈을 이용한 도난을 막는다.

내부 공간은 최고급 가구와 다양한 주방가구와 식기류 등 생활용품이 완벽하게 구비되어 있다. 또한 드럼세탁기와 다리미대, 다리미까지 준비되어 있어 간단한 세탁이 가능하다. 무료로 제공되는 초고속 인터넷뿐만 아니라 DVD 플레이어 및 스테레오를 갖추었으며 욕실에는 월풀 욕조와 스팀 사우나가 준비되어 있다. 오크우드는 투숙객의 점유율이 연평균 70~80%선을 유지하고 있으며 전체의 10%정도는 내국인 투숙객이 이용하므로 내국인에게도 선호도가 매우 높다. 리모델링이나 집수리등으로 인해 몇 개월 간 머무를 곳이 필요할 때, 호텔 대신 집과 다름없이 생활이 가능한 레지던스 호텔을 이용하는 것이 편안하다고 판단하는 사람들이 늘어나고 있다. 현재 고객의 대부분이 1개월 이상의 중장기 고객이며, 2년 이상을 투숙하는 고객도 있을 만큼 편안하고 안락한 최상의 서비스를 인정받고 있다. 전에 방영된 드라마 '파리의 연인들' 에서 촬영 장소가 되어 일반인들에게도 많이 알려져 있다.

아직 국내에서 레지던스 호텔에 대한 법률이 마련되어 있지 않고 규제 기준이 애매하기 때문에 주거공간과 호텔식 서비스를 제공하는 레지던스 호텔의 복합적인 성격을 뒷받침할 제도적인 환경마련이 시급한 실정이다. 새로운 숙박업의 법 개정을 통해 기존의 호텔업 및 숙박업, 레지던스의 전반적인 숙박업에 대한 체계를 재설정하고, 오피스텔의 건축기준에 부합하지 않는 새로운 기준을 설정하여 레지던스의 통제와 관리를 할 수 있는 법적 근거를 하루 속히 마련해야 할 것이다. 레지던스 이외에 유사 호텔업이 현행법을 악용하여 편법적으로 운영되면 기존 호텔업이 무너

질 수도 있으며, 과다 경쟁으로 인해 호텔뿐만 아니라 레지던스 서비스 호텔까지 공멸할 수 있는 사태가 일어날 수 있을 것으로 예상된다.

현재 레지던스 호텔들과 호텔업계와의 가장 큰 갈등은 레지던스 호텔이 관광객 또는 단기 투숙객까지 끌어들이는 덤핑 또는 편법적인 영업으로 호텔영업에 피해를 준다는 것이다. 해외의 레지던스 호텔의 경우 투숙객을 대상으로 1일 숙박을 제한하는 등 숙박에 대한 기준을 정해 전문적인 업체 양성에 대한 법적 근거가 있으며, 임대용으로 사용을 불가하는 대신 세제에 대한 지원 등의 법적 제도가 마련되어 있다. 국내 역시 일정한 기간 이상의 투숙객을 이용하게 하거나 최초 건설에서부터 레지던스 호텔에 대한 규정을 두는 대신 세제감면 등의 혜택을 적용시키면 레지던스 호텔과 호텔업계 간의 갈등을 해소할 수 있을 것으로 예상되며, 무분별한 투자용으로 사용되어지는 현행 레지던스 호텔에 대한 자연스러운 제제가 이루어질 것으로 예상된다.

해외에서 적용된 규정을 국내에서 그대로 적용하기에는 어려울 수도 있지만, 레지던스 호텔과 호텔업계, 그리고 관할 기관과의 지속적인 접촉을 통해 국내 숙박업에 대한 규정을 정리해야 한다. 향후 레지던스 호텔과 호텔업이 숙박업이라는 한 관리제도권 내로 편입되어 진다면 공정한 경쟁과 보다 정확한 실태파악을 할 수 있으며 적절한 업체별 지원책을 제공할 수 있을 것이다.

또한 현행법상 논란의 여지를 없애고 좀 더 적극적이고 능동적으로 국내 전체의 관광산업을 발전시키는 방향에서 법률적 검토가 이루어져야 한다. 레지던스 호텔은 현재 부동산 임대업이라는 형식을 갖고 있으나 외부 이용주체들의 체류문화를 살펴볼 때 관광산업발전과 밀접히 연관되어 있으므로 문화관광부 및 지자체 차원의 제도적 기반 마련이 절대적으로 필요하다. 부동산 임대업 형식이긴 하지만 관광진흥법 내 가족호텔 외 별도로 레지던스 산업으로 사업등록이 가능하도록 정책 검토가 이루어져야 한다.

레지던스 산업은 최초에 비해 규모 면에서 눈부신 성장을 거두었지만 지금과 같은 운영 형태로 계속된다면 얼마 되지 않아 많은 업체들이 매출 부진과 영업에 어려움을 겪을 것으로 예상된다. 이러한 어려움을 극복하기 위한 운영방안은 다음과 같다.

첫째, 레지던스의 체계적인 관리시스템이 필요하다. 현재 외국계 레지던스 호텔은 오랜 경험으로 차근차근 쌓아올린 노하우를 바탕으로 한 체계적인 레지던스 관리 시스템을 갖고 있다. 레지던스 호텔이 국내에 도입되었던 시기를 볼 때, 국내에서 무분별한 부동산 투자식의 사업보다는 미국이나 유럽, 싱가포르 등 기존 외국 레지던스의 성공적인 관리 시스템에 대한 분석을 통해 레지던스 호텔에 대한 관리 시스템을 수립해야 한다. 이들의 영업전략을 바탕으로 관리 시스템을 벤치마킹할 필요가 있다.

둘째, 경쟁력 있는 상품의 개발과 높은 수준의 서비스 제공을 통해 고객 재방문을 이끌어 내야 한다. 호텔에 비해 가격이 저렴하다는 단편적인 방법만으로는 지속적인 발전을 기대하기는 어려울 것이다. 실질적으로 대부분의 호텔을 찾는 고객은 호텔의 높은 가격에 대한 불만보다는 시설과 서비스에 대한 만족으로 비싼 가격을 지불하고 재방문을 하는 것처럼, 레지던스 호텔 역시 타 숙박업체에 비해 경쟁력 있는 상품의 개발과 수준 높은 서비스의 제공을 통해 고객 재방문을 이끌어 내야 할 것이다.

셋째, 정확한 시장분석을 통한 국내 레지던스 마케팅 전략의 수립이 필요하다. 지금까지의 국내 레지던스 호텔은 분양에만 집중하여 온 성향이 강하지만 지속적인 매출 증진을 통한 이익 창출을 위해서는 꾸준한 시장분석과 마케팅 전략의 수립이 필수적이다.

넷째, 시설 및 인적자원에 대한 관리가 필요하다. 종사원에 대한 서비스 마인드 교육과 레지던스 산업시찰 등을 통하여 인적자원의 수준을 향상시켜야 하며 시설에 대한 투자를 통해 고객에게 높은 만족을 이끌어 내야 한다.

국내에서의 레지던스가 조금 더 구체화된 운영방식과 인정받는 법안을 토대로 정착한다면 앞으로 타국의 레지던스들이 한국의 사례를 벤치마킹하게 될 것이다. 이를 통한 기반 구축이 잘 이뤄지면 국내 고유의 레지던스 브랜드를 창출할 수도 있을 것이며, 세계에서 한국을 드러내는 새 산업으로 정착될 것이다. 또한 레지던스 호텔도 하나의 서비스 상품을 판매하는 기업으로 지속적인 발전을 위해서는 체계적인 마케팅 전략의 수립과 시행이 뒷받침되어야 한다. 경쟁 숙박산업에 비해 보다 다양하고 철저한 객실 판매전략이 필요하다. 객실 자체의 분위기, 고객을 위한 배려, 주방시설의 편리성 등 레지던스의 획일화된 객실의 구성은 필수이다.

따라서 객실을 보다 효율적으로 사용하여 고객의 만족을 높이기 위해 객실의 맞춤형 서비스의 제공이나 고객의 편의 보장을 위한 객실 내부의 시설 및 인테리어에 많은 투자가 이루어져야 한다. 그리고 종사원의 전문적인 서비스 제공 능력이 보장되어야 하며 레지던스 호텔은 내국인보다 외국인의 이용이 많은 만큼 이들이 생활하는 데 있어 불편한 일이 없도록 종사원은 기본적인 언어에서부터 고객의 요구에 신속히 대처할 수 있는 전문성이 필요하다. 또한 매니저나 경영자는 종사원 간 서비스 제공체계를 설정하고, 업무절차를 세분화하여 정확한 업무분담과 종사원의 인적자원 관리가 이루어져야 한다.

인적 서비스가 중심이 되는 서비스산업에서 서비스는 물리적 상품처럼 불변하는 것이 아니라, 서비스 종사원에 따라 변할 수 있다. 반대로 같은 서비스라고 하더라도 서비스를 제공하는 고객의 개인적 · 문화적 요인 등에 의하여 다르게 판단될 수도 있다. 따라서 상품전략과 서비스의 수준을 유지하는 것이 무엇보다 중요하며, 고객 위주의 서비스 제공이 지속적으로 이루어지도록 해야 한다.

현재 각종 인터넷 사이트에서 제공되고 있는 레지던스 상품에 대한 정보 및 가격은 다소 차이를 보이고 있다. 소비자들은 불필요하게 여러 곳의 사이트를 검색하게 되고 이는 레지던스 상품가격에 대한 불신을 갖게 할 수 있는 요인이 된다. 전산망을 구축하면 효율적인 예약 시스템과 간접적인 홍보효과를 얻을 수 있다. 따라서 기업 중심적으로 관리할 수 있는 전산망을 구축하여 믿을 만한 유통경로를 확보해야 한다.

현재 레지던스 간의 정보 교류 및 협력을 위한 제도적 기준과 협력체계는 제대로 이루어지지 못하고 있다. 국내 호텔업계의 경우 '한국관광호텔업협회' 의 수립을 통해 업체를 조직적으로 관리하고 정비하고 있으며, 각각의 정보를 공유함으로 인해 호텔산업의 발전을 도모하고 있다. 이러한 협력단체를 통해 공통된 갈등 및 문제점에 대한 해결방안 제시 및 해소를 할 수 있다는 점은 타 숙박업체에 비해 강점이라 할 수 있다. 레지던스 서비스 호텔의 발전과 숙박업계에서 확고한 포지셔닝을 구축하기 위해서는 전체 레지던스 호텔을 조직적으로 관리하고 정비할 수 있는 협력체계의 구축이 필요하다.

1. 복합리조트의 개념

2. 외국의 복합리조트 개발 현황

3. 복합리조트 개발 사례

복합리조트 호텔

Global **Hotel Management,**
ch. eighteen

18

1. 복합리조트의 개념

1.1 복합리조트의 탄생 배경

복합이란 주로 과학 용어로 서로 다른 분자로 구성된 두 개 이상의 물질이 결합되어 새로운 구조를 가진 물질을 구성함을 의미한다. 이때 새로 만들어진 물질이 갖는 새롭고 독특한 기능이 그 물질을 구성하고 있는 개별적인 것들보다 강력한 효과를 나타내는데, 이를 바로 시너지 효과라고 한다.

원래 화학 용어인 복합이란 단어가 최근에 들어 물리적인 것뿐 아니라 사회적인 측면에서 광범위하게 쓰이면서 서로 다른 내용이나 성격을 가진 두 개 이상의 것이 합쳐져서 새로운 물질이나 생태, 또는 현상 등이 만들어지는 것을 말하는 일반적인 용어로 사용되고 있다. 이러한 복합이라는 용어와 단지가 혼합되어 여러 가지 기능이 한 단지 안에 서로 상승효과를 유발하는 '복합단지' 라는 단어를 만들었다.

우리나라의 경우 복합화를 하는 단지에 대해 법률적으로 지원을 하고 있다. 이를 복합단지라 하는데 복합단지는 '지역균형개발 및 지방중소기업육성에 관한 법률' 제2조에 의하면, 주거단지, 공업단지, 교육 · 연구단지, 문화단지, 관광단지, 유통시설, 기반시설 등을 종합적으로 계획 · 개발하는 일단의 단지라고 정의하고 있다. 그 외에 대학과 그 부대시설 및 대학의 기능을 발휘하기 위해 필요한 주택단지와 사업시설을 갖춘 일체의 단지로 개발하는 대학단지도 포함한다. 복합단지는 2개 이상의 기능이 포함되어 특정한 단일 용도에 치우치지 않고 복합적인 토지이용이 가능할 수 있도록 단지 또는 시설이 배치되어야 하며, 복합단지를 구성하는 각각의 단지 또는 시설이 일체적으로 개발되고 상호 유기적으로 운영되는 경우를 복합단지라 규정한다. 현재 복합단지로 관광기능을 주 목적으로 하여 복합화를 이룬 예로 정부에서 지정한 관광단지를 들 수 있다. 관광단지는 관광객의 다양한 관광 및 휴양을 위하여 각종 관광시설을 종합적으로 개발하는 관광거점 지역이다.

복합화의 과정은 총 2단계로 구분되어 순차적으로 진행되며, 1차적으로 물리적 · 수평적 연결에 의한 공간적 확산이 이루어지고 다음으로 구조적 체계화에 의한 시너지 효과의 창출이 생기는 2단계에 걸쳐 이루어진다. 제1단계는 점적으로 분산된 여러 관련 요소들이 물리적으로 결합되어 체계화가 진행되는 여건을 갖추는 단계로 주로 수평적 연계에 의한 공간적 확산이 나타난다. 제2단계에서는 각각의 구성요소가 구조적으로 체계화되어 상호 간의 유기적 결합관계가 발생되며 이를 중심으로 하나의 새로운 집합체가 형성되어 화학적 결합상태로 발전하는 시너지 효과의 창출이 이루어진다.

과거에는 4대 주요 기능인 주거, 작업, 여가, 교통을 분리하여 이를 체계적인 교통망으로 연계시킴으로서 공간을 효율적으로 이용할 수 있는 것으로 간주되어 왔다. 대중교통수단인 자동차의 보급과 도로망의 개선은 주 목적 시설의 기능 분리를 촉진시켜 왔다. 하지만 기능 간 분리에 입각하여 진행되어 오던 공간개발은 혼잡과 비능률을 야기하는 결과를 초래하였다. 미국의 도시사회 학자 Jane Jacobs는 직 · 주 분리로 인한 심각한 교통혼잡과 체증의 문제, 도심 지역의 주거 기능 쇠퇴와 부적합한 도시 기능의 입지에 따른 지역의 퇴화 및 슬럼화 현상 등 도시 기능의 분리로 인한 피해를 지적하였고, L. Mumford는 교통이라는 한 가지 기능만을 위하여 전체 도시면적의 1/4 이상이 사용되는 것은 불합리하다는 지적을 하여 공간복합화의 필요성을 역설하고 있다.

이러한 복합단지 혹은 복합개발의 형태는 기능 · 분리적 개발 형태에서 부작용을 없애는 대안으로 시도되고 있다. 복합개발에서는 두 가지 이상의 기능들이 혼합되는 형태로 개발을 추진하되 단순한 물리적 구조의 복합화를 넘어 결합된 기능 간의 연계를 효율화하여 공간적 시너지 효과를 증대시키는 것을 목표로 하고 있다. 이로 인해 직 · 주 근접, 경관의 쾌적성과 환경친화적 개발 기능, 산업경쟁력 제고 등 다양한 효과가 광범위하게 나타나고 있다.

최근 들어 여러 기능의 복합개발이 주를 이루고 있는 이유는 그 동안 각 개별 기능들이 교통이라는 연계수단에 의해 기능 간 유기적 관계를 맺고 있는 문제점을 해결하고자 개발되었기 때문이다. 그리고 유연적 생산체제가 등장하면서 공간의 집적을 통한 네트워크 구축이 필요하고 기능 간의 복합화를 통한 다양한 산업들이 긴밀한 연계를 구축하고 있는 복합단지는 기업들의 위험비용을 줄이고 시너지 효과를 극대화하는 이점을 제공하고 있기 때문이다.

이러한 다양한 기술의 변화에 의해 새로운 산업체제가 형성되고 그 동안 분리되었던 다양한 활동들은 공간적 집적과 연계가 요청되어 복합화가 촉진되고 있다. 따라서 복합단지의 개발은 그 동안 분리되어 존재하던 여러 기능을 단순히 공간적으로 집적시키는 데 있는 것이 아니라 기능 간의 긴밀한 네트워크를 구축하고 시너지를 효과적으로 창출하는 데 핵심이 있다. 주거 기능과 공업 기능 그리고 레저 기능을 합친 복합단지가 복합화의 대표적인 추세인데, 특히 복합레저단지 혹은 복합리조트라고 불리는 개념들이 복합화의 추세에 동조하면서 개념 적용이 이루어지고 있다.

복합관광레저단지는 '복합 · 관광 · 레저' 와 단지의 단어를 합성하여 만든 새로운 용어이다. 복합의 의미는 위에서 언급하였듯이 두 가지 이상의 기능이 하나로 합쳐진 것을 의미하며 관광단지에 적용하면 기존의 관광 기능 이외의 다른 기능이 추가된 관광단지를 뜻한다.

관광이란 우리가 일상적으로 흔히 사용하는 용어로서 학문적 정의는 '여가활동의 하나로, 돌아올 예정으로 일상적 영역을 벗어나서 견문을 넓히고, 에너지를 보충하며, 즐거움을 누리는 일련의 행동과 이러한 행동으로 인해 발생되는 경제적 · 사회적 · 문화적 현상의 총체' 라고 할 수 있다. 레저는 시간적 측면에서 '개개인의 판단과 선택에 의해 갖게 되는 자유 재량적 시간' 을 의미하며, 활동의 질적 측면에서 '개인의 노동, 가족, 사회의 의무로부터 벗어나 휴식, 기분전환 더 나아가 지식의 확대에 이르기까지 임의적 활동의 총체' 이다.

단지의 의미는 토지의 합리적 이용, 쾌적한 주거 환경의 조성, 공해 방지 등을 목적으로 주택과 공장과 같이 건물과 시설들이 계획적 · 집단적으로 조성한 일정 지역을 말한다. 복합레저관광단지의 개념은 위에서 언급한 복합단지의 한 유형으로 볼 수 있는데, 여러 기능 중 관광단지, 레저 · 스포츠 단지 혹은 문화단지 등에 의한 관광 · 레저 기능이 가장 우선시되고 중요시되는 단지이다. 이 복합관광레저단지는 관광 기능 외에 다른 주거, 생산, 교육 등 다른 기능이 복합되어 있는 단지이고 이 단지가 자족적 기능을 하면 자립형 도시로 발전할 수 있다. 또한 동일한 사업주체에 의하여 동일 개념으로 계획적으로 조성되며, 다양한 기능들은 관광 기능을 중심으로 이를 지원하는 기능으로 이루어져야 한다.

마지막으로 복합레저관광단지는 국내 · 국제 관광의 거점 역할을 할 수 있어야 한다. 따라서 복합관광레저단지는 개념적으로 단지 전체가 관광 또는 레저 활동자의 활동지원을 위한 공간이며, 관광 및 스포츠 · 레저 기능이 중심이 되어 다른 기능, 주거, 유통 등의 기능과 기반시설 등을 일원화한 개발체계를 의미하며, 각 시설별 기능의 상호 유기적 배치를 통해 상승효과를 증대하기 위한 계획된 공간이라고 정의할 수 있다.

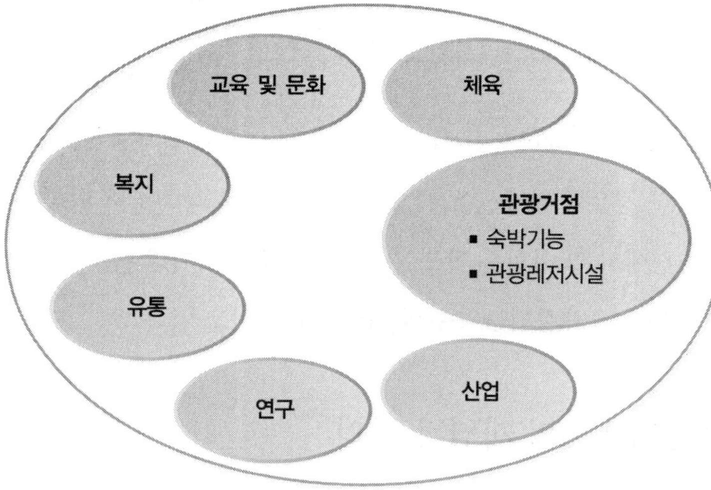

〈그림 18-1〉 복합관광레저단지의 개념

하지만 이러한 복합관광레저단지는 이 글에서 말하는 복합리조트에 비해서는 상위 개념으로 국내에서는 복합리조트보다 넓은 범위로 사용되고 있다. 복합관광

[표 18-1] 복합관광레저단지 포함 기능

구분	개념	주요 시설 내역	관련 지구
관광단지	다양한 관광 · 휴양 시설을 종합적으로 개발하는 관광거점지역	관광지, 테마파크, 종합휴양업, 유원시설, 온천 등	관광단지, 관광지
레저 · 스포츠 단지	각종 스포츠 활동을 위한 시설을 종합적으로 개발하는 지역	골프장, 스키장, 요트장, 경마장, 종합체육시설 등	스키장, 골프장
공원	관광객과 거주자 생활환경 증진을 위한 공공녹지	도시근린공원, 자연농원, 생태공원, 농촌체험농원 등	도시공원, 집단시설지구 등
문화단지	문화 창작 및 감상을 위한 각종 문화시설의 종합적 개발지역	컨벤션, 박물관, 영화제작 및 상영시설, 문화관람 및 공연시설	문화산업단지
주거 · 숙박 단지	관광객과 거주자의 숙박 및 주거를 위한 숙박시설 지역	관광호텔, 펜션, 장기임대호텔, 공동주택 등	주택단지
유통 · 상업 단지	관광객의 쇼핑과 거주자의 정주 지원을 위한 판매시설 지역	유통센터, 쇼핑센터, 면세점, 기념품 판매시설, 할인점 등	유통단지
교육 · 연구 단지	대학시설 및 연구시설과 그 부대시설이 집합된 지역	대학, 연구단지 등	대학단지
교통단지	관광객과 거주자의 이동을 위한 교통시설 지역	차량 선박, 항공기 등 이용시설	복합터미널
기타 지원단지	관광객과 거주자의 정주를 위한 각 지원시설	업무단지, 열공급 시설, 식품공급시설, 오수공동처리시설 등	

레저단지는 기존의 택지개발사업이나 신도시개발사업이 관광산업의 기능을 충분히 수용하지 못한 경우와 관광산업이 갖고 있는 한계를 극복하기 위해 도시개발을 추진하고 있는 점에서 그 의의를 찾을 수 있고, 비공간적 지역혁신정책을 공간상에서 실현시킬 수 있는 구체화되는 수단의 의미도 내포하고 있다.

1.2 복합리조트의 개념과 의의

복합리조트란 두 가지 이상의 시설 또는 기능이 하나로 합쳐진 것을 의미하는 것, 그리고 거기에 리조트의 의미가 합쳐진 것이다 . 이를 종합하면 복합리조트의 의미는 복합 다양한 기능을 가진 입지시설이 두 가지 이상 설치되어 이 입지시설의 목적을 만족시키는 리조트라고 할 수 있다. 즉, 여가시간에 가질 수 있는 대부분의 형태와 기능을 종합화한 성질을 갖고 있다는 것을 의미한다.

따라서 복합리조트는 어느 기간 일상생활을 떠나 본인의 선택에 의해 체재하는 리조트 단지에서 본인 스스로 원하는 다양한 선택을 할 수 있도록 제 시설이 넓은 지역에 계호기적으로 구비된 곳을 말한다. 범위를 더욱 확장하여 살펴보면, 리조트 시설을 이용하는 이용자의 활동을 지원하는 커뮤니티적인 성격을 포괄하는 공간으로 볼 수 있고, 시설별 기능들 또한 상호 유기적 배치를 통해 시너지 효과를 증대시키기 위해 계획된 공간이라고 할 수 있다.

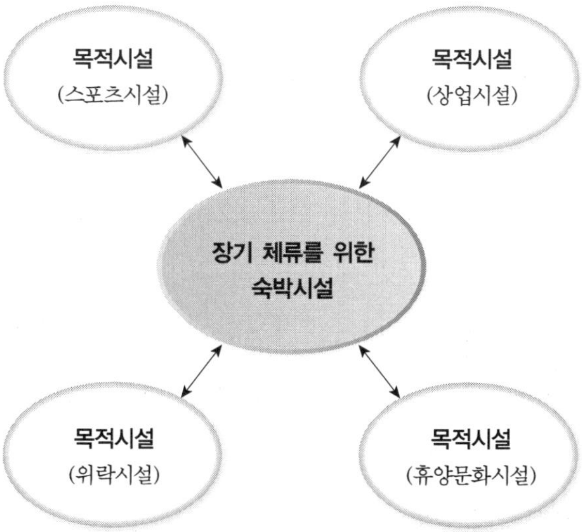

〈그림 18-2〉 복합리조트의 개념도

위의 개념과 같이 복합리조트는 복합단지의 관광 기능 중심의 복합화된 단지와 복합관광레저단지와 같이 주 기능이 관광 기능인 동시에 지원가능시설은 주거, 산업, 교육 등이 입지하는 개념과는 다소 다르며, 기존의 관광단지를 조금 확대한 정도의 실제 관광도시 혹은 단지 형태로 조성하는 측면이 오히려 더 가깝다. 즉 복합관광레저단지보다 하위 개념으로 관광시설 한 가지 개념을 위한 주 목적시설들이 한 단지에서 서로 상승효과를 나타내며 수요자의 선택적 다양성을 지원하는 개념이다.

[표 18-2] 개념별 단지 비교

구분	복합단지	복합레저관광단지	복합리조트
총면적	2개 개별 기능 단지 이상	100만m^2 이상 2개 개별 기능 단지 이상	100만m^2 이상
기능	정주적 장기 체류형	정주적, 일시 · 장기체류형	일시 체류형
목적	주거, 관광, 산업, 교육 등 다양한 기능	주 기능 : 관광 기능 지원기능 : 주거, 산업, 교육 등	관광 기능
주이용객	거주민, 관광객	거주민, 관광객	관광객
경제구조	의존형, 지구형	자립형, 도시형	의존형, 지구형
시설 특성	복합 기능	레저 · 관광 위주의 복합 기능	관광 단일 기능

1.3 복합리조트 개발의 필요성

사회여건의 변화와 국민 여가활동의 급증으로 인해 국민여가 활동시간이 증가하고, 외국인 관광객 감소, 내국민 해외관광의 증가로 인한 내수 침체의 가속화로 관광산업 수지가 악화되고 있고, 이러한 환경 하에서는 고용 파급효과가 타 산업에 비해 크고 고부가가치를 올릴 수 있는 복합리조트의 개발이 필요하다.

가. 관광산업의 파급효과

한국관광공사의 관광산업의 '경제적 파급효과에 관한 통계자료' 에 의하면 관광산업은 2014년 세계 GDP의 10.9%현재 10.4%, 세계고용인구의 8.6%에 이를 것으로 전망되는 고성장산업으로 외화가득률이 산업분야 최고 수준인 88%자동차 71%, 휴대폰 52%에 달한다. 관광산업의 고용승수0.062는 산업평균0.029의 2배로 대규모 고용인력 흡수 및 새로운 직업군 창출산업으로 고용창출의 새로운 대안으로 부각되고 있다.

이러한 이유 때문에 고부가가치 산업인 관광산업의 한 유형인 대규모 복합리조트의 개발이 각 지방자치단체에 의해 경쟁적으로 이루어짐으로써 관광개발에 많은 관심이 일어나고 있다.

나. 관광수지 불균형 해결 필요성

IMF 외환위기 이후 우리나라 국민들의 해외여행은 일시적으로 정체를 보였으나 최근 급격한 증가추세를 보이고 있다. 2004년에는 약 850만 명 정도의 해외여행이 이루어져 외래 관광객과의 격차가 더욱 심해졌다. 이러한 여행수지의 적자폭이 심화되어 국부유출의 가장 큰 원인이 되고 있으며, OECD경제개발협력기구 국가 중 국제 관광 경쟁력은 최하위권에 속한다.

다. 신개념 리조트 개발의 필요성

최근 주 5일 근무제나 국민소득 증가 등 리조트의 수요를 유발할 수 있는 여러 요인들로 인하여 국민들의 리조트에 대한 욕구가 지속적으로 증가하고 있다. 이러한 국민들의 수요 증가와는 달리 국내의 리조트 기반은 매우 취약한 편이다. 이러한 이유로 많은 국민들이 해외의 리조트단지나 해외 관광지를 다녀온 후 우리나라에도 세계적인 시설과 규모를 갖춘 복합리조트 개발의 필요성을 느끼고 있어 적극적인 대책마련이 시급한 상황이다. 국민 관광 총량은 다양한 수요증가 요소로 인하여 매년 증가할 것으로 예측된다. 또한 중국이나 일본, 홍콩의 대단위 테마파크 형태의 리조트 개발은 국내의 복합리조트 개발을 더욱 필요로 하고 있다.

라. 지역경제발전 촉진

지역경제 파급 효과가 큰 리조트 개발은 지방자치단체의 지역경제 활성화정책 수단으로 활용될 수 있으며 복합리조트 개발로 인한 서비스업종의 생산유발 효과는 지방 경제의 핵심축인 제조업에 비해 지역 내의 점유비중 및 부가가치, 고용유발 효과가 크기 때문에 그 실효성이 크다. 또한 지방자치단체의 세수입이 증가되어 지방자치단체의 재정증대에 많은 기여를 하여 지방재정을 건실한 구조로 만들어 지역경제 활성화에 재투자함으로써 지방자치의 성공에 많은 도움을 준다. 특히 리조트가 개발되는 지역의 특색 있는 자연, 전통, 기술, 산업, 인재 등을 살려 지역을 특산화시키는 역할도 하고 있다.

2. 외국의 복합리조트 개발 현황

2.1 마카오

마카오는 2001년 STDM에 부여했던 카지노 독점권을 폐지하고, 외국자본을 포함한 3개 사업자에 카지노 운영을 허용함으로써 아시아 지역 최초로 컨벤션이 결합된 라스베이거스 스타일의 카지노 개발을 추진하였다. 또한, 카지노 산업에 경쟁체제를 도입한 이래 라스베이거스 샌즈 그룹이 2004년 5월 18일 최초로 샌즈 마카오호텔과 카지노를 개장하였으며, 이후 코타이 매립지에 라스베이거스 스트립을 모델로 코타이 스트립 프로젝트를 추진하였다. 마카오의 주요 복합리조트급의 카지노 호텔은 2006년 윈 마카오의 개장을 시작으로 2007년부터 2011년까지 메머드급 카지노인 베네시안 마카오, MGM 그랜드 마카오, 갤럭시 마카오 등이 개장했으며 2012~2013년에 걸쳐 샌즈 코타이 센트럴이 단계별로 개장을 하였다.

2.2 싱가포르

싱가포르는 2000년 이후 국가의 성장이 정체되는 현상을 보이자 경제 활성화와 내수경기 활성화, 신규고용 창출 등을 위해 카지노 복합리조트의 개발을 허용하였다. 마리나베이 복합리조트의 경우 2005년 11월 5일 제안요청서가 제시되고 이후 4개의 제안사가 접수하였고, 이중 라스베이거스 샌즈[LVS]가 2006년 5월 26일 사업자로 선정이 되었다. 이어서 센토사 복합리조트는 같은 해 12월 8일 3개의 제안사중 겐팅인터내셔널이 사업자로 선정되었다. 싱가포르의 복합리조트는 카지노 외에도 호텔, 회의시설, 쇼핑시설, 공연장 등의 다양한 부대시설로 이루어져 있으며, 복합리조트라는 용어를 사용하며 아시아 지역 카지노 리조트 개발의 모델 사례로 부상하였다.

2.3 필리핀

최근 마닐라 만에 관광객 유치를 위해 'Entertainment City' 라는 복합 카지노 리조트 건설을 추진하고 있으며 현재 4곳의 사업자를 선정하였다. 개별사업자들은 최소 미화 10억 달러를 투자하였고, 최소 800실 이상의 객실이 갖추어질 예정이다.

개별 리조트의 총 바닥면적은 25만m^2 이상, 카지노 면적은 총 바닥면적의 7.5%, 2억 달러 이상의 테마 어트랙션을 개발하여야 하고, 이를 통해 총 미화 40억 달러 이상의 투자와 백만 명 이상의 관광객을 수용하며 2016년 천만 명의 관광객 유치에 기여함은 물론 최소 4만 명의 고용을 목표로 하고 있다. 뿐만 아니라 2008년 민간 사업자에게 2개의 카지노 개발 및 운영에 대한 라이센스를 허가하면서 객실규모 1,574실과 식음시설, 쇼핑, 극장 등을 포함하는 '리조트 월드 마닐라' 가 개발되었다.

2.4 미국 라스베이거스

미국 라스베이거스는 세계 카지노산업의 최대 규모의 시장이자 선도시장으로 1989년 11월 미라지 호텔의 개장 이후, 1993년의 MGM 그랜드 호텔, 1990년대 후반 벨라지오, 만달레이 베이, 파리스, 베네치안 호텔, 그리고 2007년의 팔라조 호텔, 2008년의 윈 및 앙코르, 2009년 시티센터, 2010년 코스모폴리탄 호텔 등으로 테마가 있는 대규모 카지노 호텔의 개발이 이루어졌다. 라스베이거스의 대규모 카지노 호텔은 MICE와 테마 어트랙션을 포함하는 형태로 개발하여 단순 카지노 이용객뿐만 아니라 컨벤션 참가객, 일반 관광객으로 그 시장을 확대하였으며, 이러한 모델이 아시아로 전파되어 대규모 투자를 수반하는 복합리조트 사업의 원형이 되었다. 주로 라스베이거스 스트립에 위치하고 있는 이들 카지노 호텔은 MICE를 기반으로 한 최고급호텔, 비즈니스 컨벤션 시설, 쇼핑몰, 레스토랑, 공연장, 엔터테인먼트 등을 갖춘 복합리조트 형태를 지닌다.

3. 복합리조트 개발 사례

3.1 우리나라 리조트 기업 : 하이원리조트

가. 기업 소개

강원랜드는 폐광 지역경제 활성화와 관광산업의 국가경쟁력을 높이기 위해 '폐광지역개발지원에 관한 특별법' 에 근거하여 카지노업 및 리조트업 등을 영위할 목적으로 1998년 6월 29일에 설립되었다. 강원랜드는 산업통상자원부 산하 한국광해관리공단과 강원도개발공사, 지방자치단체 등 공공 부문이 51%의 지분을 보유하여 정부 수준의 신용도를 유지하고 있으며, 개발 및 사업 운영의 투명성과 공정성을 확보하고 있다. 2007년 6월 강원랜드는 아시아 최고의 사계절 가족형 종합리조트를 지향하는 '하이원' 를 런칭하여 회사 이미지를 획기적으로 개선했고, 이 같은 성과는 매출로 나타남은 물론 도내 최대 기업으로서의 위상도 공고히 했다. 이처럼 하이원리조트는 고품격 최신 리조트시설을 확충하고 지역연계사업을 통해 강원

[표 18-3] 하이원리조트의 기업 개요

기업명	하이원(주식회사 강원랜드)
본원 소재	강원도 정선군 사북읍 하이원길 265
사장	최흥집
설립 목적	폐광 지역경제 활성화와 관광산업의 국가경쟁력을 높이기 위해 '폐광지역개발지원에 대한 특별법'에 근거하여 카지노업 및 리조트업 등을 영위할 목적으로 설립
설립일	1998년 6월 29일
임직원 수	3,193명
조직	3본부 12실 46팀 1센터 1단
총 자산	2,906,655백만원
총 매출	1,296,191백만원
영업이익	404,898백만원

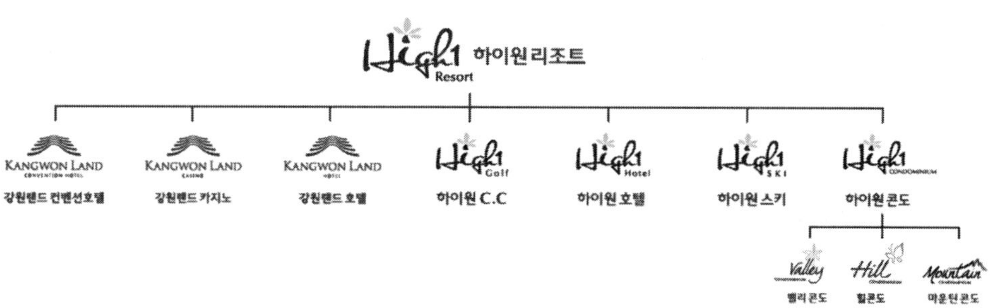

〈그림 18-3〉 하이원리조트의 주요 브랜드

〈그림 18-4〉 하이원리조트의 외관

남부지역을 새로운 관광단지로 탈바꿈시키고 있다.

나. 회사 실태

1) 운영시설현황

① 호텔 & 콘도

강원도 정선군에 위치한 하이원리조트는 477객실을 보유한 강원랜드호텔, 250실의 컨벤션호텔, 197실의 하이원호텔, 903실의 하이원콘도를 포함하고 모든 호텔과 카지노를 포함한 부지 면적은 274,388m^{2}이다.

② 스키장

하이원리조트의 스키장 운영시설은 슬로프 면적 947,000m^{2}의 18면의 슬로프와 리프트 6기, 곤도라 3기를 포함한다.

③ 하이원 C.C하이원 컨트리클럽

하이원 C.C는 350개의 옥외시설을 제외 총 골프장 면적 1,080,000m^{2}를 자랑하고 18홀의 퍼블릭 코스를 갖추고 있다.

④ 카지노

강원랜드로 잘 알려진 하이원리조트의 카지노는 국내 최대의 허가 면적 12,792.95㎡의 규모이다. 블랙잭, 룰렛, 바카라 등의 테이블게임 200대와 슬롯머신, 비디오 게임의 1,360대의 머신게임기를 갖추고 있다.

⑤ 기타 운영시설

하이원리조트의 기타 운영시설로는 호수공원, 사우나 등이 있고, 리조트 내 운암정 및 마운틴 허브, 마운틴탑 등이 가족여행객들에게 많은 볼거리를 제공한다.

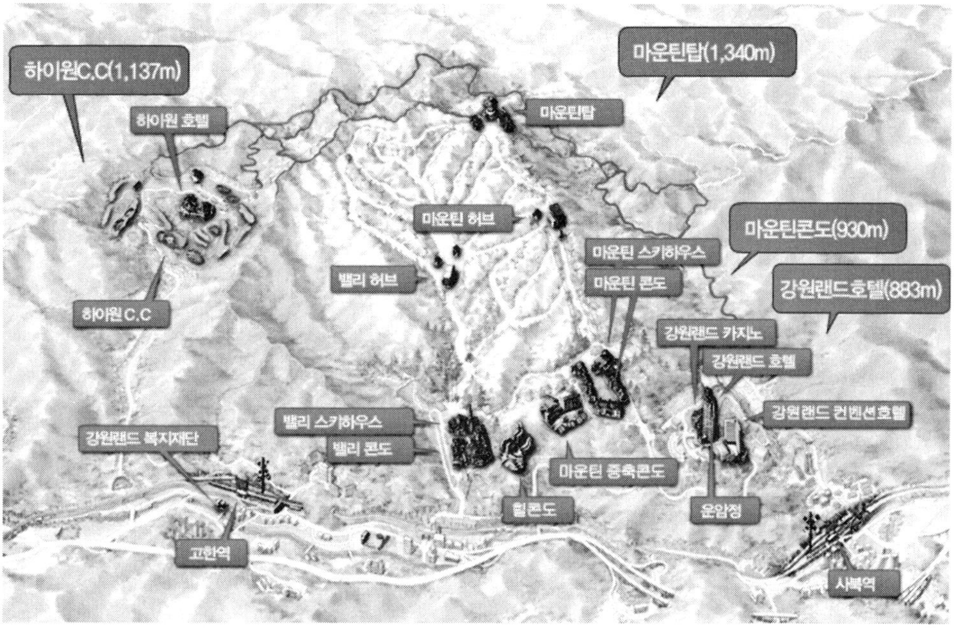

〈그림 18-5〉 하이원리조트의 운영시설

다. 재무정보

하이원리조트가 2013년 4분기 실적을 발표했다. 지난 4분기 총매출은 전년 대비 8% 증가했다. 카지노 입장객이 동 기간 1% 감소했고, 총 Drop플레이어가 카지노를 상대로 게임에 참여할 목적으로 칩과 교환한 금액은 정체했으나 홀드율총 드롭액 중 카지노가 딴 금액이 차지하는 비율을 의미이 22.3%로 무려 2%포인트가 구조적으로 개선된 끝에 카지노매출이 9% 증가했다. 홀드율이 상승한 것은 수익성 높은 머신 매출이 전년 대비 22% 증가했기 때문이다. 3분기에도 머신 매출이 20% 가량 증가했는데 이는 증설된 400대의 머신이 풀가동되고 있기 때문이다.

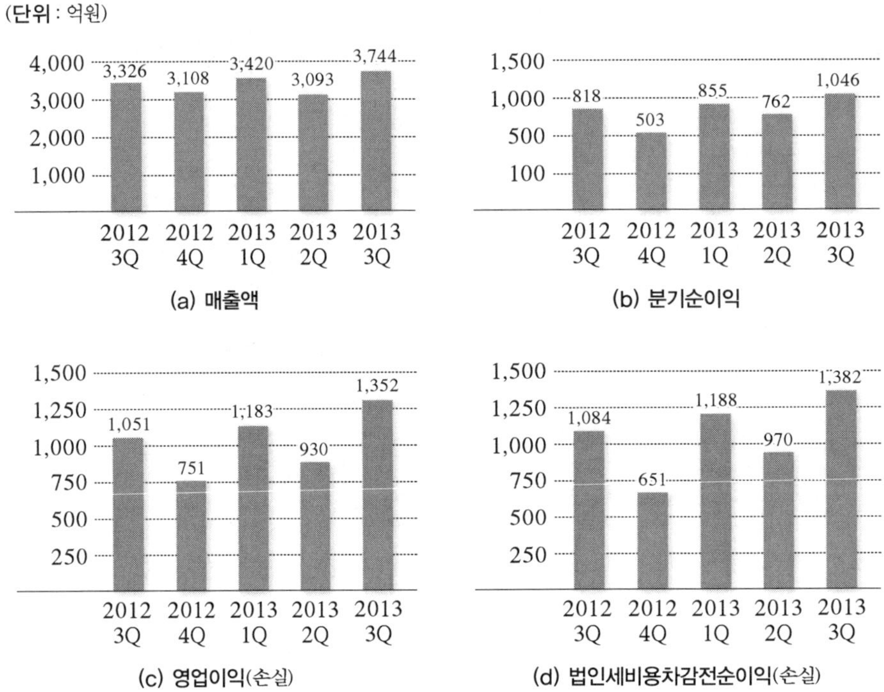

〈그림 18-6〉 하이원리조트의 분기별 경영실적

[표 18-4] 하이원리조트의 예산현황

구분	2011년 예산	2012년 예산
수익예산	1,376,410,187	1,377,928,877
영업수익	1,327,482,254	1,331,589,915
영업외 수익	48,927,933	46,338,962
비용예산	969,790,571	1,027,353,813
영업비용	816,969,066	894,200,120
영업외 비용	23,003,636	23,051,932
법인세	129,817,869	110,101,761
투자예산	329,010,999	355,633,119

라. 회사 경쟁력 분석

1) 하이원리조트에 대한 SWOT 분석

강점(Strengths)	약점(Weaknesses)
■ 내국인 출입이 가능한 유일한 국내 카지노 ■ 호텔, 카지노, 골프장, 스키장 등 다각화된 사업 구성 ■ 주식시장에 상장되어 있음 ■ 꾸준하고 높은 수준의 배당성향으로 주주들의 신뢰 높으며 꾸준한 입장객 수 유지	■ 도박에 대한 사람들의 부정적인 인식 ■ 부채비율의 증가로 인한 재무구조의 부실화 카지노와 그 외 구성된 사업들의 매출구성에 대한 심각한 불균형(카지노의 구성 비율이 지나치게 높음) ■ 높은 배당성향으로 인해 배당수익을 노린 투자자들의 투기로 연말 주가 불안정
기회(Opportunities)	**위협**(Threats)
■ 정부의 공기업 선진화 방안에 따라 강력한 비용절감 노력 ■ 카지노 외의 기타 사행성 도박장에 대한 정부의 단속 강화	■ 사행산업 통합감독위원회의 매출 총량 규제가 유효하여 성장성에 제약 ■ 경기침체로 인한 회원 영업장의 실적 부진 ■ 단기적 구조조정 비용의 증가

〈그림 18-7〉 하이원리조트에 대한 SWOT 분석

2) 하이원리조트의 경영전략

하이원리조트는 지난해 '비전2020' 1기에서 2기로 접어들면서 새로운 경영방침을 제시하였다. 하이원리조트는 2기 경영방침을 바탕으로 폐광지역개발지원에 관한 특별법 만료 이후에도 종합리조트로서 지속 성장이 가능한 경쟁력과 자생력을 갖추기 위해 노력하고 있으며, 특히 사회공헌의 실질적 파급효과를 높이기 위해 하이원베이커리 등 사회적 기업 육성에 주력하고 있다.

① 비전 2020

[표 18-5] 하이원리조트의 비전 2020

사계절 가족형 종합리조트의 완성			
연 1,000만 내방객 시대 실현			
사회적 책임 확대	경영 내실화	지역 상생	자생력 확보

② 지속가능 경영전략

지금까지 하이원리조트는 지속적인 매출성장, 사회적 부작용 저감, 사회공헌 활동 확대와 그린리조트 실현 등 경제, 사회, 환경을 아우르는 경영활동을 추진해 왔으며, 현재는 지속적인 경영혁신과 투명한 경영활동을 통해 다양한 이해관계자와의 신뢰와 협력을 증진시켜, 지속 가능한 발전 달성에 포커스를 맞추고 있다.

또한 하이원리조트는 이러한 전략을 수행하기 위하여 지속가능경영 과제에 대한 지속 가능성 및 타당성을 심의하고 의사결정을 보좌하기 위해 '지속가능경영 자문회의'를 설치 및 운영하고 있다. 자문기구는 경제 · 사회 · 환경 분야별 전문가 3～5인의 자문위원과 실무분과, 사무국으로 구성되며 실무분과의 과제검토를 위한 수시회의와 분기별 과제심의를 위한 정규 회의를 개최하고 있다. 자문회의는 사회공헌위원회, KLACC, 복지재단의 외부위원 운영제도와 사전에 협력과제를 조정하여 운영효율을 높이고 있으며, 지속가능경영 자문회의를 구축하고 CEO 및 이사회, 기획조정실, 지속가능경영사무국이 중심이 되어 유기적 협력을 통해 지속 가능한 발전을 이루고자 노력하고 있다.

또한 그 산하로 사회공헌분과, 녹색관광분과, 지속성장분과, 정도경영분과 등 4개의 분과를 지정하여 원활하고 효율적인 지속가능경영을 도모하고 있으며, 외부 이해관계자의 사회적 가치, 고객 가치, 주주 가치와 내부 이해관계자의 임직원 가치, 협력사 가치를 근간으로 하여 무형의 지속가능한 경영 가치를 창출하고자 노력하고 있다.

③ 하이원리조트의 미래

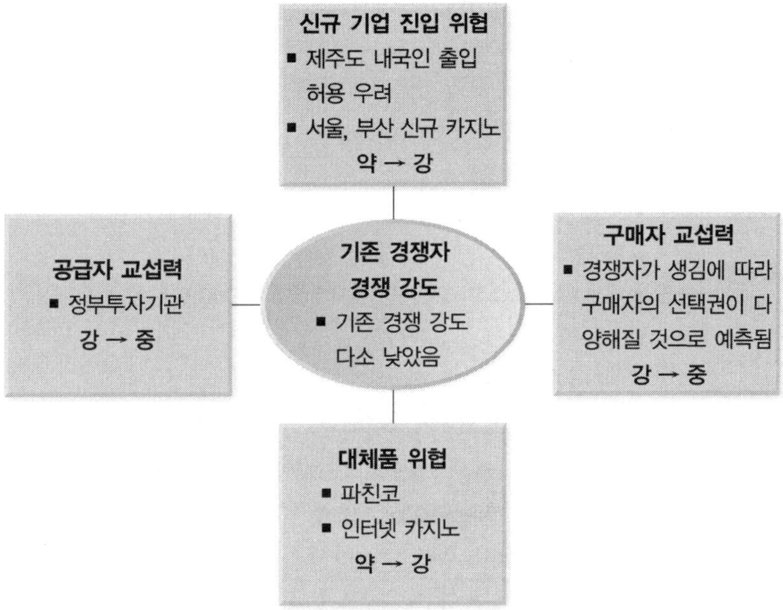

〈그림 18-8〉 5 Forces 모델을 통한 하이원리조트의 미래 변화양상

3.2 외국의 리조트 기업 : 싱가포르 마리나베이샌즈

가. 회사 개요

마리나베이샌즈는 라스베이거스 샌즈 그룹이 투자한 도심 MICE 중심형 카지노 복합리조트이다. 약 17만 평의 부지에 미화 58억 달러의 투자로 지상 55층의 3개 호텔과 이들 호텔을 연결한 Sky Park가 명소로 부각되고 있다. 리조트시설을 세부적으로 보면 호텔 3개동2,560실과 카지노, 쇼핑센터, 스파, 대규모의 전시 컨벤션 시설, 극장 2개2,000석 등 다양한 시설을 보유하고 있고, 싱가포르 중심지와 인접하고 있어 MICE기능이 강화된 도심형 카지노 복합리조트의 대표적 사례이다. [표 18-6]는 마리나베이샌즈의 대략적인 개요를 나타낸다.

[표 18-6] 마리나베이샌즈 개요

기업명	시설 개요
부지 면적	▪ 약 17만 평
투자비	▪ 58억 달러
층수	▪ 지상 55층, 지하 1층
건축면적	▪ 약 55만m^2
숙박시설	▪ 호텔 객실 : 약 2,560실
회의시설	▪ 약 12만m^2, 회의실 수 : 250실, 최대 45,000명 수용 ▪ 대회의실(샌즈그랜드볼룸)은 8,140m^2로 11,000명 수용
전시시설	▪ 1층 전시장 : 14,560m^2(5개 홀) ▪ 지하 2층 전시장 : 17,190m^2(5개 홀)
엔터테인먼트 시설	▪ 스카이파크(수영장 포함), 4천석 규모 극장, 박물관, 예식장 등
상업시설	▪ 쇼핑몰(약 80만m^2), 브랜드샵, 레스토랑 등 250개 점포
카지노	▪ 약 1.5만m^2, 회원전용 30개 게임룸 ▪ 테이블 600여 대, 머신 1,500여 대

〈그림 18-9〉 마리나베이샌즈의 외관

나. 회사 실태

1) 마리나베이샌즈의 시설 개요

리조트시설의 전체적인 규모는 약 929,000m^{2}에 달하며 마리나베이샌즈의 시설은 호텔, 스카이파크, 카지노, 쇼핑몰, 컨벤션 센터, 박물관, 극장, 파빌리온, 이벤트 광장으로 나눌 수 있다.

① 호텔

마리나베이샌즈 호텔은 2,560개의 객실을 보유하고 있으며 부지면적은 23,400m^2, 연면적은 302,171m^{2}에 달하며 55개 층지하 3층 3개의 타워로 구성되어 있으며 4,000대의 차량을 수용할 수 있는 주차장이 존재한다. 호텔객실 중 일반실은 크게 Deluxe39m^2, Premier47m^2, Grand79m^2, The Club62m^{2}실로 나누어져 있으며 스위트실의 경우 총 10가지의 종류로 다양한 콘셉트의 서비스를 제공하고 있다.

② 스카이파크

마리나베이샌즈 호텔의 200m 상공에 위치한 스카이파크는 340m의 길이와 40m의 폭으로 구성되어 있으며, 1,396m^{2}의 수영장과 3,900명의 인원을 수용할 수 있도록 조성되었다. 스카이파크에는 관람 지역, 산책로, 정원, 레스토랑, 라운지 및 수영장 시설을 갖추고 있다.

③ 카지노

마리나베이샌즈의 카지노는 15,000m^{2}의 규모를 자랑한다.

④ 쇼핑몰

마리나베이샌즈는 소매와 음식점 공간을 모두 합쳐 74,322m^{2}이 넘는 대규모 쇼핑몰을 포함한다.

⑤ 전시장과 컨벤션 센터

121,000m^{2}의 전시장과 컨벤션 기능을 수행하는 공간은 8,000m^{2}의 규모를 자

랑하는 아시아 최대의 Ballroom을 보유하고 있으며 약 11,000명의 인원을 수용할 수 있다.

⑥ ArtScience 박물관

총 15,000m^2로 6,000m^2의 갤러리 공간, 3,000m^2의 연못으로 구성되어 있다.

⑦ 극장

2개의 극장으로 21,980m^2의 규모로 4,000석을 보유하고 있다.

⑧ Crystal Pavilions

5,914m^2로 쇼핑시설과 나이트클럽 시설을 갖추고 있다.

⑨ Event Plaza

5,000m^2규모로 10,000명의 사람들이 공연을 관람할 수 있도록 조성하였다.

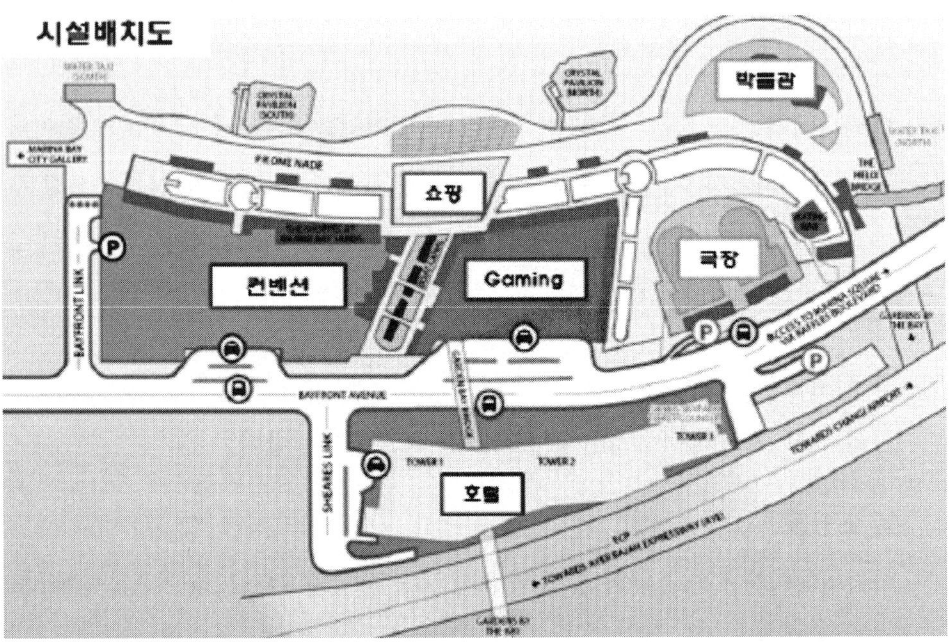

〈그림 18-10〉 마리나베이샌즈 복합리조트 사업 구성

2) 회사 경쟁력 분석

① 싱가포르 MICE 산업에 대한 SWOT 분석

아래 그림과 같이 싱가포르 내 복합리조트 산업, 특히 MICE 산업은 여전히 많은 강점과 기회를 갖고 있다. 강점으로는 다시의 글로벌 기업의 진출에 의한 고객 확보와 싱가포르 MICE 산업 특유의 우수한 사회기반시설, 영어공용어, 복합리조트의 개장, 정부의 적극적인 지원, 정치적 안정 등을 들 수 있겠고, 동아시아 경제성장의 지속과 풍부한 중화권의 잠재 고객, 주요 산업별 클러스터의 형성의 기회를 갖는다. 그러나 동시에 싱가포르 MICE 기업들은 좁은 국토, 높은 물가수준, 전통적인 이미지 부족 등의 약점과 비용 증가, 주변 경쟁국들의 추격 등의 위협을 무시해선 안 된다.

강점(Strengths)	**약점**(Weaknesses)
▪ 글로벌 기업 다수 진출 ▪ 우수한 사회기반시설 ▪ 공용어로 영어 사용 ▪ 복합리조트 개장 ▪ 정부의 적극적인 MICE 산업 육성의지 ▪ 정치적 안정	▪ 좁은 국토 ▪ 주변국에 비해 높은 물가수준 ▪ 아시아의 전통적인 이미지 부족
기회(Opportunities) ▪ 동아시아 경제성장 지속 ▪ 중화권 잠재 고객 풍부 ▪ 주요 산업별 클러스터 형성	**위협**(Threats) ▪ 비용 증가 ▪ 주변 경쟁국들의 추격

〈그림 18-11〉 싱가포르 MICE 산업의 SWOT 분석

② 마리나베이샌즈의 성공요인

a) 카지노 산업성장으로 복합리조트에 안정적인 자금 공급

싱가포르 MICE 산업을 주도하는 2개 복합리조트의 가장 큰 공통점은 카지노 시설을 보유하고 있다는 점이다. 현재 싱가포르에는 마리나베이샌즈, 리조트월드 센토사와 같은 복합리조트에만 카지노 시설이 영업 중이다. 싱가포르는 카지노가 단 2곳뿐이지만 빠른 매출 성장으로 2011년에는 약 30개의 카지노가 영업 중인 라스베이거스를 제치고 마카오에 이어 전 세계 카지노 매출 도시 2위로 급부상했다.

싱가포르 MICE 산업의 대표주자인 마리나베이샌즈, 리조트월드 센토사의 매출 중 약 80% 이상이 카지노에서 발생해 캐시카우로서의 역할을 하고 있다. 물론 카지노의 성장으로 인한 사회 부작용 증가에 대한 우려도 확대되는 상황으로 싱가포르 정부는 입장료 100달러, 내국인 출입횟수 제한, 자발적인 베팅금액 사전제한 등 다양한 정책을 활용해 카지노 영업으로 인한 사회적 부작용 발생을 억제하고 있다. 이러한 각종 카지노 출입 및 이용에 대한 제한에도 불구하고 싱가포르 카지노 산업은 빠르게 성장하고 있으며 건전한 게임문화 정착을 위해 싱가포르 정부는 다양한 카지노 이용정책을 준비하고 있다.

b) 복합리조트를 활용한 적극적인 마케팅 정책

마리나베이샌즈의 복합리조트는 숙박, 컨벤션, 쇼핑, 엔터테인먼트 등 다양한 기능이 융복합된 싱가포르의 상징적인 관광지로 부상했다. 2010년 복합리조트의 등장은 싱가포르 MICE 산업의 새로운 시대를 열었다는 평가를 받고 있다. 특유의 독특한 이미지와 다양한 즐길 거리를 동시에 제공하는 복합리조트들은 싱가포르의 상징적인 존재로 자리잡았다. 이들 복합리조트들이 기존의 다른 대형 호텔 및 컨벤션 시설들과는 달리 복합리조트만의 독특한 이미지로 인해 싱가포르의 국가이미지를 대표하는 시설로 인식되면서 싱가포르에 입국하는 관광객들이 꼭 방문해야 할 상징적인 관광지로 부상했다. 또한 2010년 싱가포르에 복합리조트들이 개장하기 이전 싱가포르의 기존 MICE 업체들은 홍콩과 경쟁하는 상황이었으나 싱가포르에 복합리조트가 개장한 이후 호텔, 컨벤션, 카지노, 엔터테인먼트가 융복합된 전혀 새로운 형태의 시장이 창출되었다는 평가를 받고 있다. 글로벌 금융위기와 유럽 재정위기 등 세계경제의 불확실성 증가로 인해 글로벌 기업들의 경영환경이 악화되면서 미국, 일본, 프랑스, 독일 등 국제회의 개최 상위권 국가들의 국제회의 개최건수가 하락하였다. 반면 2010～2011년 싱가포르의 국제회의 개최건수가 급증해 세계 최대 국제회의 개최국으로 부상한 것은 복합리조트를 활용해 새로운 형태의 시장을 창출해낸 싱가포르 정부와 업계의 전략이 유효했음을 알 수 있게 한다.

c) 새로운 시장 환경

마리나베이샌즈가 위치한 싱가포르 MICE 산업 성장의 주요 요인 중의 하나로 복합리조트가 주도하는 시장 환경을 들 수 있다. 사실 싱가포르는 복합리조트가 개장하기 이전에도 아시아의 대표적인 비즈니스 컨벤션 장소였다. 하지만 2010년 복합리조트 개장 이후 기존의 비즈니스 컨벤션 중심의 시장이 비즈니스, 쇼핑, 엔터테인먼트가 함께 이루어지는 새로운 형태의 MICE 환경이 조성되었다.

이들 복합리조트는 호텔, 컨벤션, 쇼핑, 엔터테인먼트 시설 등 다양한 관광 상품, 독특한 건물구조와 다양한 즐길 거리로 싱가포르의 상징적인 관광지로 부상해 관광객들이 가장 즐겨찾는 명소가 되었다. 일반적인 대형 컨벤션 시설의 경우 대규모 행사를 지속적으로 유치하지 못하면 시설 운영 자체가 어려울 수도 있으나, 싱가포르 복합리조트는 국가를 대표하는 관광명소로 부상해 일시적인 컨벤션 매출 부진을 보전할 수 있는 영업구조가 형성되어 있다.

③ 마리나베이샌즈의 미래

향후 싱가포르 MICE 산업의 꾸준한 성장이 예상됨에 따라 마리나베이샌즈의 꾸준한 성장세도 기대할 수 있겠다. 특히 전 세계 경제성장이 부진한 상황에서도 동아시아 신흥경제권역의 성장세가 유지되고 있어서 상대적으로 전망이 밝다고 볼 수 있다. 즉 세계경제의 중심축이 아시아로 이동하면서 아시아 비즈니스의 허브를 담당하고 있는 싱가포르가 그 혜택을 누리고 있다고 볼 수 있다. 2009년까지는 연간

관광객 입국수가 1,000만 명 수준에 머물러 있었으나 2010년 마리나베이샌즈의 복합리조트 개장 이후 관광객 입국수가 빠른 속도로 증가했다. 2011년에는 약 1,300만 명에 달했으며 MICE 관광객 입국 수 비중도 높아지는 추세이다.

참고문헌

경국현(2011), 『상업용 부동산 투자론』, 한올출판사.

고석면 외(2006), 「서비스드 레지던스 사업의 경영실태에 관한 연구」, 『관광학연구』.

고재현(2012), 「비즈니스호텔 공급부족과 향후 전망」, Kis Credit Monitor.

______(2013), 「호텔매각가치평가방법」, KIS Credit Monitor, 2013. 1.

국토교통부(2012), 부동산투자회사 등의 설립 및 운영에 관한 업무매뉴얼.

권태일(2012), 「관광호텔 현황과 수급분석 연구」, 관광투자 뉴스레터.

권혁종(1995), 「기업의 내부고객에 대한 세분화전략과 제품정책의 결정에 관한 연구」, 성균관대학교 대학원 박사학위논문.

그로비스 매니지먼트 인스티튜트(2005), 『전략기획』, 21세기북스.

금융투자교육원(2011), 『투자자산운용사』, 형설출판사.

______________(2013) 『펀드투자상담사』, 박영사.

김광수(2013), 「미국 리츠시장 동향 및 전망」, 『리츠저널』.

김기현 외(2013), 『창조경제란 무엇인가』, 북코리아.

김기형 외(2010), 『부동산 개발사업의 Project Finance』, 부연사.

김기홍 외(2013), 『웰니스산업(창조경제의 미래산업)』, 대왕사.

김미경 외(2012), 『호텔경영관리론』, 백산출판사.

김범석(2013), 『부동산 금융론』, 창목출판사.

김성용(2011), 『호텔관광산업과 글로벌리더십』, 백산출판사.

김성인(1989), 『서비스산업에서의 품질관리』, 청문각.

김성혁(1991), 『최신서비스산업론』, 형설출판사.

______(2002), 『관광마케팅의 이해』, 백산출판사.

김성환(2009),「서비스드 레지던스 산업에 대한 소고」, 국제관광산업연구.

김영곤 외(2012),,『한국리츠 구조의 이해와 경영』, 한국리츠협회.

김영중(2007),「서비스드 레지던스의 관계마케팅 활동이 고객의 재방문 의도에 미치는 영향」, 경희대 관광대학원 석사학위 논문.

김위찬 외(2005),『블루오션전략』, 교보문고.

김재태 외(2012),,『부동산금융』, 부연사.

김주철(2013),『서울 · 수도권 지역호텔 공급초과를 걱정할 때인가』, 한국신용평가.

김충호 · 원융희(1995),『호텔조직인사관리』, 대왕사.

김형석 외(2005),『부동산펀드 이것만은 꼭 알고 하자』, 매일경제신문.

김희은(2010),「국내 호텔업체의 글로벌경쟁력 제고 방안」, KIS Credit Monitor.

동아일보, 2002. 5. 23.

리처드 플로리다(2008),『도시와 창조계급(창조경제시대의 도시발전 전략)』, 푸른길출판사.

_____________(2011),『신창조계급(Creative Class), 우리시대 무엇이 미래를 지배하는가』, 북콘서트.

문영미(2011),『디퍼런트』, 살림biz.

문화재청(2010),『문화재 현상변경 업무편람』, 2010.

문화체육관광부(2007),「관광숙박업 업무편람 및 민원처리사례」.

_____________(2011),「호텔산업의 경제효과 분석」.

_____________(2012),「세계 호텔산업의 동향과 미래연구」.

_____________(2013),「2012 외래관광객 실태조사 결과보고」.

민진규(2013),『창조경제 한국을 바꾸다』, 글로세움.

박경열(2013),「확률론적 시스템 다이내믹스를 적용한 호텔개발사업 재무적 타당성 분석모델 구축」, 한양대 대학원 박사학위 논문.

박내회(2002),『조직행동론』, 박영사.

박대환(2010),『서비스산업과 품질관리시스템』, 영산대학교.

박인수(2000),『마케팅원론』, 형설출판사.

박주영(2011),『지방 관광호텔 운영 활성화 방안』, 한국관광문화연구원.

박진배(2003),『호텔경영과 디자인팔레트』, 도서출판 국제.

박호표(1998),『호텔 · 관광마케팅』, 학현사.

반기로(2012), 『프로젝트파이낸스』, 한국금융연수원.

백민석 외(2011), 「부동상개발사업으로서 호텔개발프로세스에 관한 연구」, 『호텔리조트 연구』.

서울시(2012), 「관광숙박시설 용적률에 대한 특례운영기준」

______(2013), 「관광숙박시설 건립 및 지원제도 안내서」.

______(2013), 「2014～2018년 서울관광 · MICE 마스터플랜」.

서후석 외(2004), 『부동산펀드의 자산운용전략』, 부동산114.

송기욱(2013), 서울시 권역별 호텔시장동향 및 전망, 『월간 호텔앤레스토랑』.

신시아 A 몽고메리(2013), 『당신은 전략가입니까?』, 리더스북.

신혜숙(1999), 「호텔의 인터널마케팅이 조직동일시에 미치는 영향」, 경기대학교 박사학위논문.

______(2004), 『호텔 · 관광 마케팅』, 대왕사.

심원섭(2010), 「최근 관광트랜드 변화와 향후 정책방향」, 한국문화관광연구원.

안광호 · 이학식 · 현용진(1994), 『마케팅 : 시장전략적 접근』, 법문사.

안치호(2004), 『호텔식음료실무』, 백산출판사, 2004.

우리은행 부동산연구실(2013), 『서울호텔시장 동향 및 수급 전망』.

원융희 외(2009), 『현대호텔사업계획 계발』, 대왕사.

유지윤(2006), 『관광산업 복 · 융합화 촉진방안』, 한국문화관광정책연구원.

유필화(1993), 『시장전략과 경쟁우위』, 박영사.

윤준선 외(2011), 『부동산개발 이론과 실제』, 형설출판사, 2011.

이강욱(2008), 『환율 및 국제유가변화에 따른 관광부문 영향분석』, 한국관광문화연구원.

이경진(2011), 「레지던스 호텔의 실내 공간계획」, 홍익대 도시건축대학원 석사학위논문.

이기섭(2013), 『창조경제와 R&D전략』, 매일경제신문사.

이돈태(2013), 『포어사이트 크리에이터』, 세미콜론.

이민화 외(2013), 『창조경제』, 북콘서트.

이상영(1999), 「부동산증권화의 개념과 동향」, 한국건설산업연구원, 1999.

이우용 · 정구현 · 이문규(2002), 『마케팅원론』, 형설출판사.

이정학(2003), 『관광마케팅』, 기문사.

이정훈(2003), 「디자인호텔 실내공간의 감성적 표현 특성에 관한 연구」, 중앙대 대학원 석사학위논문.

이정희(1998), 「호텔 로비 이미지에 관한 연구」, 경기대 대학원 석사학위논문.

이준엽 · 이창호, 「서울지역 특1급 호텔 귀빈층의 고객 만족도에 관한 연구」, 『호텔관광연구』, 2000. 3.

이창노(2002), 「도시호텔 공용부문에 나타난 내부기능 구성형식에 관한 연구」, 『한국실내디자인학회 논문집』 제34호.

이학종(1986), 『인사관리 : 인적자원관리이론과 사례연구』, 세경사.

이희천(2012), 『호텔프로젝트실무』, 남두도서.

장 마리 드루(2000), 『성공하는 브랜드의 마케팅 혁명』, 해냄출판사.

정경원(2013), 『욕망을 디자인하라』, 청림출판.

정규엽(2002), 『호텔 · 외식 · 관광마케팅』, 연경문화사.

정상만(2008), 「개발리츠의 활성화방안」, 연세대경제대학원 석사학위논문.

______(2015), 『행복한 여행 잘되는 호텔』, 대왕사.

정상만 외(2013), 『비즈니스호텔 크리에이터』, 지식인.

정재영(2010), 『미래의 소비자는 선택권을 원한다』, LG경제연구원, 2010.

정재훈(2011), 「이기적인 착한기업들」, LG경제연구원.

정찬종(1994), 『서비스산업론』, 백산출판사, 1994.

정창덕(2013), 『창조경제 성공사례』, 도서출판 월송.

정창무 외(2010), 「호텔객실점유율과 평균객실요금 간의 관계 분석」, 대한국토 · 도시계획학회지.

조성근(2012), 「수익형 부동산의 새로운 트렌드 서비스드 레지던스」, 부동산114 리서치센터, 2012.

주영민(2011), 『중저가호텔의 성공조건』, 삼성경제연구원.

주장건(1999), 『호텔건축계획』, 세진사.

채서일(1997), 『마케팅』, 학현사.

최경은(2011), 『중국인 개별관광객 유치 활성화방안』, 한국관광문화연구원.

최덕철(1997), 『서비스마케팅』, 학문사.

최복수 외(2003), 『사례로 본 호텔프로젝트』, 백산출판사.

최정환 외(2007), 『죽은 CRM 살아있는 CRM』, 한언.

크리스 앤더슨(2006), 『롱테일 경제학』, 랜덤하우스코리아.

하송(2011), 「저렴하면서도 멋진 상품, 칩시크의 성공비결」, 삼성경제연구소.

하나대투증권 · 하나금융경제연구소(2013), 2013년 상업용 부동산시장 전망.

한경수(1999), 『관광마케팅의 이해』, 학문사.

한국거래소(2011), 『IPO를 위한 상장심사가이드북』, 모스트디자인, 2011.

한국국제관광개발연구원 역(1999), 『관광마케팅』, 長容政弘, 백산출판사.

홍대석(2002), 『Narrative 표현 특성을 적용한 Boutique Hotel 실내디자인』.

홍성용(2007), 『스페이스마케팅』, 삼성경제연구소.

황병희(2009), 「수익형부동산 가치평가시 자본환원율 이용의 한계」, KIS Credit Monitor.

Alpen Capital (2012), "GCC Hospitality Industry," Alpen Capital October 7, 2012.

Aradhyula, S. & Tronstad, R. (2003), "Does Tourism Promote Cross-Border Trade?," *American Journal of Agricultural Economics*, Vol. 85(3).

Badenes, C. (2008), "The Latin America Hotel Sector : A Dormant Giant," *Meridia Capital*, Issue 5 & 6, March 2008.

Bader, E. & Lababedi, A. (2007), "Hotel Management Contracts in Europe," *Journal of Retail & Leisure Property*, Vol. 6(2).

Baker, W., Gannon, T., Greville, B. & Johnson, B. (2013), *Grand Hotel : Redesigning Modern Life*. Hatje Cantz.

Barge, P. & Jacobs, D. (2001), *Management Agreement Trends Worldwide*. Jones Lang LaSalle Hotels.

Bartlett, C. L. & Beamish, P. W.(2011), *Transnational Management : Text, Cases, and Reading in Cross-Border Management*, 6th Edition. McGraw-Hill : NY.

Berbel-Pineda, J. M. & Ramirez-Hurtado, J. M.(2012), "Issues about the Internationalization Strategy of Hotel Industry by Mean of Franchising," *International Journal of Business and Social Science*, Vol. 3(6).

BMI(2013), "India Tourism Report Q1 2014," Business Monitor International.

____(2013), "Turkey Tourism Report Q1 2014," Business Monitor International.

Canina, L.(2001), "Good News for Buyers and Sellers : Acquisitions in the Lodging Industry," *The Cornell Hotel & Restaurant Administration Quarterly*. Vol. 42(6).

__________(2009), "Examining Mergers and Acquisitions," *Cornell Hospitality Quarterly*. Vol. 50(2).

Choice (2013), Choice Hotels International 2013 Annual Report.

Cohen, S. D. (2007), *Multinational Corporations and Foreign Direct Investment : Avoiding Simplicity, Embracing Complexity*. Oxford University Press : New York.

Crane, A. (2002), *Culture and Globalization. Global Culture : Media, Arts, Policy, and Globalization*. Routledge : London & NY.

Cunill, O. M. & Foiteza, C.M. (2010) "The Franchise Contract in Hotel Chains : A Study of Hotel Chain Growth and Market Concentraions," Tourism Economics, Vol. 16(3).

Denton. Gregory A. & Bruce White (2000), "Implementing a balance-scorecard approach to managing hotel operations : the case of white lodging services," *Cornell Hotel and Restaurant Administration Quarterly*. 41(1), 94-109.

deRoos, J. (2010), "Hotel Management Contract-Past and Present," *Comell Hospitality Quarterly*, Vol. 51(1).

Dev, Chekitan S. & Michael D. Olsen (2000), "Marketing challenges for the nest decade," *Cornell Hotel and Restaurant Administration Quarterly*, 41(1), 41-47.

Dev, C., Erramilli, M & Agarwal, S. (2002), "Brands Across Border : Determining Factors in Choosing Franchising or Management Contracts for Entering International Markets," *The Cornell HRA Quarterly*, Vol. 43(6)

Dube, Laurette. & Leo M. Renaghan (2000), "Creating visible customer value : how customers view best-practice champions," *Cornell Hotel and*

Restaurant Administration Quarterly. 41(1), 62-72.

Dunning, J. H. & Lundan S. M. (2008), *Multinational Enterprise and The Global Economy*. 2nd Ed. Edward Elgar : Northhampton.

Economist (2009), Why hotel chains don' t own many hotels, Feb, 19, 2009.

ECORYS (2009), Study on the Competitiveness of the EU Tourism Industry. ECORYS SCS Group.

Enz, C. A. (2010), *Hospitality Strategic Management*. 2nd ed. John Wiley & Sons, Inc. : New Jersey.

Enz, Cathy A. & Judy A. Siguaw (2000), "Beat practices in human resources," Cornell Hotel and Restaurant Administration Quarterly. 41(1), 48-61.

EY (2013), International Hotel Chains in Russia-2014. Ernst & Young 2013.

Eyster, J. J. & deRoos, J. (2009), *The Negotiation and Administration of Hotel Management Contracts*, 4th Ed. Cornell University : NY.

Gee, Y. G. (2008), *International Hotels Development and Management*, 2nd Ed. American Hotel & Lodging Educational Institute : Lansing, Ml.

Ghemawat, P. (2007), *Redefining Global Strategy : Crossing Borders in a World Where Differences Still Matter*. Harvard Business School Press : Boston.

Goddard, P. & Samson, G. (2002), "Running to Stand Still?," tri Report.

Goddard, P. & Standish-Wilkinson, G. (2002), "Hotel Management Contract Trends in the Middle East," Journal of Retail & Leisure Property. Vol. 2.

Greger, Kenneth R. & John s. Peterson (2000), "Leadership profiles for the new millennium," *Cornell Hotel and Restaurant Administration Quarterly*. 41(1), 16-29.

Gu, H., Ryan, C. & Yu, L. (2012), "The Changing Structure of the Chinese Hotel Industry : 1980-2012 ," *Tourism Management Perspectives*, Vol. 4. .

Haast, A., Dickson, G. & Braham, D. (2005), Global Hotel Management Agreement Trends. Jones Lang LaSalle Hotels.

Hayes, D. K. & Ninemeier, J. D. (2007), *Hotel Operations Management*, 2nd Edition. Prentice Hall : NY.

Hilton (2013), Hilton Worldwide Annual Report2013.

Hofstede, G. (2010), *Cultures and Organizations : Software of the Mind : Inter-cultural Cooperation and Its Importance for Survival*. McGraw Hill : NY.

Hotel Yearbook (2011), *Hotel Yearbook 2011*. Horwath HTL & Lausanne.

IHG(2011), IHG Annual Report 2011.

____(2013), IHG Annual Report 2013.

Indian Ministry of Tourism (2011), *India Tourism Statistics 2011*. Market Research Division, Ministry of Tourism, Government of India

Jelica, M. J. & Marko, P. D. (2013), "Presence of Te Largest Hotel Franchise Companies on the European Market," *Research Reviews of the Department of Geography, Tourism, and Hotel Management*, Vol. 42.

Jiahao, Z. & Ling, D. (2012), *Ash Pacific-Significant Growth Opportunities for Hotel Chains*. HVS. January 2012.

Jones Lang LaSalle (2013), Economic Transformation Drives Latin America' s Lodging Industry : An Industry White Paper, Septomber 2013.

__________________(2013), "Hotel Intelligence Report-Market Insight : Japan," April 2013.

Jones Lang LaSalle (2013), Lodging Industry in Numbers-Brazil 2013, May 2013.

Jones, G.(2005), *Multinaionals and Global Capitalism : from the nineteenth to the twenty-first century*. Oxford University Press : New York.

________(2005), *Multinaionals from the 1930s to the 1980s. In Leviathans : Multina-ional Corporations and The New Global History*. Chandler, A. D. & Mazlish, B(eds.). Cambridge University Press : NY.

Karamustafa, Kurtulus (2000), Marketing-channel relationship.

Kay. Christine & John Russette (2000), "Hospitality-management competencies : identifying managers' essential skills,' *Cornell Hotel and Restaurant Administration Quarterly*. 41(2). 52-63.

Keum, K. (2011), "International Tourism and Trade Flows : A Causality Analysis Using Panel Data," *Tourism Economics*, Vol. 17(5).

Korshak. Stuart R. (2000), "A labor-management partnership : san francisco' s hotels and the employees' union try a new approach," *Cornell Hotel and Restaurant Administration Quarterly*, 41(2). 14-29.

Kriegl. Ursula (2000), "International hospitality management : identifying important skills and effective training," *Cornell Hotel and Restaurant Administration Quarterly*, 41(2). 64-71.

Kulendran, N. & Wilson, K.(2000), "Is There a Relationship between International Trade and International Travel?," *Applied Economics*, Vol. 32.

Latin Business Chronicle(2011), *Latin America : IHG Top Hotel Chain*. August, 03, 2011.

Marriott (2013), Marriott International, Inc. Annual Report 2013.

Mintel (2004), European Hotel Chain Expansion. Travel & Tourism Analyst, May.

_______(2014), Hotel Trends-International, February.

MKG (2012), *Top-10 Hotel Groups in Europe*. MKG Hospitality.

Morshett, D., Schramm-Klein, H. & Zentes, J.(2010), *Strategic International Management : Text and Cases*. 2nd Ed. Gabler.

Oh, Haemoon (2000), "Diners' perceptions of quality value, and satisfaction : a practical viewpoint,' *Cornell Hotel and Restaurant Administration Quarterly*, 41(3), 58-67.

Otus (2012), Otus Hotel Brand Database Overview Report : Europe 2012. Otus & Co. Advisory Ltd.

Panvisavas, V. & Taylor, J. S. (2006), "The Use of Management Contracts by International Hotel Firms in Thailand," *International Journal of Contemporary Hospitality Management*, Vol. 18.

Petras, J. & Veltmeyer, H. (2001), *Globalization Unmasked : Imperialism in the 21st Century*. Zed Books : London.

Petrovic, M. D., Jovicic, A., Markovic, J. & Gagic, S.(2013), "Territorial Expansion of Hotel Chains in Countries of South-Eastern Europe," J. Geogr. Inst. *Cvijic*. Vol. 63(4).

Picenoni, R. & Choufany, H. M. (2013), 2013 Middle East Hotel Survey-Maximum Supportable Investments. HVS. April 2013.

Pieterse, J. N. (2009), *Globalization and Culture : Global Melange*. Rowman & Littlefield : Lanham.

Prasad. Keshav & Chekitan S. Dev (2000), "Managing hotel brand equity : a customer-centric framework for assessing performance," *Cornell Hotel and Restaurant Administration Quarterly*. 41(3). 22-31.

Reiser, D. (2003), Globalization : "An Old Phenomenon that Needs to be Rediscovered for Tourism," *Tourism and Hospitality Research*, Vol. 4(4).

Reisinger, Y. (2009), "International Tourism : Cultures and Behavior," Butterworth- Heinemann : MA.

Ritzer, G. & Atalay, Z.(2010), *Readings in Globalization*. Wiley-Blackwell : West Sussex.

Ritzer, G. (2010), *Globalization : A Basic Text*. Wiley-Blackwell : West Sussex.

Rushmore, S., Choi, J. I., Lee, T. Y. & Mayer, J. S. (2013), 2013 United States Hotel Franchise Fee Reference Guide. HVS.

Saee, J. (2005), *Managing Organizations in a Global Economy*. Thomson : Australia

Samimi, P., Lim, G. C. & Buang, A. A. (2011), "Globalization Measurement : Notes on Common Globalizaion Indexes," *Journal of Knowledge Management, Economics and Information Technology*. Issue. 7.

Serlen, B. (2014), "International Brands Find Franchise Footing," *Hotel Management*. February.

Shan, J. & Wilson, K. (2001), "Causality between Travel and Tourism : Empirical Evidence from China," *Applied Economics Letters*, Vol. 8.

Smith, E. U.(2008), "Overview of the Japanese Lodging Industry and Its Investment Trends-Pasty, Present, and Future," *HVS*. June 2008.

Starwood (2013). Starwood Hotels & Resorts Annual Report 2013.

________(2013). Starwood Investor & Analyst Day 2013 : The Starwood Investment Proposition.

STR(2011), Hotel Industry Analytical Foundations. The Share Center.

Susskind. Alex M. & Edwin K. Chan (2000), "How restaurant features affect check average : a study of the toronto restaurant market," *Cornell Hotel and Restaurant Administration Quarterly*. 41(6). 56-63.

Taal, M.(2012), "Organising in the Hospitality Sector in South Africa," Labour Research Service. November 2012.

Tumer, M. J. & Guilding, C.(2010), Hotel Management Contracts and Deficiencies in Owner-Operator Capital Expenditure Goal Congruency. *Journal of Hospitality & Tourism Research*, Vol. 34(4).

Turkel, S.(2009), *Great American Hoteliers : Pioneers of the Hotel Industry*. Authorhouse : Bloomington.

Walsh. Kate (2000), "A service conundrum : can outstanding service be too good?," *Cornell Hotel and Restaurant Administration Quarterly*. 41(5). 40-50.

Weber. Karin (2000), "Meeting Planners' perceptions of hotel-chain practices and benefits," *Cornell Hotel and Restaurant Administration Quarterly*, 41(4), 32-38.

WEF(2013), The Travel & Tourism Conpetitiveness Report 2013 : Reducing Barriers to to Economic Growth and Job Growth.

World Bank(2002), *Globalization, Growth, and Poverty*, World Bank.

WTO(2008), Trade in a Globalizing World, World Trade Report 2008. WTO.

WTTC(2011), Business Travel : A Catalyst for Economic Performance.

______(2011), Why Business Travel in Asia Matters. In Asia Pacific Hotel and Tourism Investment Conference.

______(2013), Travel & Tourism : Economic Impact 2013. World.

Wyndham(2014), 2013 Annual Report. Wynham Hotel Group.

찾아보기

ㄱ

가격 154
가변성 145
가족호텔업 35
간접법 136
객관적 포지셔닝 152
객실 관리 200, 236
객실 관리 시스템 230
객실 정보시스템 206
검수 관리 196
경영수수료 276
경쟁사 분석 179
고객기록 236
고속도로 호텔 36
공중위생관리법 294
공항 호텔 36
과정 157
관광진흥법 294
관광호텔업 34
관리회계 132
구매 관리 195
구성비분석 138
균형분석 138
기업자원 분석 288

ㄷ

데이터베이스 마케팅 175
도시 호텔 36

ㄹ

레지던스 호텔 312
룸 메이드 91
룸 인스펙터 90
리조트 호텔 41

ㅁ

매출회의 178
Motel 42
무비자입국프로그램 11
무형성 145
물리적 증거 157

ㅂ

바렛-고샬 모델 262
바텐더 190
Boatel 42
복합리조트 336

부티크 호텔 127
불가분성 145
비즈니스호텔 294

ㅅ

사람 156
상품 153
상황 분석 288
세부회계 132
소멸성 146
소믈리에 190
수상관광호텔업 34
수익률회의 178
SWOT 분석 176
스카이파크 355
시 분할 관리 239
시티호텔 6
식음료 매니저 92

ㅇ

아파트먼트 호텔 42
업적 감응도 278
연회 지배인 189
영업회계 132
예약 모듈 232
예약통제 179
오더 테이커 91
원가회계 132
웨이터 188
위탁경영방식 270
유통 155
이벤트 214
인터페이스 시스템 240

ㅈ

재고 관리 194
재무회계 132
전문 호텔 경영기업 249
조선호텔 28
주관적 포지셔닝 152
직접법 136

ㅊ

체인호텔 249
촉진 155
총주방장 191
총지배인 81

ㅋ

카지노 호텔 41
캡틴 92, 187
커머셜 호텔 40
커뮤니케이션 167
커뮤니케이션 전략 168
컨벤션 호텔 40

ㅌ

텔레마케팅 175
통합-적응 모델 261

ㅍ

판촉회의 178

포지셔닝 152

포지셔닝 전략 152

프라할라드 도즈 모델 262

프랜차이저 246

프랜차이지 246

ㅎ

하우스키핑 매니저 90

한국전통호텔업 35

합작투자 250

현금보유비율 138

현금흐름표 134

호텔리어 27

호텔 서비스 품질 147

호텔시장 세분화 150

호텔 영업계획 177

호텔 이벤트 215

호텔 정보시스템 228, 242

호텔환경 분석 289

휴양지 호텔 36

김택진 / cityan1@naver.com

경희대학교 학사, 중앙대학교 석사, 건국대학교 문화콘텐츠학과 박사과정 수료.

(주)A · point 전략실장, (주)희림건축 영업기획팀장, 전략사업부 상무.

현) 삼우CM(주) 마케팅 본부 이사, 평택대학교 도시 및 부동산 개발학과 외래교수, (사)한국건설사업 관리학회 이사, (사)한국지역문화콘텐츠연구원 연구위원, Ramada Incheon Hotel 운영 자문역.

김기홍 / alex6700@hanmail.net

경영학박사.

Marriott Hotels · HFS의 해외마케팅팀장, Delta Airline Senior manager, GM 코리아 마케팅 이사, 코맥스(주) 경영 고문, 슈페리어(주) 경영 자문역, 대한상사중재원 상사중재인, 서울중앙지방법원 상사조정위원, 한국의료관광학회 부회장, 국제 e-비즈니스학회 편집위원장, 한국통상정보학회 사무처장, 한국무역학회 사무국장, 한국중재학회 편집위원장.

현) 평택대학교 교수, 물류문화정보대학원장.

글로벌 호텔 경영

초판 1쇄 인쇄 2016년 2월 1일
초판 1쇄 발행 2016년 2월 5일

지은이 김택진 · 김기홍
펴낸이 박기남
펴낸곳 **율곡출판사**
08590 서울시 금천구 가산디지털1로 84, 803호
전화 (代) 02) 718-9872/3
팩스 02) 718-9874
home-page www.yulgokbooks.co.kr
e-mail yulgokbook@naver.com
등록 1989.11.10. 제2014-000031호(윤)
ISBN 978-89-97428-79-3 93320

정가 27,000원